Tomas Poledna

Praxis zur Europäischen Menschenrechtskonvention (EMRK)

Praxis zur Europäischen Menschenrechtskonvention (EMRK)

aus schweizerischer Sicht

von

Tomas Poledna
Dr. iur., Rechtsanwalt

Schulthess Polygraphischer Verlag, Zürich 1993

© Schulthess Polygraphischer Verlag AG, Zürich 1993
ISBN 3 7255 3117 X

Vorwort

Die Europäische Menschenrechtskonvention hat für die Schweiz in stetig ansteigendem Mass an Bedeutung gewonnen, was bereits ein flüchtiger Blick auf die bundesgerichtliche Rechtsprechung der letzten sechs Jahre verdeutlicht. Eine ähnliche Tendenz kann auch bei den kantonalen Gerichten beobachtet werden. Die praktischen und rechtspolitischen Auswirkungen der Konvention, insbesondere auf die kantonalen Prozessordnungen, sind hinlänglich bekannt. Die vorliegende Praxisübersicht soll als Orientierungshilfe in der immer schwieriger durchschaubaren Entscheidfülle dienen.

Die Praxisübersicht ist leitsatzartig aufgebaut, doch geht sie in Detaillierungsgrad und Systematik weit über eine blosse Zusammenstellung der bisher veröffentlichten Leitsätze hinaus. Veröffentlichte – z.T. auch unveröffentlichte – Entscheide des Bundesgerichts, der kantonalen Gerichte sowie der Behörden von Bund und Kantonen dienten als Grundlage. Die Praxis der Strassburger Organe wurde berücksichtigt, soweit sie die Schweiz direkt betrifft. Die Praxisdarstellung umfasst denn auch jeweils zwei Bereiche: die Rechtsprechung der Konventionsorgane und die der innerstaatlichen Organe. Die Beschränkung auf «die Schweiz» erfolgte zum einen im Bewusstsein, dass mehrere universelle und ausgezeichnete Kommentare und Handbücher zur Europäischen Menschenrechtskonvention vorliegen. Zum anderen sollte die immer mehr an Selbstbewusstsein und Substanz gewinnende schweizerische Praxis umfassend und dennoch übersichtlich dargestellt werden, um vorab dem zunächst vor schweizerischen Instanzen Rechtsuchenden eine *erste Orientierung* bieten zu können. Die Praxisübersicht wird durch eine Literaturauswahl ergänzt. Im Anhang findet sich zudem der Text der Europäischen Menschenrechtskonvention und der für die Schweiz verbindlichen Zusatzprotokolle.

Grosse Hilfe beim Verfassen der Praxisübersicht boten die Verwaltungspraxis der Bundesbehörden (VPB) und die Schweizerische Zeitschrift für internationales und europäisches Recht (SZIER, früher SJIR), in welchen in verdankenswerter Weise jährlich eine Übersicht über die laufende Rechtsprechung zur Europäischen Menschenrechtskonvention veröffentlicht wird. Die Übersicht beruht auf dem Stand vom 15. Dezember 1992. Für Hinweise auf weitere Entscheide, Anregungen und kritische Bemerkungen bin ich dankbar.

Inhaltsübersicht

Abkürzungsverzeichnis

(für hier nicht aufgeführte Abkürzungen wird auf das Abkürzungsverzeichnis verwiesen, das der Amtlichen Sammlung der Bundesgerichtsentscheide beiliegt)

ABSH	Amtsbericht des Obergerichts Schaffhausen
AGVE	Aargauische Verwaltungs– und Gerichtsentscheide
AJP	Aktuelle Juristische Praxis
ASA	Archiv für Schweizerisches Abgaberecht
BJM	Basler Juristische Mitteilungen
BVR	Bernische Verwaltungsrechtsprechung
EGMR	Europäischer Gerichtshof für Menschenrechte
EKMR	Europäische Kommission für Menschenrechte
EGV–SZ	Entscheide der Gerichts– und Verwaltungsbehörden des Kantons Schwyz
EJPD	Eidgenössisches Justiz– und Polizeidepartement
EuGRZ	Europäische Grundrechte–Zeitschrift
Extr.	Entscheide des Kantonsgerichts und des Regierungsrates Freiburg
FZR	Freiburger Zeitschrift für Rechtsprechung
JdT	Journal des Tribunaux
KassG	Kassationsgericht
KGer	Kantonsgericht
LGVE	Luzerner Verwaltungs– und Gerichtsentscheide
PKG	Praxis des Kantonsgerichts Graubünden
Pra	Praxis des Bundesgerichts
PVG	Praxis des Verwaltungsgerichts des Kantons Graubünden
RB	Rechenschaftsbericht des Verwaltungsgerichts Zürich
Rep	Repertorio di Giurisprudenza Patria
RJN	Recueil de Jurisprudence Neuchâteloise
RRat	Regierungsrat
SGGVP	St.Gallische Gerichts– und Verwaltungspraxis
SJ	La Semaine Judiciaire
SJIR	Schweizerisches Jahrbuch für internationales Recht (ab 1991 SZIER)
SJZ	Schweizerische Juristenzeitung
SOG	Solothurnische Gerichtspraxis
StE	Der Steuerentscheid
StR	Steuer Revue
SZIER	Schweizerische Zeitschrift für internationales und europäisches Recht (bis 1990 SJIR)

Vorbemerkungen

Ausländische Literatur zur gesamten EMRK (Auswahl):

G. COHEN-JONATHAN, La Convention européenne des droits de l'homme, Paris 1989; M. DELMAS-MARTY, The European Convention for the Protection of Human Rights. International protection versus national restrictions, Dordrecht 1992; F. ERMACORA/M. NOWAK/H. TRETTER, Die europäische Menschenrechtskonvention in der Rechtsprechung der österreichischen Höchstgerichte, Wien 1983; J. A. FROWEIN/W. PEUKERT, Europäische Menschenrechtskonvention: EMRK-Kommentar, Kehl/Strassburg/Arlington 1985; H. GOLSONG/K. WOLFRAM/H. MIEHSLER/H. PETZOLD/ K. ROGGE/TH. VOGLER/L. WILDHABER, Internationaler Kommentar zur Europäischen Menschenrechtskonvention, Köln u.a. 1986; H. MIEHSLER/H. PETZOLD, Europäische Menschenrechtskonvention. Texte und Dokumente, Köln 1982; K. P. SOMMERMANN, Der Schutz der Menschenrechte in Rahmen des Europarates, Speyer 1990; F. SUDRE, La Convention européenne des droits de l'homme, Paris 1992.

Schweizerische Literatur zur gesamten EMRK:

D. BINDSCHEDLER-ROBERT, La Cour européenne des Droits de l'homme devant le droit interne, in: FS für Rudolf Bindschedler 1980, 597 ff.; A. HAEFLIGER, Die Schweiz und die Europäische Menschenrechtskonvention, ZSR 1985 I, 455 ff.; M. HOTTELIER, La convention européenne des droits de l'homme dans la jurisprudence du Tribunal fédéral, Lausanne 1985; DERS., La Commission et la Cour Européennes des droits de l'homme: informations de base à l'intention des practiciens, Genf 1991; W. KÄLIN, Die Europäische Menschenrechtskonvention als Faktor der europäischen Integration, in: FS Dietrich Schindler, Basel 1989, 529 ff.; DERS., EWR-Abkommen und Europäische Menschenrechtskonvention, in: EWR Abkommen; Erste Analysen (hrsg. von O. Jacot-Guillarmod), Zürich 1992, 653 ff.; M.-C. KRAFFT, Consequences of the ratification of the European Convention on Human Rights in domestic Swiss law. International and constitutional law aspects, in: Laws, rights and the European Convention on Human Rights 1986, 29 ff.; G. MALINVERNI, La suisse et les droits de l'homme, SJIR Jubiläumsband 1989, 153 ff.; DERS., Les fonctions des droits fondamentaux dans la jurisprudence de la Commission et de la Cour européennes des droits de l'homme, FS Dietrich Schindler, Basel 1989, 539 ff.; DERS., Die Europäische Menschrechtskonvention I-XI. Die gewährleisteten Rechte und Freiheiten, SJK (1983 ff.), Nrn. 1370-1383; DERS., La réserve de la loi dans les conventions internationales de sauvegarde des droits de l'homme, Revue universelle des droits de l'homme, 1990, 401 ff.; DERS., L'application de la Convention des droits de l'homme en Suisse, in: 15e Journée juridique, Genève 1975, 1 ff.; L. A. MINELLI, Praktischer Umgang mit der EMRK, Forch 1991; J.P. MÜLLER, Die Anwendung der Europäischen Menschenrechtskonvention in der Schweiz, ZSR 1975 I

337 ff.; J. RAYMOND, La Suisse devant les organes de la Convention européenne des droits de l'homme, ZSR 1979 II, 1 ff.; M. ROS, Die unmittelbare Anwendbarkeit der Europäischen Menschenrechtskonvention, Zürich 1984; C. ROUILLER/A.JOMINI, L'effet dynamique de la Convention européenne des droits de l'homme, ZStrR 1992, 233 ff.; D. SCHINDLER, Die Bedeutung der Europäischen Menschenrechtskonvention für die Schweiz, ZSR 1975 I 357 ff.; B. SCHMID, Rang und Geltung der Europäischen Konvention zum Schutze der Menschenrechte und Grundfreiheiten vom 3. November 1950 in den Vertragsstaaten, Basel 1984; R. J. SCHWEIZER, Europäische Menschenrechtskonvention (EMRK) und schweizerisches Sozialversicherungsrecht im Wandel, FS 75 Jahre Eidgenössisches Versicherungsgericht, Bern 1992, 19 ff.; D. THÜRER, Neuere Entwicklungen im Bereich der Europäischen Menschenrechtskonvention, ZBl 1988, 377 ff.; S. TRECHSEL, Erste Erfahrungen mit der Europäischen Menschenrechtskonvention, ZBJV 1979, 457 ff.; CH. TRENKEL, Erfahrungen mit der EMRK und der Europäischen Kommission für Menschenrechte, Asyl 1987, 6 ff.; M.E. VILLIGER, Die Europäische Menschenrechtskonvention und die schweizerische Rechtsordnung, EuGRZ 1991, 81 ff.; DERS., Die Wirkungen der Entscheide der EMRK-Organe im innerstaatlichen Recht, namentlich der Schweiz, ZSR 1985 I, 469 ff.; L. WILDHABER, Die materiellen Rechte der Konvention mit Ausnahme der Artikel 5 und 6, ZSR 1975 I 545 ff.; DERS., Erfahrungen mit der Europäischen Menschenrechtskonvention, ZSR 1979, 229 ff.; DERS., Die Schweiz und die Europäische Menschenrechtskonvention im Rahmen neuerer Entwicklungen, Saarbrücken 1989.

Konventionsorgane

1. Die Bestimmungen der Konvention begründen objektive Verpflichtungen der Vertragsstaaten.
(Bericht der Kommission 5. Mai 1982, VPB 1983 Nr. 57)

Innerstaatliche Organe

2. Die Gewährleistungen der EMRK haben ihrer Natur nach einen verfassungsrechtlichen Inhalt und sind den Grundrechten der Bundesverfassung und der kantonalen Verfassungen gleichzustellen, auch in verfahrensrechtlicher Hinsicht (Art. 84 Abs. 1 lit. a OG).
(102 Ia 203; 101 Ia 69; BGer, 27. Oktober 1977, SJIR 1978, 172)

3. Die von der Konvention geschützten Rechte sind in Verbindung mit den Individualrechten des geschriebenen oder ungeschriebenen schweizerischen Ver-

fassungsrechts zu bestimmen. Für deren Konkretisierung ist auch die Rechtsprechung der Konventionsorgane mitzuberücksichtigen. Im Unterschied zur
Rechtsprechung der Konventionsorgane kann das Bundesgericht jedoch auch
abstrakte Normenkontrolle vornehmen.
*(114 Ia 282 f. = EuGRZ 1989, 286 = SJIR 1989, 259; 104 Ia 91 f. = SJIR 1979, 185; 102
Ia 381; BGer 17. Juni 1987, SJIR 1988, 269; BGer 6. Juli 1983, SJ 1984, 7 = SJIR 1984,
203; BGer 4. April 1979, unveröff. Erw. 1 c und e zu 105 Ia 186, SJIR 1980, 244 f.;BGer
26. April 1978, SJIR 1978, 172; Rep 1980, 129 = SJIR 1981, 283)*

4. Die Konventionsgarantien haben nur soweit eine selbständige Bedeutung,
als sie über die Grundrechte des schweizerischen Verfassungsrechts hinausgehen.
Sie haben indessen Bedeutung für die grundrechtliche Konkretisierung und sind
bei ihrer Auslegung und Anwendung mit heranzuziehen.
*(108 Ia 66 f. = SJIR 1983, 273; 106 Ia 406 = Pra 1981 Nr. 160 = SJIR 1982, 159; 105 Ia
29 = SJIR 1979, 185 und 194; 102 Ia 381 = SJIR 1978, 201; 101 Ia 69 = SJIR 1976, 93;
BGer 11. Februar 1985, SJIR 1986, 126; BGer 26. Januar 1981, SJ 1982, 269 = SJIR
1982, 158 f.; BGer 4. April 1979, unveröff. Erw. 1 c und e zu 105 Ia 186, SJIR 1980, 244
f.; BGer 8. August 1978, SJ 1979, 212 = SJIR 1979, 191; Bundesamt für Justiz 7.
September 1984, VPB 1985 Nr. 36 = SJIR 1986, 125)*

5. Mit ihrem Inkrafttreten wurde die EMRK (Abschnitt I) in bezug auf ihre
materiellen Garantien mit Ausnahme von Art. 13 in der Schweiz direkt anwendbar; sie gilt in der schweizerischen Rechtsordnung gleich wie ein Bundesgesetz.
Es gibt aber auch Fälle, wo Art. 13 direkt anwendbar sein könnte.
*(111 Ib 72 = Pra 1985 Nr. 169 = SJIR 1986, 129; Eidg. VG, 15. Januar 1979, EuGRZ
1979, 294 = SJIR 1979, 186; 103 V 190 = SJIR 1978, 172 f.; 102 Ia 481.)*

6. Es spricht nichts dagegen, dass der Richter die Bundesgesetze auf ihre
Übereinstimmung mit der Konvention prüft. Natürlich kann er nicht eine Ge-
setzesbestimmung aufheben, weil sie dem Völkerrecht widerspricht; er könnte
höchstens im konkreten Einzelfall die betreffende Norm nicht anwenden, wenn
sie sich als völkerrechtswidrig erweist und zu einer Verurteilung der Schweiz
führen könnte. Dabei ist der Grundsatz von Bedeutung, dass Bundesgesetze
konventionskonform auszulegen sind, d.h so, dass im Zweifelsfalle ein Konflikt
zwischen beiden Rechtsordnungen möglichst vermieden wird.
(BGer 15. November 1991, StR 1992, 393 f.)

7. Die EMRK geht als jüngeres Recht den früher erlassenen Bundesgesetzen,
unter Umständen auch jüngerem Gesetzesrecht vor.
(111 Ib 71 = Pra 1985 Nr. 169 = SJIR 1986, 126)

8.   Finden sich in der EMRK Bestimmungen, die der Richter ohne weiteres direkt anwenden kann, so hat die EMRK Vorrang vor jüngerem Gesetzesrecht.
(MKGE 1982 Nr. 13, 50 f. = SJIR 1985, 250)

9.   Das Bundesgericht kann Bundesgesetze nicht auf ihre Übereinstimmung mit der EMRK überprüfen (Art. 113 Abs. 3 BV).
(BGer 11. Februar 1985, SJIR 1986, 127; BGer 18. Oktober 1984, SJIR 1985, 250 f.; BGer 14. Juni 1983, SJIR 1984, 203 f.)

10.   Die Überprüfung kantonaler Verfassungsbestimmungen auf ihre Vereinbarkeit mit den von der EMRK gewährleisteten Rechten verfassungsrechtlichen Inhalts und mit dem übrigen Bundesrecht kann jedenfalls dann mit staatsrechtlicher Beschwerde verlangt werden, wenn das übergeordnete Recht im Zeitpunkt der Gewährleistung durch die Bundesversammlung noch nicht in Kraft getreten und deshalb bei der vorgängigen Überprüfung nicht zu berücksichtigen war.
(111 Ia 240 ff. = EuGRZ 1986, 163 = ZBl 1986, 182 = SJIR 1986, 127 f.)

11.   Das Bundesgericht hat sich an den eindeutig zum Ausdruck gebrachten Willen des Gesetzgebers jedenfalls so lange zu halten, als nicht durch einen Grundsatzentscheid des EGMR dessen Unvereinbarkeit mit der EMRK festgestellt worden ist.
(107 Ia 166 = Pra 1982 Nr. 14 = SJIR 1982, 158)

12.   Das Bundesgericht überprüft frei, ob die als willkürfrei erkannte Auslegung des kantonalen Gesetzesrechts vor der EMRK Bestand hat.
(BGer 12. März 1990, SJIR 1990, 192 f.; BGer 25. August 1980, BJM 1980, 243 = SJIR 1981, 284)

13.   Die Verletzung einer Konventionsgarantie kann nicht mit der Nichtigkeitsbeschwerde nach Art. 269 Abs. 1 BStP gerügt werden, sondern im Rahmen einer staatsrechtlichen Beschwerde nach Art. 84 OG in Einklang mit Art. 269 Abs. 2 BStP. Wo hingegen die konventionskonforme Auslegung bundesrechtlicher Bestimmungen (mittelbare Verletzung der EMRK) in Frage steht, kann (kurz) Bezug auf die EMRK genommen werden.
(Pra 1989 Nr. 100 = SJIR 1990, 192; 113 IV 56 = SJIR 1988, 271; 112 IV 138 = JdT 1987 IV 62 = SJIR 1987, 195; 102 Ia 203 = SJIR 1977, 159; 101 Ia 67 = SJIR 1976, 93; BGer 6. Mai 1985, SJIR 1986, 130; BGer 30. Juli 1979, SJ 1980, 244 = SJIR 1981, 286; BGer 18. Januar 1979, SJ 1979, 376 f. = SJIR 1979, 186)

14. Bei der Anrufung der Verletzung der EMRK sind dieselben Regeln wie bei Beschwerden wegen Verletzung verfassungsmässiger Rechte, insbesondere Art. 87 und 90 Abs. 1 OG, zu beachten
(BGer 20. September 1988, ZWR 1989, 121 = SJIR 1990, 193; BGer 8. Februar 1985, SJ 1986, 59 f. = SJIR 1986, 129 f.)

15. Die Pflicht zur Begründung der Beschwerde (Art. 90 lit. b OG) gilt auch für staatsrechtliche Beschwerden wegen Verletzung der EMRK.
(116 Ia 439; 113 Ia 230 = SJIR 1988, 269)

16. Die erst vor Bundesgericht gerügte Verletzung von Art. 6 Abs. 1 EMRK ist zulässig, wenn der letzten kantonalen Instanz freies Prüfungsrecht zustand und sie der Offizialmaxime verpflichtet war. Allerdings darf der Beschwerdeführer Treu und Glauben nicht verletzt haben, weshalb eine missbräuchliche Nichterhebung einer Verfahrensrüge vor letzter kantonaler Instanz die Berechtigung zur Beschwerde vor Bundesgericht untergehen lässt. Kein Rechtsmissbrauch liegt vor, wenn Art. 6 EMRK erst aufgrund einer durch den EGMR eingeleiteten, im Verfahren vor kantonaler Instanz noch unbekannten, Praxis angerufen wird.
(117 Ia 495; 116 Ia 439 = SZIER 1992, 484; 115 Ia 184 f. = SJIR 1990, 190; 114 Ia 348; 114 V 62; 112 Ia 339; Pra 1992 Nr. 30)

17. Der Nichteintretensentscheid des BGer kann ohne Verletzung der EMRK auch ohne Verhandlung und öffentliche Beratung erfolgen.
(BGer 10. März 1987, SJIR 1988, 270)

18. Die Erschöpfung des kantonalen Instanzenzuges vor Ergreifung der staatsrechtlichen Beschwerde ist auch bei Geltendmachung von EMRK-Rechten einzuhalten. Dies gilt selbst dann, wenn die EMRK-Garantien über die verfassungsrechtlichen Gewährleistung hinausgehen. Anders würde es sich verhalten, wenn die angerufenen Normen der Konvention den von diesem Erfordernis ausgenommenen Verfassungsgarantien entsprächen.
(116 Ia 439 = SZIER 1992, 485; 113 Ia 229 = SJIR 1988, 270; 105 Ib 435 = SJIR 1981, 284; 102 Ia 201 = SJIR 1978, 171; 101 Ia 67 = SJIR 1976, 93 ff.; BGer 10. März 1989, SJIR 1990, 192; BGer 10. Februar 1982, Rep 1983, 266 f. = SJIR 1985, 252; BGer 2. November 1982, SJIR 1984, 206 f.; BGer 8. Januar 1982, SJIR 1982, 161 f.; BGer 7. Februar 1979, SJIR 1979, 188; BGer 15. August 1978, SJ 1979, 411; BGer 10. Juni 1980, SJIR 1981, 284; KassG ZH 20. September 1988, ZR 1988 Nr. 94 = SJIR 1990, 192)

19. Art. 6 Abs. 1 sowie Abs. 3 lit. b und c EMRK haben gegenüber Art. 4 BV im Zusammenhang mit Art. 87 OG (keine staatsrechtliche Beschwerde gegen letztinstanzliche Zwischenentscheide) keine selbständige Bedeutung, soweit ihnen keine über Art. 4 BV hinausgehende Tragweite zukommt. Anders verhält es sich, soweit die Garantie des unabhängigen und unparteiischen Gerichtes angerufen wird, da dieselbe nach Art. 58 BV auch ohne Ausschöpfung des kantonalen Instanzenzuges geltend gemacht werden kann.
(114 Ia 179 = Pra 1988 Nr. 26 = SZIER 1991, 381; 106 IV 87 = SJIR 1981, 284 f.; 105 Ib 435; 102 Ia 200 = SJIR 1977, 157; BGer 10. September 1990, SZIER 1991, 384; BGer 6. Oktober 1982, SJIR 1984, 207; BGer 16. Mai 1979, SJIR 1981, 285; BGer 27. Juni 1979, SJIR 1980, 245. Allgemein zum Verhältnis von Art. 6 EMRK und Art. 4 BV vgl. SZIER 1991, 380 ff.)

20. Art. 6 Abs. 3 lit. d EMRK (Zeugenbefragung) geht nicht weiter denn Art. 4 BV. Aus diesem Grund kann auf eine gegen einen Zwischenentscheid gerichtete staatsrechtliche Beschwerde nur eingetreten werden, wenn ein nicht wiedergutzumachender Schaden verursacht wird.
(114 Ia 180 f. = SJ 1989, 9 f. = SJIR 1989, 261 ff.)

21. Werden verfassungsmässige Rechte nicht durch Bundesrecht sondern die EMRK näher umschrieben, so wird durch die hierbei notwendige Erhebung der staatsrechtlichen Beschwerde zur Rüge von deren Verletzung die kantonale Nichtigkeitsbeschwerde in Strafsachen nach § 430b der Zürcher StPO nicht ausgeschlossen.
(KassG ZH 8. April 1980, ZR 1980, 63 f. = SJIR 1981, 286 f.)

22. Die bundesrechtliche Gewährleistung einer Kantonsverfassung nach Art. 6 BV umfasst auch deren Überprüfung auf Einhaltung der EMRK–Bestimmungen. Ihrer Natur nach haben diese Bestimmungen den Charakter von Verfassungsrechten. Das Bundesgericht kann eine solche Kontrolle nicht vornehmen.
(104 Ia 221 f. = SJIR 1979, 188)

23. Bei einer abstrakten Normenkontrolle kann die EMRK nicht angerufen werden.
(BGer 27. März 1984, SJIR 1985, 251)

24. Mit Verwaltungsgerichtsbeschwerde können grundsätzlich auch Verletzungen der EMRK vorgebracht werden.
(BGer 12. November 1990, SZIER 1991, 383)

25. Stellt die EKMR eine Verletzung der EMRK fest, so kann gestützt darauf ein bundesgerichtlicher Entscheid nicht revidiert werden.
(BGer 14. August 1986, SJIR 1987, 196 f.)

26. Kann eine kantonale Bestimmung wegen EMRK–Widrigkeit nicht angewandt werden und hat der Gesetzgeber noch nicht für eine Änderung gesorgt, so ist der (Straf–) Richter gehalten, die Lücke nach Art. 1 Abs. 2 ZGB konventionskonform zu füllen.
(KGer VD 29. August 1988, JdT 1989 III 59 ff. = SJIR 1989, 263 ff.)

27. Die Nichtsistierung eines kantonalen Appelationsverfahrens wegen einer bei der EKMR eingelegten Beschwerde ist nicht willkürlich.
(BGer 18. November 1986, SJIR 1988, 271 f.)

Artikel 2

1. Das Recht jedes Menschen auf das Leben wird gesetzlich geschützt. Abgesehen von der Vollstreckung eines Todesurteils, das von einem Gericht im Falle eines durch Gesetz mit der Todesstrafe bedrohten Verbrechens ausgesprochen worden ist, darf eine absichtliche Tötung nicht vorgenommen werden.

2. Die Tötung wird nicht als Verletzung dieses Artikels betrachtet, wenn sie sich aus einer unbedingt erforderlichen Gewaltanwendung ergibt:

a. um die Verteidigung eines Menschen gegenüber rechtswidriger Gewaltanwendung sicherzustellen;

b. um eine ordnungsgemässe Festnahme durchzuführen oder das Entkommen einer ordnungsgemäss festgehaltenen Person zu verhindern;

c. um im Rahmen der Gesetze einen Aufruhr oder einen Aufstand zu unterdrücken.

Konventionsorgane

28. Auswirkungen einer Massnahme der Schweiz, die auf Liechtenstein ausgedehnt wurde.
(Vgl. dazu Kommission 14. Juli 1977, VPB 1983 Nr. 60)

Innerstaatliche Organe

29. Könnte gegen die von einer Auslieferung betroffenen Person im gesuchstellenden Staat die Todesstrafe verhängt werden, so steht Art. 2 EMRK einer Auslieferung nicht entgegen.
(113 Ib 186 = SJIR 1988, 278 f.)

A r t i k e l   3

Niemand darf der Folter oder unmenschlicher oder erniedrigender Strafe oder Behandlung unterworfen werden.

Lit.: A. ACHERMANN/CH. HAUSAMANN, Handbuch des Asylrechts, Bern 1991; R. BERSIER, Droit d'asile et statut de réfugié en Suisse, Lausanne 1991; U. BOLZ, Rechtsschutz im Ausländer– und Asylrecht, Zürich 1990; W. KÄLIN, Grundriss des Asylrechts, Basel 1991; DERS., Die Bedeutung von Art. 3 EMRK im schweizerischen Asylverfahren, Asyl 1987/1, 3 ff.; DERS., Das Prinzip des Non–Refoulement, Bern 1982; S. TRECHSEL, Nebeneinander: Gegeneinander – Miteinander – Durcheinander? Zum Verhältnis zwischen der Folterschutzkonvention (FSK) und der Europäischen Menschenrechtskonvention (EMRK), in: FS Hans Haug (Hrsg. von Hangartner Yvo/Trechsel Stefan), Bern 1986.

Konventionsorgane

30. Die EMRK gibt keinen Anspruch auf Aufenthalt oder Asyl und steht auch nicht der Auslieferung, besondere Umstände vorbehalten, entgegen.
(Kommission 2. Dezember 1986, VPB 1987 Nr. 69; Kommission 9. Dezember 1980, VPB 1983 Nr. 62)

31. Ob ein aus der Schweiz Ausgewiesener im Wegweisungsland eine Art. 3 EMRK zuwiderlaufende Behandlung erfährt, beurteilt sich nach den Massnahmen, welche die Schweizerische Botschaft dort getroffen hat.
(Kommission 7. Dezember 1990, VPB 1991 Nr. 43; vgl. auch Kommission 9. Mai 1986, VPB 1986 Nr. 90)

32. Wird ein Asylbewerber, der in Griechenland und der Türkei strafrechtlich verfolgt wird, an Griechenland ausgeliefert, so ist die gegen die Schweiz erhobene Rüge einer verbotenen Behandlung in der Türkei unzulässig, wenn die Zustimmung der Schweiz zur Weiterlieferung nach Art. 15 EAUe vorbhalten ist und

der Betroffene die entsprechende Rüge auch nach Art. 25 EMRK in Griechenland und der Türkei vorbringen kann.
(Kommission 7. März 1991, VPB 1991 Nr. 44)

33. Liegen keine konkreten Gründe vor, die auf eine verbotene Behandlung schliessen liessen, so steht einer Auslieferung ins Heimatland nichts entgegen. Zu berücksichtigen ist, dass dieses Mitglied der EMRK ist und eine Individualbeschwerde nach Art. 25 EMRK zulässt.
(Kommission 15. Februar 1990, VPB 1990 Nr. 52; vgl. auch Kommission 2. Dezember 1986, VPB 1987 Nr. 69)

34. Der Nachweis der Gründe, die gegen eine Auslieferung sprechen, obliegt dem Betroffenen. Verlangt wird der Nachweis konkreter und ernsthafter Gründe.
(Kommission 14. April 1986, VPB 1986 Nr. 89)

35. Erbringung des Nachweises von Tatsachen, die einer Rückschiebung in ein Land entgegenstehen. Fahnenflucht und politische Aktivitäten.
(Vgl. dazu Kommission 17. Oktober 1986, VPB 1987 Nr. 70)

36. Die Nichtbeachtung von «Mindestgrundsätzen für die Behandlung der Gefangenen» bedeutet an sich noch nicht, dass Art. 3 EMRK verletzt wäre.
(Kommission 11. Dezember 1976 [Eggs], VPB 1983 Nr. 64 A)

37. Die Haft einer Person von 74 Jahren während 35 Monaten, die an Diabetes leidet und weitere Gebrechen aufweist, kann unter dem Blickwinkel von Art. 3 EMRK problematisch sein. Zu berücksichtigen ist aber die Angemessenheit der ärztlichen Überwachung und Pflege.
(Bericht Kommission 5. Dezember 1979, VPB 1983 Nr. 64 B)

38. Art, Intensität und Notwendigkeit des Ausschlusses aus der Gefangenengemeinschaft und vollständige sensorische und soziale Isolierung. Aufzählung und Gewichtung der näheren Umstände der Isolationshaft.
(Vgl. Kommission 10. November 1983, VPB 1983 Nr. 65 B; Bericht der Kommission 16. Dezember 1982, VPB 1983 Nr. 66 B)

Innerstaatliche Organe

39. Art. 3 EMRK gewährt dem Untersuchungsgefangenen keinen weitergehenden Schutz denn das Grundrecht der persönlichen Freiheit. Indessen sind der Gehalt von Art. 3 EMRK und die diesbezügliche Rechtsprechung für die Konkretisierung der persönlichen Freiheit zu berücksichtigen.
(116 Ia 421 = SZIER 1992, 488; 113 Ia 328 = SJIR 1989, 267 f.)

40. Die Kommission (EKMR) ist keine ordentliche Rekursinstanz auf internationaler Ebene zur Behandlung von Beschwerden, die sich gegen innerstaatliche Entscheide in Asylsachen richten.
(EJPD 28. April 1986, VPB 1986 Nr. 127)

41. Die Grundsätze von Art. 3 EMRK gehören zum internationalen ordre public bzw. zum zwingenden Völkerrecht.
(112 Ib 224 = SJIR 1987, 200 f.; BGer 18. Dezember 1990, Asyl 1991/2, 21)

42. Die Abschiebung oder Auslieferung eines Ausländers in ein Land, in welchem die durch die EMRK garantierten Rechte grob verletzt werden oder wo bereits eine erhebliche Wahrscheinlichkeit der Verletzung von Art. 3 EMRK besteht, ist konventionswidrig.
(111 Ib 70 f. = Pra 1985 Nr. 169 = SJIR 1986, 136 f.; BGer 27. April 1990, Asyl 1990/4, 20 = plädoyer 1991, 72 f.)

43. Art. 3 EMRK umfasst auch den Grundsatz des «Non–Refoulement» und ist auch auf nicht als Flüchtling anerkannte Asylbewerber anwendbar.
(Bundesamt für Justiz 4. November 1985, VPB 1986 Nr. 5 = SJIR 1987, 201)

44. Art. 3 EMRK gilt als völkerrechtliches ius cogens, das auch beim Entscheid über ein Auslieferungsbegehren zu beachten ist. Nicht entscheidend ist, ob der ersuchende Staat durch das EAUe oder die EMRK, durch einen zweiseitigen Staatsvertrag oder überhaupt durch ein Abkommen mit der Schweiz verbunden ist. Die Vorschrift kann nur dann zur Anwendung gelangen, wenn im konkreten Fall ernstlich zu befürchten ist, dass der Einsprecher unmittelbar und persönlich

der Gefahr einer Erschwerung seiner Lage im ersuchenden Staat ausgesetzt wäre.
Wer sich einem solchen Auslieferungsgesuch widersetzt, hat konkret zu beweisen, dass ernsthaft die Möglichkeit besteht, dass er einer Art. 3 EMRK verletzen-
den Behandlung ausgeliefert würde.
*(111 Ib 142 = SJIR 1986, 138 f.; 109 Ib 72 = SJIR 1983, 281; 108 Ib 418 f. = SJIR 1983,
282; BGer 10. Juli 1987, SJIR 1988, 279 f.; BGer 28. März 1984, SJ 1985, 186 ff. = SJIR
1985 254 f.; BGer 22. März 1983, EuGRZ 1983, 255 = SJIR 1983, 282 f.)*

45.   Ob ein Auslieferungsverfahren vor Art. 3 EMRK standhält, ist der ersuchte
Staat zu beurteilen verpflichtet: Die Einschätzung erfolgt aufgrund eines Ver-
gleichs der persönlichen Situation des Betroffenen mit dem politischen System
des ersuchenden Staates, einer Beurteilung der dort herrschenden inneren Lage,
insbesondere des politischen Regimes, seiner Institutionen, der Konzeption der
Grundrechte, deren konkreter Verwirklichung und der Unabhängigkeit und
Objektivität der Gerichtsbarkeit.
(111 Ib 142 = SJIR 1986, 138 f.)

46.   Die Einwände, die gegen den Vollzug einer Landesverweisung sprechen,
sind erst zu prüfen, wenn feststeht, dass die Verweisung vollzogen wird. Dadurch
wird einer Änderung der Verhältnisse zwischen Anordnung der Landesverweisung und deren Vollzug Rechnung getragen.
(116 IV 105 = SZIER 1991, 385 f. = Asyl 1990/4, 21; 111 IV 13 f. = SJIR 1986, 137 f.)

47.   Wird die Auslieferung trotz gewisser Befürchtungen bewilligt, so können
aufgrund der besonderen Umstände des Einzelfalles sichernde Massnahmen
getroffen und die Auslieferung an gewisse Bedingungen geknüpft werden.
(BGer 10. Juli 1987, SJIR 1988, 280)

48.   Art. 3 EMRK begründet keinen Anspruch auf Aufenthaltsbewilligung.
(BGer 25. September 1989, SJIR 1990, 258)

49.   Art. 3 EMRK sichert, dass während eines Strafverfahrens niemand Befra-
gungsmethoden ausgesetzt wird, die seinen freien Willen berühren können.
(103 Ia 306 f. = SJIR 1978, 179)

50.   Zur strafrechtlichen Überwachung des PTT-Verkehrs dürfen nicht techni-
sche Geräte eingesetzt werden, die ähnlich wie der Lügendetektor die persönliche
Freiheit einschränken. Die basel-städtische Überwachung verletzt diese Grenze
nicht.
(BGer 9. November 1983, EuGRZ 1984, 228 f. = SJIR 1984, 208 f.)

51. Ein infolge Arrestes verhängtes 8-tägiges Rauchverbot verbunden mit einem Entzug der Gelegenheit zum Spazieren verletzen das Folterverbot nicht. Solches wäre der Fall, wenn die Beschränkung der Bewegungsfreiheit über eine längere Zeitspanne hinweg dauerte.
(BGer 9. Mai 1979, SJIR 1979, 189)

52. Eine zeitweilige Einzelhaft ist mit Art. 3 EMRK vereinbar, soweit sie im öffentlichen Interesse liegt und verhältnismässig bleibt.
(BGer 1. Mai 1991, SZIER 1992, 489; BGer 11. November 1980, SJIR 1981, 292 f.)

53. Die Bartrasur eines Untersuchungshäftlings zwecks Konfrontation kann im Einzelfall mit Art. 3 EMRK vereinbar sein, insbesondere darum, weil der Betroffene auch schon früher keinen Bart getragen hat.
(112 Ia 162 f. und 166 = Pra 1986 Nr. 205 = EuGRZ 1986, 695 = SJIR 1987, 201 f.)

54. Bei der Unterbrechung des Strafvollzugs aus wichtigen Gründen nach Art. 40 StGB kann, ohne dass dadurch Art. 3 EMRK verletzt wäre, zwischen den Interessen der Öffentlichkeit an der Aufrechterhaltung der Haft und den aus der Fortsetzung des Strafvollzugs entstehenden Risiken für den Inhaftierten abgewogen werden.
(BGer 12. Dezember 1980, Pra 1981 Nr. 90 = SJIR 1981, 295 f.)

55. Die Beeinträchtigung der persönlichen Freiheit wird unter Art. 3 EMRK relevant, soweit sie ein Mindestmass an Schwere erreicht. Die Beurteilung des Masses ist von sämtlichen Umständen des Einzelfalles, wie Dauer der Behandlung und ihren physischen und psychischen Folgen abhängig. Die Relevanz beurteilt sich nicht nur nach der objektiven Behandlungsart, sondern auch nach der Wirkung im konkreten Fall auf den Betroffenen. In casu unverhältnismässige und erniedrigende Fesselung von Inhaftierten bei Transport.
(OGer–Kommission OW 4. Oktober 1991, Amtsbericht Obwalden 1990/1991 Nr. 52 = SJZ 1992, 272 ff. = plädoyer 1992, 58 ff.)

56. Die altersbedingte Entlassung aus dem öffentlich–rechtlichen Dienstverhältnis ist mit Art. 3 EMRK vereinbar.
(AppGer BS 16. September 1987, BJM 1987, 67 = SJIR 1988, 280)

Artikel 4

1. Niemand darf in Sklaverei oder Leibeigenschaft gehalten werden.

2. Niemand darf gezwungen werden, Zwangs- oder Pflichtarbeit zu verrichten.

3. Als «Zwangs- oder Pflichtarbeit» im Sinne dieses Artikels gilt nicht:

a. jede Arbeit, die normalerweise von einer Person verlangt wird, die unter den von Artikel 5 der vorliegenden Konvention vorgesehenen Bedingungen in Haft gehalten oder bedingt freigelassen worden ist;

b. jede Dienstleistung militärischen Charakters, oder im Falle der Verweigerung aus Gewissensgründen in Ländern, wo diese als berechtigt anerkannt ist, eine sonstige an Stelle der militärischen Dienstpflicht tretende Dienstleistung;

c. jede Dienstleistung im Falle von Notständen und Katastrophen, die das Leben oder das Wohl der Gemeinschaft bedrohen;

d. jede Arbeit oder Dienstleistung, die zu den normalen Bürgerpflichten gehört.

Konventionsorgane

57. Wer freiwillig in den öffentlichen Dienst eingetreten ist und diesen jederzeit wieder verlassen kann, kann ohne Verletzung von Art. 4 EMRK innerhalb der Verwaltung versetzt werden.
(Kommission 14. April 1989, VPB 1989 Nr. 62)

58. Ein Jugendlicher, der sich in Übereinstimmung mit Art. 5 Abs. 1 lit. d in Erziehungshaft befindet, darf während der Beobachtungszeit in einem geschlossenen Heim zur Arbeit gezwungen werden.
(Kommision 14. Dezember 1979, VPB 1983 Nr. 68)

Artikel 5

Inhaltsverzeichnis

1. Jedermann hat ein Recht auf Freiheit und Sicherheit. Die Freiheit darf einem Menschen nur in den folgenden Fällen und nur auf die gesetzlich vorgeschriebene Weise entzogen werden:

a. wenn er rechtmässig nach Verurteilung durch ein zuständiges Gericht in Haft gehalten wird;

b. wenn er rechtmässig festgenommen worden ist oder in Haft gehalten wird wegen Nichtbefolgung eines rechtmässigen Gerichtsbeschlusses oder zur Erzwingung der Erfüllung einer durch das Gesetz vorgeschriebenen Verpflichtung;

c. wenn er rechtmässig festgenommen worden ist oder in Haft gehalten wird zum Zwecke seiner Vorführung vor die zuständige Gerichtsbehörde, sofern hinreichender Verdacht dafür besteht, dass der Betreffende eine strafbare Handlung begangen hat, oder begründeter Anlass zu der Annahme besteht, dass es notwendig ist, den Betreffenden an der Begehung einer strafbaren Handlung oder an der Flucht nach Begehung einer solchen zu hindern;

d. wenn es sich um die rechtmässige Haft eines Minderjährigen handelt, die zum Zwecke überwachter Erziehung angeordnet ist, oder um die rechtmässige Haft eines solchen, die zum Zwecke seiner Vorführung vor die zuständige Behörde verhängt ist;

e. wenn er sich in rechtmässiger Haft befindet, weil er eine Gefahrenquelle für die Ausbreitung ansteckender Krankheiten bildet, oder weil er geisteskrank, Alkoholiker, rauschgiftsüchtig oder Landstreicher ist;

f. wenn er rechtmässig festgenommen worden ist oder in Haft gehalten wird, um ihn daran zu hindern, unberechtigt in das Staatsgebiet einzudringen oder weil er von einem gegen ihn schwebenden Ausweisungs– oder Auslieferungsverfahren betroffen ist.

2. Jeder Festgenommene muss in möglichst kurzer Frist und in einer ihm verständlichen Sprache über die Gründe seiner Festnahme und über die gegen ihn erhobenen Beschuldigungen unterrichtet werden.

3. Jede nach der Vorschrift des Absatzes 1 c dieses Artikels festgenommene oder in Haft gehaltene Person muss unverzüglich einem Richter oder einem andern, gesetzlich zur Ausübung richterlicher Funktionen ermächtigten Beamten vorgeführt werden. Er hat Anspruch auf Aburteilung innerhalb einer angemessenen Frist oder auf Haftentlassung während des Verfahrens. Die Freilassung kann von der Leistung einer Sicherheit für das Erscheinen vor Gericht abhängig gemacht werden.

4. Jedermann, dem seine Freiheit durch Festnahme oder Haft entzogen wird, hat das Recht, ein Verfahren zu beantragen, in dem von einem Gericht raschmöglichst über die Rechtmässigkeit der Haft

entschieden wird und im Falle der Widerrechtlichkeit seine Entlas‐
sung angeordnet wird.

5. Jeder, der entgegen den Bestimmungen dieses Artikels von Fest‐
nahme oder Haft betroffen worden ist, hat Anspruch auf Schadener‐
satz.

Literatur zum gesamten Art. 5 EMRK

P. BISCHOFBERGER, Die Verfahrensgarantien der Europäischen Konvention zum Schutze
der Menschenrechte auf Grundfreiheiten (Art. 5 und 6) in ihrer Einwirkung auf das
schweizerische Strafprozessrecht, Zürich 1972; O. FASSBIND, Les incidences de la
Convention européenne des droits de l'homme sur les lois suisses de procédure pénale,
Peseux 1984; M. FORSTER, EMRK als Argument: die ausdrückliche Berücksichtigung
der Europäischen Menschenrechtskonvention bei der Revision der kantonalen
Strafprozessgesetze und in der Bundesgerichtspraxis zum Strafprozessrecht, Praetor
(St.Gallen) 1988, 37 ff.; A. HAEFLIGER, Die Grundrechte des Untersuchungsgefangenen
in der bundesgerichtlichen Rechtsprechung, ZStrR 1987, 257 ff.; W. HALLER,
Kommentar BV, Persönliche Freiheit; DERS., Polizeigesetzgebung und Europäische
Menschenrechtskonvention, in: FS Hans Huber, Bern 1981, 563 ff.; A. R. HEIM, Der
Begriff "Sicherheit" in Art. 5 der europäischen Menschenrechtskonvention und der Hu‐
manitätsgedanke in der schweizerischen ausservertraglichen Haftpflichtgesetzgebung,
Basel 1978; O. JACOT–GUILLARMOD, Problèmes de législation pénale révélés par la
jurisprudence de Strasbourg: perspective de droit suisse et de droit comparé, ZStrR 1989,
242 ff; DERS., Le droit de procédure pénale neuchâtelois sous l'angle de la Convention
européenne des droits de l'homme, RJN 1980, 1 ff.; R. LEVI, Schwerpunkte der straf‐
prozessualen Rechtsprechung des Bundesgerichtes und der Organe der Europäischen
Menschenrechtskonvention, ZStrR 1985, 345 ff.; DERS., Zum Einfluss der Europäischen
Menschenrechtskonvention auf das kantonale Prozessrecht. Erwartungen und Ergeb‐
nisse, ZStrR 1989, 225 ff.; L. A. MINELLI, Strafverteidiger und EMRK, Schweizer
Anwalt 1988, 19 ff.; DERS., Muss die Polizei die EMRK beachten, Forch 1991; F.
RIKLIN, Zur Organisation der Strafverfolgungs– und Anklagebehörden in einer künftigen
Freiburgischen Strafprozessordnung, FZR 1992, 20 ff.; DERS., Postulate zur Reform der
Untersuchungshaft – unter besonderer Berücksichtigung der Anforderungen der
europäischen Menschenrechtskonvention und des schweizerischen Verfassungsrechts,
ZStrR 1987, 57 ff.; M. RUSCA, La procedura penale ticinese alla luce della Convenzione
europea die diritti dell'uomo, Rep. 1984, 227 ff.; N. SCHMID, Strafprozessrecht, Zürich
1989; M. SCHUBARTH, Die Artikel 5 und 6 der Konvention, insbesondere im Hinblick
auf das schweizerische Strafprozessrecht, ZSR 1975 I 466 ff.; DERS., Die Rechte des

Beschuldigten im Untersuchungsverfahren, besonders bei Untersuchungshaft. Eine Analyse der schweizerischen Strafprozessgesetze unter rechtsstaatlichen Gesichtspunkten, Bern 1973; K. SPÜHLER, Die Europäische Menschenrechtskonvention in der bundesgerichtlichen Rechtsprechung zum Straf- und Strafprozessrecht, ZStrR 1990, 313 ff.; D. THÜRER, Neuere Entwicklungen im Bereich der Europäischen Menschenrechtskonvention, ZBl 1988, 377 ff.; S. TRECHSEL, Die Europäische Menschenrechtskonvention, ihr Schutz der persönlichen Freiheit und die schweizerischen Strafprozessrechte, Bern 1974; DERS., Die Garantie der persönlichen Freiheit (Art. 5 EMRK) in der Strassburger Rechtsprechung, EuGRZ 1980, 514 ff.; DERS., The protection of human rights in criminal procedure. General report, Revue internationale de droit pénal 1978, 541 ff.; DERS., The right to liberty and security of the person – article 5 of the European Convention on human rights in the Strasbourg case–law, Human rights law journal 1980, 88 ff.; DERS., Strassburger Rechtsprechung zum Strafverfahren. Die Urteile Schiesser, Deweer, Artico und Luedicke, Belkacem und Koç, Juristische Rundschau 1981, 133 ff.; DERS., Gericht und Richter nach der EMRK, in: Gedächtnisschrift für Peter Noll, Zürich 1984, 385 ff.; DERS., Grundrechtsschutz bei der internationalen Zusammenarbeit in Strafsachen, EuGRZ 1987, 69 ff.; DERS., Der Einfluss der Europäischen Menschenrechtskonvention auf das Strafrecht und Strafverfahrensrecht der Schweiz, ZStW 1988, 667 ff.; DERS., Die Bedeutung der Europäischen Menschenrechtskonvention im Strafrecht, ZStW, 1989, 819 ff.; CH. WINTER, Die Reform der Informationsrechte des Strafverteidigers im Ermittlungsverfahren, Frankfurt a.M./Bern 1991.

I. Allgemeines

Lit.: M. HÄRRI, Zur Problematik des vorzeitigen Strafantritts, G. KOLLY, Anordnung der Beugehaft: Entscheid über eine strafrechtliche Anklage im Sinne der EMRK?, FZR 1992, 27 ff.

Konventionsorgane

59. Art. 5 soll sicherstellen, dass niemand willkürlich seiner Freiheit entzogen wird.
(Kommission 4. Dezember 1979 [Schiesser], VPB 1983 Nr. 69)

60. Art. 5 Abs. 1 EMRK garantiert nicht, dass eine aus anderen Gründen erstandene Haft auf die Dauer der Gesamtstrafe angerechnet wird.
(Kommission 7. März 1990, VPB 1990 Nr. 53)

61. Art. 5 EMRK gibt keinen Anspruch auf einen bedingten Strafvollzug.
(Kommission 9. Mai 1984, VPB 1985 Nr. 70)

Innerstaatliche Organe

62. Der bei der Ratifikation angebrachte Vorbehalt betreffend fürsorgerischen Freiheitsentzug wird mit Wirkung auf den 1. Januar 1982 zurückgezogen.
(AS 1982, 292)

63. Beim vorzeitigen Strafantritt ist ein Verzicht auf den durch Art. 5 EMRK gewährten Schutz zulässig. Als freiwillig ist ein solcher Verzicht dann zu betrachten, wenn die Zustimmung zum Antritt einer noch nicht vollstreckbaren Freiheitsstrafe aus eigenem, ungehinderten Willen erklärt wird. Die Freiwilligkeit der Entscheidung wird nicht dadurch berührt, dass die Tragweite der Entscheidung bloss teilweise bedacht wurde, die für den Entschluss massgebenden Gesichtspunkte nur lückenhaft bekannt waren und dass sich die der Entscheidung zugrunde gelegten Voraussetzungen nicht einstellen.
(104 Ib 26 f. = SJIR 1979, 193)

64. Die Zustimmung soll ausdrücklich, klar und unmissverständlich sowie in Kenntnis der Rechtslage erfolgen.
(117 Ia 76 = Pra 1992 Nr. 50 = EuGRZ 1991, 226 ff.)

65. Die Zustimmung zum vorzeitigen Strafantritt ist grundsätzlich unwiderruflich. Allerdings hat der Angeschuldigte Anspruch, jederzeit ein Begehren um Entlassung aus der Haft bzw. dem vorzeitigen Strafantritt zu stellen. Der Strafvollzug kann dann gegen den Willen nur solange gerechtfertigt werden, als die Haftvoraussetzungen (dringender Tatverdacht, Flucht-, Kollusions- oder Wiederholungsgefahr) gegeben sind und die Haftdauer nicht in grosse Nähe der konkret zu erwartenden Strafe gerückt ist.
(117 Ia 78 = SZIER 1992, 496 f. = EuGRZ 1991, 227 ff. = Pra 1992 Nr. 50; 117 Ia 375 = Pra 1992 Nr. 49)

66. Der Verzicht beim vorzeitigen Strafantritt ist unzulässig, wenn er in einem auf deutsch abgefassten Formular durch einen nicht deutschsprachigen Angeklagten erfolgt.
(BGer 1. Mai 1989, SJIR 1990, 196 f.)

67. Art. 5 Abs. 1 lit c und Abs. 3 EMRK sind als zusammenhängende Bestimmungen anzusehen, deren Verletzung nicht gleichzeitig angerufen werden muss.
(BGer 26. Januar 1981, SJ 1982, 269 = SJIR 1982, 168 f.)

68. Aus Art. 5 und 8 EMRK lässt sich kein Anspruch ableiten, während der Untersuchungsdauer mit Auwärtigen zu telefonieren.
(BGer 15. Oktober 1982, SJIR 1984, 210 f.)

II.   Freiheitsentziehung (Abs. 1)

Lit.: R. Barras, L'affaire du soldat Eggs contre la Suisse devant les instances de la Convention européenne des droits de l'homme, Revue de droit pénal militaire et de droit de la guerre (Bruxelles) 1981, 123 ff.

1.   Begriff

Konventionsorgane

69. Art. 5 Abs. 1 EMRK findet auch Anwendung auf eine disziplinarische Arreststrafe im Militärdienst.
(Bericht Kommission 4. März 1978, VPB 1983 Nr. 72)

70. Unter den Begriff der Freiheitsentziehung fällt die Einweisung eines Erwachsenen in eine geschlossene Anstalt wegen Verschwendungssucht und Arbeitsscheu, die mit dem Verbot, diese zu verlassen, verbunden ist.
(Kommission 13. Dezember 1977, VPB 1983 Nr. 75)

71. Disziplinarische Massnahmen gegen einen Häftling bewirken nur eine Veränderung der Haftbedingungen und fallen nicht unter Art. 5 EMRK, sondern höchstens unter Art. 3 EMRK.
(Kommission 9. Mai 1977, VPB 1983 Nr. 76)

72. Ob einem Soldaten die Freiheit entzogen wurde, ist danach zu beurteilen, inwiefern die näheren Umstände vom üblichen militärischen Alltag abweichen.
(Bericht Kommission 4. Mai 1978 [Eggs], VPB 1983 Nr. 77)

73. Wird beim Vollzug von Arreststrafen zwischen Offizieren und Soldaten unterschieden, so liegt keine unzulässige Diskriminierung vor.
(Kommission 11. Dezember 1976 [Eggs], VPB 1983 Nr. 78)

74. Zur rechtmässigen Verwahrung von Gewohnheitsverbrechern.
(Vgl. Kommission 6. Dezember 1977, VPB 1983 Nr. 79)

Innerstaatliche Organe

75. Die Disziplinarstrafen des Militärstrafrechts (einfacher oder scharfer Arrest) stellen eine Freiheitsentziehung i.S. von Art. 5 Abs. 1 lit. a EMRK dar. Sie sind nur gültig, wenn sie von einem Gericht verhängt wurden.
(BBl 1977 I 1138 f. = SJIR 1978, 181)

76. Die im Rahmen des Strafvollzugs ausgeprochene Arreststrafe kann nicht als Freiheitsentziehung bezeichnet werden. Im übrigen gilt Art. 5 Abs. 4 EMRK nicht, wo es um den Freiheitsentzug eines rechtskräftig Verurteilten geht.
(BGer 9. Mai 1979, SJIR 1979, 194)

77. Art. 5 EMRK steht einer kurzfristigen polizeilichen Festnahme von Verdächtigen für 4 bis 6 Stunden nicht entgegen.
(107 Ia 140 ff. = EuGRZ 1982, 61 = Pra 1982 Nr. 13 = SJIR 1982, 163 f.; vgl. auch OGer–Kommission OW 28. April 1991, Amtsbericht Obwalden 1990/1991 Nr. 40)

78. Die Arrestierung in einer Zelle für eine Dauer von 4 Stunden ist ein Freiheitsentzug. Sie ist von der polizeilichen Festnahme zu unterscheiden.
(113 Ia 179 = SJIR 1988, 288)

79. Aus Art. 5 EMRK lässt sich kein allgemeiner Anspruch auf freie Entfaltung der Persönlichkeit oder körperliche Unversehrtheit ableiten.
(BGer 27. Dezember 1985, SJIR 1987, 203)

2. Gerichtsverurteilung (lit. a)

Konventionsorgane

80. Es steht im Einklang mit Art. 5 Abs. 1 lit. a EMRK, wenn ein bedingt entlassener Gewohnheitsverbrecher durch einen Verwaltungsentscheid i.S. von Art. 45 Abs. 3 StGB für mindest fünf Jahre zurückversetzt wird.
(Bericht Kommission 29. November 1979, VPB 1983 Nr. 80)

81. Ein Gericht ist ein Organ der Justiz, das von der Exekutive und den Parteien unabhängig ist sowie angemessene Verfahrensgarantien bietet. Dem Oberauditor der Schweizerarmee fehlen diese Voraussetzungen.
(Bericht Kommission 4. März 1978 [Eggs], VPB 1983 Nr. 81)

Innerstaatliche Organe

82. Art. 5 Abs. 1 lit. a EMRK ist direkt anwendbar, soweit ihr ein justiziabler Gehalt zukommt. Dies ist nicht der Fall, wenn das Landesrecht für bestimmte Fälle der Verhaftung gar keine gerichtliche Kontrolle kennt.
(BGer 15. Oktober 1982, SJIR 1983, 291)

83. Sowohl die vorzeitige Entlassung wie auch die allfällige Rückversetzung stellen keinen Entscheid dar, der in die Zuständigkeit eines Richters nach Art. 5 Abs. 1 lit. a fallen würde.
(106 IV 156 f. = SJIR 1981, 296; Bundesamt für Justiz, 10. Oktober 1980, VPB 1981, 55 ff. = SJIR 1981, 96 ff.)

84. Wird gegen das Strafurteil Beschwerde eingereicht oder ist dieses Gegen–
stand einer Nichtigkeitsbeschwerde, so ist Art. 5 EMRK nicht verletzt, wenn die
Untersuchungshaft verlängert wird.
(104 Ia 303 f. = SJIR 1979, 197 f.)

85. Nicht als unabhängiger Richter im Sinn von Art. 5 Abs. 1 EMRK gilt der
Genfer Generalprokurator.
(108 IV 157 f. = SJIR 1984, 209)

3. Nichtbefolgung eines Gerichtsbeschlusses oder Erzwingung einer gesetzlichen Verpflichtung (lit. b)

Konventionsorgane

86. Die Freiheitsentziehung nach Art. 5 Abs. 1 lit. b EMRK muss sich direkt auf
die Erfüllung einer gesetzlichen Verpflichtung beziehen; sie darf nicht als
Sanktion für vergangene Ereignisse eingesetzt werden.
(Bericht Kommission 4. März 1978 [Eggs], VPB 1983 Nr. 82)

Innerstaatliche Organe

87. Die Bestrafung nach Art. 42 Abs. 1 MPG verstösst nicht gegen das Verbot
der Schuldverhaft.
(116 IV 391 = SZIER 1992, 490 f.)

4. Untersuchungs– und Präventivhaft (lit. c)

Konventionsorgane

88. Vgl. auch die nachfolgende Kasuistik zu Art. 5 Abs. 3 Satz 2 EMRK.

89. Wann liegt hinreichender Verdacht für eine strafbare Handlung vor? Untersuchung im konkreten Fall. Es ist nicht notwendig, dass die strafbare Handlung im Augeblick der Festnahme rechtlich definitiv umschrieben ist oder tatsächlich eine strafbare Handlung vorliegt.
(Kommission 19. März 1981, VPB 1983 Nr. 83 A und B; Kommission 5. Dezember 1978 und 12. Juli 1979, VPB 1983 Nr. 84 und 85)

90. Sind noch weitere Anklagepunkte in einem Auslieferungsverfahren abzuklären, so kann der Verhaftete auch nach Abschluss der Untersuchung in Untersuchungshaft belassen werden.
(Kommission 12. März 1980, VPB 1983 Nr. 86)

Innerstaatliche Organe

91. Die Voraussetzungen an eine Haftverlängerung, die in den Zeitraum zwischen Ausfällung des Urteils und Eintritt der Rechtskraft fällt und durch das Gericht ausgesprochen wird, beurteilen sich nach denselben Gesichtspunkten, wie sie für den Zeitraum vor der Urteilsverkündung gelten.
(108 Ia 67 ff. = SJIR 1983, 284 f.)

92. Eine Präventivhaft rechtfertigt sich bei hinreichenden Verdachtsgründen, auch wenn die Qualifikation des Vergehens noch nicht feststeht.
(BGer 7. September 1979, SJ 1979, 373 ff. = SJIR 1979, 192)

93. Aufzählung von näheren Tatumständen, die einen dringenden Tatverdacht zu rechtfertigen vermögen.
(Vgl. dazu 116 Ia 147 ff. = Pra 1990 Nr. 215 = EuGRZ 1991, 26 f.; BGer 25. Juni 1990, SZIER 1991, 387)

94. Der Haftgrund der Fortsetzungsgefahr kann keine selbständige Bedeutung haben, wenn hinreichender Tatverdacht besteht.
(105 Ia 30 ff. = EuGRZ 1979, 205 = SJIR 1979, 195)

95. Es verletzt die EMRK nicht, wenn ein Angeschuldigter in Sicherheithaft belassen wird, wenn dessen Verwahrung ernstlich in Frage kommt oder bereits durch ein Urteil, das noch nicht rechtskräftig ist, angeordnet wurde.
(113 Ia 186 f. = EuGRZ 1988, 69 = SJIR 1988, 281)

96. Die Höhe der zu erwartenden Strafe kann Indiz für Fluchtgefahr sein, gestattet für sich allein noch nicht die Annahme der Fluchtgefahr. Diese kann erst aufgrund der konkreten Umstände, insbesondere der materiellen Lage des Verhafteten sowie dessen gesamten Verhaltens beurteilt werden.
(117 Ia 70 = SZIER 1992, 489 [psychische Labilität in casu ebenso kein hinreichender Grund]; BGer 14. Februar 1979, SJIR 1979, 200)

97. Die EMRK gibt keinen Rechtsanspruch auf Entlassung gegen Sicherheits-leistung.
(BGer 4. Juni 1980, SJIR 1981, 298 f.)

98. Die Freilassung aus der Untersuchungshaft gegen Sicherheitsleistung ist in der EMRK und mit Ausnahme des Kantons Luzern allen Kantonen und dem Bund bekannt. Es entspricht dem Gebot der Verhältnismässigkeit, dass dem Angeschuldigten nach Möglichkeit eine Haftverschonung gegen Kaution zu gewähren ist.
(OGer LU 7. Oktober 1982, LGVE 1982 Nr. 70 = SJIR 1984, 213)

99. Die Bemessung einer Sicherheitsleistung für vorläufige Haftentlassung darf nicht prohibitiv angesetzt werden, dh. es darf dem Inhaftierten nicht verun-möglicht werden, die Mittel für die Hinterlegung zu beschaffen. Man kann hierbei auf die eigenen finanziellen Möglichkeiten des Inhaftierten sowie diejenigen von dessen Eltern und Freunden abstellen. Man kann auch nicht allein auf die Höhe des geforderten Betrages abstellen, sondern auch dessen Verhältnis zu den Möglichkeiten des Inhaftierten berücksichtigen.
(105 Ia 187 f. = SJIR 1980, 252; Pra 1982 Nr. 67 = SJIR 1982, 170)

100. Die mutmasslichen Prozesskosten und Schadenersatzforderungen dürfen bei der Bemessung der Kaution grundsätzlich nicht berücksichtigt werden.
(OGer LU 7. Oktober 1982, LGVE 1982 Nr. 70 = SJIR 1984, 213)

101. Die Sicherheitsleistung dient der Gewährleistung des späteren Erscheinens vor Gericht und soll nicht über den Strafantritt hinaus zurückbehalten werden.
(Pra 1982 Nr. 67 = SJIR 1982, 170)

102. Konventionskonform ist ein Zurückbehalten der Sicherheitsleistung bei Strafaufschub; die Sicherheit ist jedenfalls im Zeitpunkt des Strafantritts freizugeben.
(BGer 7. März 1984, SJIR 1985, 260 f., ferner 107 Ia 206)

103. Die Möglichkeit einer strengen Verurteilung und die rein objektive Befürchtung, der Verurteilte könne sich dieser durch Flucht entziehen, vermögen die Haftverlängerung nach Abschluss der Untersuchung nicht zu rechtfertigen. Vielmehr muss ein besonderer, konkret begründeter Haftgrund, wie Fluchtgefahr, die Gefahr einer Tatwiederholung oder Kollusion, hizutreten.
(117 Ia 70 = SZIER 1992, 489; 108 Ia 67 ff. = SJIR 1983, 284; 107 Ia 6 = SJIR 1982, 169; 106 Ia 405 ff. = Pra 1981 Nr. 160 = SJIR 1982, 167 f.; 102 Ia 381 = SJIR 1978, 201; BGer 26. April 1978, 26. April 1978, SJIR 1978, 206)

104. Dem Fluchtrisiko kann durch weniger einschneidendere Massnahmen wie Meldepflicht oder Pass– und Schriftensperre begegnet werden.
(117 Ia 72)

5.   Minderjährige (lit. d)

Konventionsorgane

105. Rechtmässigkeit der Einweisung eines tatverdächtigen Jugendlichen in eine Beobachtungsstation zur Beobachtung und Erstellung eines psychiatrischen Gutachtens bejaht.
(Kommission 14. Dezember 1979, VPB 1983 Nr. 90)

Innerstaatliche Organe

106. Art. 5 Abs. 1 lit. d EMRK ist nicht verletzt, wenn einzig die Einweisung in ein Jugendheim es erlaubt, die Entwicklung eines Kindes in geordnete Bahnen zu lenken.
(BGer 29. Oktober 1990, SZIER 1991, 389 f.)

6. Verhinderung von Epidemien und Haft wegen Geisteskrankheit, Rauschgiftsucht oder Landstreicherei (lit. e)

Lit.: S. MATTMANN, Die Verantwortlichkeit bei der fürsorgerischen Freiheitsentziehung (Art. 429a ZGB), Freiburg 1988.

Konventionsorgane

Innerstaatliche Organe

107. Unvereinbarkeit der altrechtlichen fürsorgerischen Freiheitsentziehung mit Art. 5 EMRK; Aufzählung der Anpassungspunkte.
(BBl 1977 III 1 ff. = SJIR 1978, 188 ff.)

108. Der fürsorgerische Freiheitsentzug nach Art. 397a ff. ZGB stellt eine Freiheitsbeschränkung nach Art. 5 Abs. 1 lit. e EMRK dar.
(BGer 12. Dezember 1991, EuGRZ 1991, 527; 114 Ia 184 = EuGRZ 1988, 607)

109. Der Begriff der Geisteskrankheit gemäss EMRK ist nicht im medizinisch-technischen Sinne zu verstehen; er umfasst auch die Geistesschwäche im Sinn von Art. 397a ZGB.
(106 Ia 35 = Pra 1980 Nr. 234 = EuGRZ 1981, 169 = SJIR 1981, 300 f.)

110. Das Sachverständigengutachten nach Art. 397e Abs. 5 ZGB ist nicht nur für Einweisung in eine Anstalt, sondern auch für den Entscheid über die Aufrechterhaltung der Einweisung einzuholen.
(KGer VD 2. Juli 1986, JdT 1987 III 15 = SJIR 1988, 281 f.)

7. Ausweisungs– oder Auslieferungshaft (lit. f)

Konventionsorgane

111. Vgl. auch die Rechtsprechung zu Art. 3 EMRK.

112. Die Rechtmässigkeit der Festnahme beurteilt sich nach dem Sinn des anwendbaren Landesrechts.
(Kommission 12. Juli 1984, VPB 1984 Nr. 80)

113. Ein wegen mangelnder Sorgfalt übermässig lang andauerndes Auslieferungsverfahren kann seine Rechtfertigung verlieren.
(Kommission 6. Oktober 1976, VPB 1984 Nr. 93)

Innerstaatliche Organe

114. Eine ursprünglich gerechtfertigte Auslieferungshaft kann zur ungerechtfertigten werden, wenn das Verfahren nicht mit der notwendigen Sorgfalt betrieben wird und dadurch die Angemessenheit der Haftdauer überschritten wird.
(BGer 23. Juni 1983, SJIR 1984, 210)

115. Die Tatbestandsvariante des unberechtigten Eindringens in das Staatsgebiet kann nur so verstanden werden, dass auch der bereits illegal in die Schweiz eingedrungene Ausländer soll erfasst werden können, wenn von dessen Gefähr-lichkeit auszugehen ist und er nicht wieder ins Ausland abgeschoben werden kann. Es geht darum, solche Ausländer daran zu hindern, sich frei auf dem Staatsgebiet zu bewegen.
(110 Ib 7 ff. = EuGRZ 1984, 296 f. = SJIR 1985, 259 f.)

III. Informationsrechte des Festgenommenen (Abs. 2)

Konventionsorgane

Innerstaatliche Organe

IV. Besondere Rechte des Festgenommenen nach Abs. 1 lit. c

Konventionsorgane

Innerstaatliche Organe

V. Gerichtliche Haftkontrolle (Abs. 3 Satz 1)

Lit.: M. Pieth, Bezirksanwaltschaft als richterähnliches Organ: Auslegung von Art. 5 Abs. 3 EMRK, EuGRZ 1980, 202 ff.; R. Tschumper, Haft und Haftüberprüfung im aargauischen Strafprozess, FS Kurt Eichenberger, Aarau 1990, 211 ff.; P. Zihlmann/S. Suter, Der unabhängige Haftrichter – ein Gebot der Europäischen Menschenrechtskonvention, NZZ 21. Januar 1992, 19.

Konventionsorgane

116. Der richterliche Funktionen wahrnehmende Beamte braucht nicht mit dem Richter identisch zu sein. Verlangt ist dessen Unabhängigkeit von der Exekutive und den Parteien. Weiter ist er verpflichtet, den ihm Vorgeführten persönlich zu hören und nach richterlichen Kriterien die Gründe für und wider die Haft abzuwägen.
(Gerichtshof 4. Dezember 1979 [Schiesser], VPB 1984 Nr. 96 = EuGRZ 1980, 202 ff.)

117. Die Unparteilichkeit des zur Ausübung richterlicher Funktionen ermächtigten Beamten ist nicht gewährleistet, wenn er in den weiteren Verfahrensabläufen als verfolgende Partei intervenieren kann. So verhielt es sich mit dem Zürcher Bezirksanwalt, der zunächst die Strafuntersuchung einleitete, die Verhaftung anordnete und hernach die Anklageschrift verfasste.
(Gerichtshof 23. Oktober 1990 [Huber], EuGRZ 1990, 502 ff. = VPB 1990 Nr. 54; weiter Gerichtshof 4. Dezember 1979 [Schiesser], VPB 1984 Nr. 96 = EuGRZ 1980, 202 ff.)

118. Art. 5 Abs. 3 EMRK ist auf die Auslieferungshaft nicht anwendbar.
(Kommission 6. Oktober 1976, VPB 1983 Nr. 99)

Innerstaatliche Organe

119. Die Ansprüche aus Art. 5 Abs. 3 EMRK sind mit den in der ersten Phase zur Verfügung stehenden Rechtsmitteln zu rügen. Wird die Rüge in einer späteren

Phase, in der es um die Haftverlängerung geht, vorgebracht, so kann sie nicht mehr gehört werden.
(BGer 30. Januar 1990, SJIR 1990, 197)

120. Als gesetzlich zur Ausübung richterlicher Funktionen ermächtigte Beamte anzusehen sind:
- der ordentliche wie ausserordentliche Zürcher Bezirksanwalt;
- der Zürcher Staatsanwalt;
- der Basler Staatsanwalt;
- der Thurgauer Verhörrichter;
- die Zürcher Psychiatrische Gerichtskommission.

Von Bedeutung für die positive Qualifikation ist die im konkreten Fall bestehende personelle Trennung von Untersuchungs– und Anklagebehörde und weniger die Art der Ernennung der richterlichen Behörde.
(Pra 1989 Nr. 154 = SJIR 1990, 199; 115 Ia 59 = EuGRZ 1989, 141 ff. = SJIR 1989, 273; 108 Ia 185 ff. = Pra 1982 Nr. 262 = EuGRZ 1982, 393 = SJIR 1983, 285 ff.; 107 Ia 254 f. = Pra 1982 Nr 12 = SJIR 1982, 171 f.; 102 Ia 383 ff. = SJIR 1978, 202 ff; 102 Ia 183 = SJIR 1977, 177; BGer 5. September 1990, SZIER 1991, 392 f.; BGer 16. September 1988 = SJIR 1990, 198)

121. Die Praxis, wonach der Zürcher Bezirksanwalt den Anforderungen von Art. 5 Abs. 3 EMRK genügt, muss im Licht der neueren Entwicklung der EGMR–Rechtsprechung (Urteil Pauwels) nicht geändert werden. Der Zürcher Bezirksanwalt ist im Moment der Haftanordnung noch nicht ohne weiteres in der Lage, selbst Anklage zu erheben. Seine Unabhängigkeit ist deshalb nicht in Frage gestellt.
(BGer 14. März 1989, SJIR 1990, 198 f. Vgl. aber die nachfolgenden Leitsätze)

122. Art. 5 Abs. 3 EMRK verlangt die Trennung von haftanordnendem Richter und Anklagebehörden. Daran ändert sich nichts, dass der Kanton ein Haftprüfungsverfahren nach Art. 5 Abs. 4 EMRK vorsieht. Da sich die Trennung von haftanordnendem Richter und Anklagevertreter nicht anders gewährleisten lässt, ist die Rüge der Verletzung von Art. 5 Abs. 3 EMRK auch noch nach Rechtskraft der Haftanordnung zuzulassen, wenn der Angeschuldigte vom Mangel Kenntnis erhält. Die Korrektur kann nicht durch die definitive Nichtzulassung der Anklage, sondern durch eine neue Anklageerhebung erfolgen. Zu beachten ist aber, ob sich eine Verfahrensverzögerung objektiv rechtfertigt (sachliche Mängel in der Anklage). Liegt keine Rechtfertigung vor, so ist der angefochtene Zulassungsentscheid nicht aufzuheben.
(118 Ia 98 f.; 117 Ia 199 ff.)

123. Die Garantie von Art. 5 Abs. 3 EMRK bezieht sich ebensowenig wie Art. 58 BV auf die Anklagebehörden; für diese gelten einzig die weniger weitreichenden Garantien von Art. 4 BV, allerdings nur soweit die Strafuuntersuchungs– und Anklagebehörden keine richterlichen Funktion wahrnehmen. Letzteres ist der Fall, wenn sie als Rekursinstanz amten und wenn sie das Strafverfahren einstellen.
(114 Ia 50 ff.; KassG ZH 10. Juli 1990, ZR 1990 Nr. 69 = SZIER 1991, 393 f.)

124. Die EMRK gibt keinen Anspruch auf Trennung der Funktionen des Untersuchungsrichters und Anklagevertreters. Anders verhält es sich, wo der Untersuchungsrichter auch als Haftrichter auftritt.
(KassG ZH 10. Juli 1990, ZR 1990 Nr. 69 = SZIER 1991, 393 f.)

125. Der Anspruch auf gerichtliche Kontrolle ist nicht verletzt, wenn die (zürcherische) Bezirksanwaltschaft die vorsorgliche Sicherheitshaft anordnet, sofern die gerichtliche Bestätigungsverfügung ohne Verzug eingeholt wird.
(BGer 20. Januar 1984, SJIR 1985, 256)

126. Bei Haftverlängerung besteht kein Anspruch des Inhaftierten, erneut der Verlängerungsbehörde vorgeführt zu werden und seine Argumente erneut mündlich vortragen zu können.
(BGer 7. Februar 1979, SJIR 1979, 201)

VI. Verurteilung innert angemessener Frist oder Entlassung (Abs. 3 Satz 2)

Konventionsorgane

127. Vgl. auch die vorangehende Kasuistik zu Art. 5 Abs. 1 lit. c EMRK.

128. Die Angemessenheit der Verfahrensdauer kann nicht abstrakt beurteilt werden. Beizuziehen sind die gesamten Umstände, darunter die Gründe zur Rechtfertigung der Untersuchungshaft, die Motive der Ablehnung von Entlas-

sungsbegehren, die behördliche Verfahrensdurchführung und das Verhalten des Verhafteten. Das Fortbestehen des Tatverdachts rechtfertigt die Verlängerung der Haft nicht, wenn eine bestimmte Haftdauer überschritten wird.
(Kommission 19. März 1981, VPB 1983 Nr. 98; Bericht Kommission 5. Dezember 1979, VPB 1983 Nr. 100 I)

129. Ob Fluchtgefahr vorliegt, beurteilt sich anhand der gesamten Umstände. Zu diesen zählen insbesondere der Charakter des Betroffenen, seine Moral, Wohnsitz, Beruf, Mittel und Familienbande aller Art in bezug auf den Verfolgungsstaat. Angesichts der gesamten Umstände, insbesondere der Schwere der zu erwartenden Strafe oder der Abneigung des Verhafteten der Haft gegenüber oder den fehlenden festen Beziehung zum Land ist die Fluchtgefahr zu bejahen, wenn die Folgen und das Risiko einer Flucht ihm kleiner erscheinen als die Fortsetzung der Haft.
(Bericht Kommission 11. Dezember 1980, VPB 1983 Nr. 102; Bericht Kommission 5. Dezember 1979, VPB 1983 Nr. 101)

130. Zur Einschätzung der Fluchtgefahr kann auch der Umstand einer neuen Strafverfolgung einbezogen werden. Ohne Belang ist, dass die Strafverfolgung von der Zustimmung des Staates abhängt, der die Auslieferung genehmigt hat.
(Kommission 12. März 1980, VPB 1983 Nr. 103)

131. Kollusionsgefahr als Haftgrund. Anwendung bei einer besonders charismatischen Persönlichkeit des Verhafteten.
(Kommission 19. März 1981, VPB 1983 Nr. 104)

132. Bei der Festlegung der Kaution ist der Verhaftete gehalten, über seine Vermögensverhältnisse Auskunft zu geben. Weigert er sich, so kann er sich hernach nicht über eine für ihn übermässig hohe Kautionierung beschweren.
(Bericht Kommission 11. Dezember 1980, VPB 1983 Nr. 106; Bericht Kommission 5. Dezember 1979, VPB 1983 Nr. 105)

133. Wird die Untersuchungshaft nur aus Gründen der Fluchtgefahr fortgesetzt, so ist die Behörde zur Prüfung einer Freilassung gegen Kaution verpflichtet. Die Höhe der Kaution hat sie nach pflichtgemässer Prüfung der konkreten Umstände festzulegen. Der Untersuchungshäftling seinerseits ist zum Handeln verpflichtet, wenn er gestützt auf seine Erfahrung (als Rechtsanwalt) und seine Kenntnisse ohne weiteres einen Fehler bei der Festsetzung der Kaution erkennen kann.
(Bericht Kommission 11. Dezember 1980, VPB 1983 Nr. 106)

Innerstaatliche Organe

134. Art. 5 Abs. 3 EMRK ist eine Konkretisierung des Verhältnismässigkeits-
grundsatzes und muss beachten, auch wenn nur dieser angerufen wird und der
Beschwerdeführer nicht ausdrücklich auf die Vorschrift von Art. 5 Abs. 3 EMRK
hinweist.
*(105 Ia 30 ff. = EuGRZ 1979, 205 = SJIR 1979, 195; BGer 26. April 1978, 26. April
1978, SJIR 1978, 206)*

135. Art. 5 Abs. 1 lit. c und Abs. 3 EMRK sind zusammenhängende Bestimmungen, deren Verletzung nicht gleichzeitig angerufen werden muss. Die damit
zusammenhängenden Grundsätze ergeben sich bereits aus dem innerstaatlichen
Recht, wobei die EMRK–Garantien bei dessen konkretisierenden Interpetation
angewandt werden.
*(BGer 2. November 1984, SJIR 1985, 254 f.; ferner 108 Ia 67 = SJIR 1983, 283; 105 Ia
29 = SJIR 1979, 185; BGer 11. Dezember 1984, SJIR 1985, 257 f.)*

136. Auch die Auslieferungshaft darf nicht übermässig lang andauern.
(BGer 11. Mai 1979, SJIR 1979, 196 f.)

137. Die Fortsetzung der Untersuchungshaft nach Abschluss des Untersuchungs-
verfahrens und nach Ausfertigung der Anklageschrift ist zulässig, wenn die
Gründe, die zu ihrem Erlass geführt haben, nicht weggefallen sind.
(Pra 1984 Nr. 75 = SJIR 1985, 258)

138. Die Pflicht zur Fristeinhaltung bedeutet, dass der Inhaftierte innert einer
angemessenen Frist vor Gericht gestellt und dass er freigelassen werden soll,
sobald kein hinreichender Grund mehr für seine Inhaftierung besteht.
*(102 Ia 382 = SJIR 1978, 201; BGer 17. April 1985, ZWR 1985, 189 f. = SJIR 1987,
203; BGer 14. Februar 1979, SJIR 1979, 200; Strafrekurskammer TI 23. Oktober 1978,
Rep 1980, 129 f. = SJIR 1981, 305)*

139. Die Untersuchungshaft darf nicht übermässig lange andauern. Wann eine
solche Frist überschritten wird, ist Sache der Abwägung der einander gegenüber
stehenden Interessen des Verfolgten auf Wiederherstellung seiner Bewegungsfreiheit und des Staates auf die Verfolgung seines Strafanspruches. Unverhält-
nismässig wäre vor allem eine Haftdauer, die die zu erwartende Freiheitsstrafe
übersteigt, was nicht heissen soll, die Untersuchungshaft dürfe stets so lange wie
die zu erwartende Strafe dauern. Zu berücksichtigen ist auch die präjudizierende

Wirkung der Untersuchungshaft für die Strafdauer sowie die konkrete Kompliziertheit des Falles.
(107 Ia 257 f. = EuGRZ 1982, 112 = Pra 1982 Nr. 65 = SJIR 1982, 165; 105 Ia 30 ff. = EuGRZ 1979, 205 = SJIR 1979, 195 f.; BGer 26. März 1991, SZIER 1992, 489 f.; BGer 25. Januar 1990, SJIR 1990, 197 f.; BGer 2. November 1984, SJIR 1985, 254 f.; BGer 26. April 1978, SJIR 1978, 207)

140. Die Überschreitung der zulässigen Haftdauer ist anhand der Verhältnisse des einzelnen Falles zu beurteilen. Sie kann überschritten werden, wenn die Strafuntersuchung nicht genügend vorangetrieben wird, wobei sowohl das Verhalten der Justizbehörden als auch dasjenige des Inhaftierten in Betracht gezogen werden müssen.
(107 Ia 257 = EuGRZ 1982, 112 = Pra 1982 Nr. 65 = SJIR 1982, 166; 105 Ia 33 = SJIR 1979, 194; 102 Ia 379 = SJIR 1978, 201; BGer 26. März 1991, SZIER 1992, 489 f.; BGer 25. April 1988, SJIR 1989, 269 ff.; BGer 29. Oktober 1987, SJIR 1988, 284 f.; KGer VS 19. September 1986, ZWR 1986, 379)

141. Mit der persönlichen Freiheit unvereinbar ist eine Praxis, wonach ein Angeschuldigter, der schwerer Wirtschaftsdelikte, jedoch keiner Gewalttaten verdächtigt wird, allein wegen genereller Fluchtgefahr notwendigerweise bis zur rechtskräftigen Beurteilung seiner Sache in Haft zu bleiben hat.
(107 Ia 256 = SJIR 1982, 165; BGer 25. April 1988, SJIR 1989, 269 ff.)

142. Der Haftrichter darf die Untersuchungshaft nur solange erstrecken, als ihre Dauer nicht in grosse Nähe der konkret zu erwartenden Strafe rückt; er darf nicht etwa auf die angedrohte Höchststrafe abstellen.
(116 Ia 147 ff. = Pra 1990 Nr. 215 = EuGRZ 1991, 26 f.; 107 Ia 258 = EuGRZ 1982, 112 = Pra 1982 Nr. 65 = SJIR 1982, 166; BGer 25. April 1988, SJIR 1989, 269 ff. Vgl. auch den Überblick in SZIER 1991, 391 f.)

143. Bei der Prognose der zu erwartenden Freiheitsstrafe ist ein strengerer Massstab anzulegen als bei der Frage, ob der Beschuldigte eines Verbrechens oder Vergehens hinreichend verdächtigt ist. Da es im ersten Fall um die Vorwegnahme des Urteils geht, sind nur diejenigen Straftaten miteinzubeziehen, bei denen es mit an Sicherheit grenzender Wahrscheinlichkeit auch zu einer Verurteilung kommen wird.
(BGer 25. April 1988, SJIR 1989, 269 ff.)

144. Die Möglichkeit der bedingten Entlassung nach Art. 38 StGB ist bei der Berechnung der zu erwartenden Strafe an sich nicht zu beachten. Ausnahmsweise

kann sie aber aufgrund einer situationsbezogenen Grundrechtsanwendung berücksichtigt werden, falls die konkreten Umstände eine Berücksichtigung bedingen würden.
(BGer 26. März 1991, SZIER 1992, 489 f.; BGer 17. Juni 1987, SJIR 1988, 285 f.; zur Nichtberücksichtigung der Strafverbüssung in Halbfreiheit vgl. BGer 25. April 1988, SJIR 1989, 269 ff.)

145. Fluchtgefahr als Haftgrund: Die Schwere der vom Angeschuldigten zu erwartenden Strafe kann als Indiz für Fluchtgefahr gewertet werden, dagegen genügt die abstrakte Möglichkeit der Verurteilung zu einer schweren Strafe für sich allein nicht, dass in einem konkreten Fall die Fluchtgefahr bejaht werden kann. Vielmehr müssen weitere konkrete Anhaltspunkte dargetan werden, welche eine Flucht nicht nur als möglich, sondern als sehr wahrscheinlich erscheinen lassen. Die Schwere der Tat genügt für sich allein nicht als Grund für die Verlängerung der Untersuchungshaft.
(117 Ia 70 = SZIER 1192, 489; 107 Ia 6 = SJIR 1982, 169; 106 Ia 405 ff. = Pra 1981 Nr. 160 = SJIR 1982, 167 f.; 102 Ia 382 = SJIR 1978, 201 f.; BGer 9. Januar 1991, SZIER 1991, 387 f.; BGer 10. September 1990, SZIER 1991, 390 f.; BGer 16. November 1989, SJIR 1990, 195 f.; BGer 2. Februar 1989, SJIR 1989, 268; BGer 29. Januar 1987, SJIR 1988, 283; BGer 10. April 1985, SJIR 1986, 139; BGer 20. Januar 1984, SJIR 1985, 257; BGer 2. November 1984, SJIR 1985, 255; LGVE 1986 I Nr. 50 sowie die nachfolgenden Leitsätze und die Leitsätze zu Art. 5 Abs. 1 lit. c EMRK)

146. Nebst der Schwere der drohenden Strafe ergibt sich konkrete Fluchtgefahr daraus, dass der Beschwerdeführer bereits siebenmal aus dem Strafvollzug entwichen ist.
(BGer 9. Januar 1991, SZIER 1991, 387 f.)

147. Im allgemeinen nimmt der Anreiz zur Flucht ab, je grösser der bereits erstande Haftanteil ist. Indessen genügt es in einem Fall, wo keine ernsthaften Zweifel an den Fluchtabsichten bestehen und mit einer empfindlichen Strafe zu rechnen ist, nicht, sich auf dieses allgemeine Prinzip zu berufen.
(BGer 25. April 1988, SJIR 1989, 269)

148. Die Aufrechterhaltung der Untersuchungshaft kann nicht aufgrund der Schwere des Vergehens beurteilt werden. Massgeblich ist die Schwere der Strafe, mit der der Verhaftete bedroht ist. Eine provisorische Entlassung ist anzuordnen, wenn Sicherheiten erlangt werden, dass sich der Angeschuldigte der Ausfällung der Strafe nicht durch Flucht entziehen werde.
(108 Ia 67 = SJIR 1983, 283; 106 Ia 405 ff. = Pra 1981 Nr. 160 = SJIR 1982, 167; BGer 16. November 1989, SJIR 1990, 195 f.; BGer 2. November 1984, SJIR 1985, 254 f.; BGer 19. Dezember 1979, SJ 1981, 133 ff. = SJIR 1981, 301 ff.)

149. Bei der Würdigung des Sachverhalts ist zu berücksichtigen, dass der Anreiz zur Flucht nach einer Verurteilung zu einer längeren, unbedingten Freiheitsstrafe durch die erste Instanz erheblich grösser ist als vorher.
(BGer 20. Januar 1984, SJIR 1985, 257)

150. Die Lehrmeinung, dass die Zulässigkeit der Untersuchungshaft wegen Fluchtgefahr zu verneinen ist, wenn als Ziel der Flucht nur oder vor allem ein Land in Betracht falle, das nötigenfalls die Auslieferung bewilligen oder selbst die Beurteilung der Sache übernehmen würde, hat sich nicht durchgesetzt und hat die Rechtsprechungspraxis nicht beeinflussen können.
(BGer 11. Dezember 1984, SJIR 1985, 258)

151. Hatte die Angeklagte an mehreren Orten in Europa Beziehungen Drogenhändlern aufgebaut, so zeigt es, dass die Gefahr der Flucht ins Ausland überdurchschnittlich gross ist. Hinzu kommt, dass sie in der Schweiz weder familiäre noch (vor der Verhaftung) berufliche Bindungen hat.
(BGer 25. Mai 1983, SJIR 1984, 211 f.)

152. Wird die zumutbare Grenze der Haftdauer überschritten, so muss deshalb der Inhaftierte aus der Untersuchungshaft entlassen werden, auch wenn die ihm zur Last gelegte Tat schwer und die Fluchtgefahr erheblich sein mögen. Namentlich ist in Kauf zu nehmen, dass der Verfolgte die wiedergewonnene Freiheit dazu benutzt, sich durch Flucht dem weiteren Strafverfahren zu entziehen, und dass damit der normale Abschluss des Verfahrens in Frage gestellt wird.
(107 Ia 257 = EuGRZ 1982, 112 = Pra 1982 Nr. 65 = SJIR 1982, 165)

153. Die Verlängerung der Untersuchungshaft, solange die Ergebnisse einer abgeschlossenen Drittuntersuchung nicht bekannt sind, verstösst gegen Art. 5 EMRK.
(BGer 16. November 1989, SJIR 1990, 195 f.)

154. Die Verlängerung der gesetzlichen Dauer der Untersuchungshaft kann bei besonderen Umständen angeordnet werden.
(Strafrekurskammer TI 23. Oktober 1978, Rep 1980, 129 f. = SJIR 1981, 305 f.)

VI. Gerichtlicher Entscheid über Rechtmässigkeit der Haft (Abs. 4)

Konventionsorgane

155. Stellt die Kommission fest, dass der Freiheitsentzug nicht durch ein Gericht nach Art. 5 Abs. 1 EMRK angeordnet wurde, so hält sie es nicht für notwendig, sich der Behauptung der Verletzung von Art. 5 Abs. 4 EMRK zu widmen.
(Bericht Kommission 4. März 1978 [Eggs], VPB 1983 Nr. 109)

156. Im Verhältnis zu Art. 13 ist Art. 5 Abs. 4 EMRK als lex specialis anzusehen.
(Bericht Kommission 11. Dezember 1976 [Eggs], VPB 1983 Nr. 107)

157. Es genügt im Bereich von Art. 5 Abs. 4 EMRK, wenn die über das Entlassungsgesuch befindende Behörde gerichtlichen Charakter hat. Ein schriftliches Verfahren genügt den Verfahrensanforderung dieser Bestimmung.
(Kommission 17. März 1981, VPB 1983 Nr. 108)

158. Die EMRK verlangt im Auslieferungsverfahren nicht, dass sich die verhaftete Person unmittelbar an ein Gericht wenden kann oder dass sie sich selbst verteidigen kann. Erforderlich ist ein Mindestmass an kontradiktorischer Ausgestaltung sowie eine raschmöglichste Durchführung des Haftprüfungsverfahrens. Die Fristeinhaltung ist nach den Umständen des Einzelfalles zu beurteilen. Konkret verletzte eine Verfahrensdauer von 31 bzw. 46 Tagen die Konvention.
(Gerichtshof 21. Oktober 1986 [Sanchez–Reisse], VPB 1986 Nr. 91; Bericht Kommission 1. März 1979, VPB 1983 Nr. 112; zu den Verfahrensgarantien im Kt. Genf vgl. auch VPB 1983 Nr. 113)

Innerstaatliche Organe

159. Art. 5 Abs. 4 EMRK bezieht sich nur auf die erstinstanzliche Verfahren (Haftrichter oder als Rechtsmittelinstanz gegenüber Entscheiden von Verwaltungsbehörden). Auf die Haftprüfung durch die zweite gerichtliche Instanz ist diese Vorschrift nicht anwendbar. Ob hier eine Rechtsverzögerung eingetreten ist, beurteilt sich unter dem Blickwinkel von Art. 4 BV.
(117 Ia 195 ff. = EuGRZ 1991, 374 ff. = SZIER 1992, 493)

160. An die Verfahrenseinleitung zur gerichtlichen Überprüfung dürfen keine hohen Anforderungen gestellt und von keinen besonderen Begründungserfordernissen abhängig gemacht werden.
(BGer 12. Dezember 1991, EuGRZ 1991, 527 f.)

161. Aus Art. 5 Abs. 4 EMRK ergibt sich kein Anspruch darauf, dass man über die Möglichkeit der Gesuches um jederzeitigen Freilassung ausdrücklich informiert wird.
(116 Ia 298 ff. = SZIER 1991, 396 ff.; BGer 12. Juni 1990, SZIER 1992, 494 ff. = Pra 1992 Nr. 1)

162. Auch die Aufrechterhaltung einer Freiheitsentziehung muss gerichtlich überprüft werden können.
(116 Ia 60 ff. = EuGRZ 1990, 155 = SJIR 1990, 203; KassG ZH 30. September 1988, ZR 1988 Nr. 124 = SJIR 1990, 203)

163. Die Garantien von Art. 5 Abs. 4 EMRK gelten auch für den Untersuchungs- bzw. Sicherheitshäftling, der sich im vorzeitigen Strafvollzug befindet. Über dessen Haftentlassungsgesuch ist so rasch als möglich zu befinden.
(117 Ia 375 = Pra 1992 Nr. 49)

164. Die Unterbringung in einer psychiatrischen Klinik zum Vollzug der Untersuchungshaft untersteht ebenfalls der gerichtlichen Kontrolle.
(116 Ia 63 ff. = Pra 1990 Nr. 216 = SZIER 1991, 399; BGer 12. Dezember 1991, EuGRZ 1991, 526 f.)

165. Die Anordnung von Massnahmen an geistig Abnormen und Trunk- und Rauschgiftsüchtigen nach Art. 43 und 44 StGB muss auch bei Verfahrenseinstellung durch ein Gericht – und nicht wie bisher durch die Anklagebehörde – erfolgen.
(Kreisschreiben OGer ZH 21. Februar 1990, ZR 1989 Nr. 68 = SZIER 1991, 400)

166. Die Garantie der gerichtlichen Überprüfung bezieht sich auf freiheitsentzie—
hende Massnahmen und nicht auf deren Aufhebung.
*(VGer BL 22. November 1989, Basellandschaftliche Verwaltungsgerichtsentscheide
1989 Nr. 12.2 = SZIER 1991, 401)*

167. Nach Art. 5 Abs. 4 EMRK hat ein Gericht und nicht wie in Abs. 3 auch ein
anderes gerichtlich auftretendes Administrativorgan zu entscheiden. Unter einem
Gericht nach Abs. 4 sind Organe zu verstehen, die die allgemeinen, wesentlichen
Eigenschaften besitzen, die ein Gericht auszeichnen und die ein justizförmiges
Verfahren gewährleisten. Dazu gehören funktionelle, organisatorische und
personelle Unabhängigkeit von anderen Staatsgewalten. Diese kommt der
zürcherischen Bezirks— und Staatsanwaltschaft sowie dem thurgauerischen
Verhörrichter und Staatsanwaltschaft nicht zu. Anders verhält es sich mit der
Anklagekammer des Kantons Thurgau.
*(117 Ia 373 f.; 115 Ia 298 ff. = SJ 1989, 439 f. = SJIR 1990, 199 ff.; 115 Ia 60 = EuGRZ
1989, 182 f. = SJIR 1989, 274 und SJIR 1990, 203; 114 Ia 185 f. = Pra 1989 Nr. 6 =
EuGRZ 1988, 606 = SJIR 1989, 274; BGer 5. September 1990, SZIER 1991, 398 f.;
BGer 28. September 1989, EuGRZ 1989, 441 ff. = SJIR 1990, 204)*

168. Es liegt keine unzulässige Vorbefassung des Gerichts vor, wenn der
Präsident der über die Haftverlängerung entscheidenden Anklagekammer in
einem früheren Verfahren die Hafterstreckung bewilligt und in einem späteren
Stadium über eine weitere Haftverlängerung zu entscheiden hat.
(117 Ia 374 = SZIER 1992, 493 f.)

169. Die Frage, innerhalb welcher Frist entschieden werden muss, kann nicht
abstrakt beurteilt werden. Der Entscheid hängt vielmehr von der Würdigung der
konkreten Umstände des Einzelfalles ab. Der Anspruch auf einen rasch—
möglichsten Entscheid wird dann nicht verletzt, wenn die Behörde aufgrund der
Umstände des Falles, zu denen auch das prozessuale Verhalten des Verhafteten
zu rechnen ist, ein früherer Entscheid vernünftigerweise nicht möglich war. Es
gibt zudem keinen Anspruch, dass die Rechmässigkeit der Haft sofort, dh. ohne
Vorschaltung einer nichtrichterlichen Instanz, durch ein Gericht überprüft wird.
Allerdings ist der rasche Zugang zum Gericht zu ermöglichen.
*(117 Ia 375 = SZIER 1992, 493 f. = Pra 1992 Nr. 49; 116 Ia 298 ff. = SZIER 1991, 396
ff.; 115 Ia 61 = Pra 1989 Nr. 154; 114 Ia 91 = Pra 1988 Nr. 186 = EuGRZ 1989, 180 f.
= SJIR 1989, 272; BGer 12. Dezember 1991, EuGRZ 1991, 527; BGer 9. Januar 1991,
SZIER 1991, 395; BGer 23. Mai 1990, SZIER 1991, 394 f.; BGer 28. September 1989,
EuGRZ 1989, 441 = SJIR 1990, 208)*

170. Der Anspruch darauf, dass raschmöglichst durch ein Gericht über die Rechtmässigkeit der Haft entschieden wird, ist verletzt, wenn 41 Tage bis zum Entscheid über ein Haftentlassungsgesuch vergehen. Stellt das BGer fest, ein kantonales Gericht habe nicht genügend rasch entschieden, so hat das nicht zur Folge, dass die Haft als ungesetzlich zu betrachten und der Beschwerdeführer aus der Haft zu entlassen wäre. Ein Entlassungsanspruch wäre nur dann gegeben, wenn kein Haftgrund mehr bestünde, wenn die Haftdauer übermässig wäre oder wenn sich eine Haftentlassung aus Gründen der Rechtsgleichheit aufdrängen würde.
(116 Ia 63 ff. = Pra 1990 Nr. 216 = SZIER 1991, 399; 114 Ia 92 f. = Pra 1988 Nr. 186 = EuGRZ 1989, 180 f. = SJIR 1989, 272 f.; BGer 9. Januar 1991, SZIER 1991, 395 f.; BGer 14. März 1990, SJIR 1990, 206 f.)

171. Die Möglichkeit eines Rekurses an die Anklagekammer des Obergerichts des Kantons Zürich frühestens nach 15 Tagen Haft bzw. 8 Tage nach Einreichung des Entlassungsgesuchs hält vor Art. 5 Abs. 4 EMRK nicht stand.
(115 Ia 56 ff. = EuGRZ 1989, 183 = SJIR 1989, 273; vgl. auch ZR 1988 Nr. 108 = SJIR 1990, 208. Weitere Beispiele zulässiger und unzulässiger Fristen finden sich in 117 Ia 375 ff.; SJIR 1990, 209; Pra 1992 Nr. 49; SZIER 1991, 394 f.)

172. Bei der fürsogerischen Freiheitsentziehung können wesentlich schwierigere Fragen aufgeworfen werden als bei der Untersuchungshaft. Wesentlich ist, dass das Verfahren in Anbetracht der auf dem Spiel stehenden Interessen zügig durchgeführt wird und insbesondere keine unnütze Zeit verstrichen lassen wird.
(BGer 12. Dezember 1991, EuGRZ 1991, 527 mit Hinweisen auf die Kasuistik)

173. Der Umstand, dass die kantonale Verfahrensordnung vorgänglich der gerichtlichen Prüfung eine Beurteilung durch eine Verwaltungsbehörde vorsieht, vermag für sich allein eine ungebührliche Verzögerung nicht zu rechtfertigen.
(BGer 12. Dezember 1991, EuGRZ 1991, 527; ferner BGer 28. September 1989, EuGRZ 1989, 433; 115 Ia 63 = EuGRZ 1989, 184)

174. Aus Art. 5 Abs. 4 EMRK ergibt sich kein Anspruch darauf, dass Haft innerkantonal durch mehr als eine gerichtliche Instanz überprüft würde.
(BGer 5. September 1990, SZIER 1991, 398 f.)

175. Kein Anspruch auf Berücksichtigung der Verfahrensgarantien (in casu Verfahrensöffentlichkeit) nach Art. 6 EMRK im Verfahren nach Art. 5 Abs. 4 EMRK. Es genügt, wenn die grundlegenden Garantien beachtet werden, welche

der konkret streitigen Freiheitsentziehung sowie den besonderen Umständen des Prozesses angepasst sind.
(114 Ia 186 ff. = Pra 1989 Nr. 6 = EuGRZ 1988, 606 = SJIR 1989, 276 f.)

176. Der Angeklagte hat das Recht, Einsicht in alle Akten zu nehmen, auf die sich der über eine Haftverlängerung befindende Richter stützt.
(115 Ia 298 ff. = SJ 1989, 439 f. = SJIR 1990, 199 ff.)

177. Bei Haftverlängerung ist eine Beschwerdemöglichkeit einzuräumen, jedoch besteht kein Anspruch auf eine erneute Vortragung der Beschwerdegründe.
(Pra 1979 Nr. 265 = SJIR 1980, 254. Vgl. auch 105 Ia 41 = SJIR 1979, 200)

178. Bei der Überprüfung der Haftentlassung muss dem Verhafteten die Gelegenheit geboten werden, zu jeder Vernehmlassung über die Rechtmässigkeit seiner Haft Stellung zu nehmen. Dies gilt ungeachtet dessen, ob in der Vernehmlassung neue Tatsachen vorgebracht wurden oder nicht. Zudem ist ihm in der Weise Akteneinsicht zu gewähren, dass er die Argumente der Behörde für eine Haftverlängerung wirksam anfechten kann.
(BGer 21. August 1991, SZIER 1992, 491; BGer 16. September 1988, SJIR 1990, 209; BGer 19. August 1988, SJIR 1989, 276 f.; 114 Ia 13 ff. = EuGRZ 1988, 528 = Pra 1988 Nr. 126 = SJIR 1988, 286 f.)

179. Bei Haftverlängerung ist wie in jedem anderem Stadium des Verfahrens der Grundsatz der Waffengleichheit nach Art. 6 EMRK einzuhalten. Ist der Verhaftete von der Beratung über die Haftverlängerung ausgeschlossen, so ist dem Grundsatz Genüge getan, wenn er in einem anderen Verfahren seine provisorische Freilassung beantragen kann.
(BGer 4. März 1982, SJ 1982, 550 f. = SJIR 1983, 288 f.)

180. Vor dem Entscheid über die Verlängerung der Untersuchungshaft ist dem Häftling rechtliches Gehör zu gewähren.
(114 Ia 285 = Pra 1989 Nr. 4 = SJIR 1989, 275)

181. Das Akteneinsichtsrecht des Untersuchungshäftlings im Rahmen der Haftkontrolle darf nicht mit dem Hinweis auf eine Verfahrensverzögerung verhindert werden.
(BGer 20. Juni 1991, SZIER 1992, 491 ff.)

182. Die Beschwerdemöglichkeit darf nicht dadurch illusorisch werden, dass dem Inhaftierten für die Dauer der Untersuchung der Verkehr mit dem Anwalt

verwehrt wird, wodurch diesem auch kein Auftrag zum Handeln erteilt werden kann.
(105 Ia 102 = SJIR 1980, 262; BGer 10. Juni 1980, SJIR 1981, 306)

183. Bei der fürsorgerischen Freiheitsentziehung nach Art. 397f Abs. 3 ZGB ist eine nicht delegierbare Anhörung des Betroffenen durch das gesamte entscheidende Gericht erster Instanz vorzusehen.
(115 II 130 ff. = EuGRZ 1989, 410 = Pra 1989 Nr. 247 = SJIR 1990, 205 f.)

184. Die Verwahrung von Gewohnheitsverbrechern auf unbestimmte Dauer nach Art. 42 StGB ist mit Art. 5 Abs. 1 und 4 EMRK vereinbar.
(KGer FR 1. Oktober 1979, Extr. 1979, 104 f. = SJIR 1981, 306 f.)

185. Stellt eine sich in Auslieferungshaft befindliche Person Begehren um vorsorgliche Verfügungen (provisorische Freiheitsentlassung), bevor sich das Bundesgericht mit der Sache befassen konnte, so ist unter Berücksichtigung von Art. 5 Abs. 4 EMRK das Bundesgericht und nicht die nach innerstaatlichem Recht zuständige Verwaltungsbehörde zum Entscheid zuständig.
(106 Ib 17 = SJ 1980, 435 f. = Pra 1980 Nr. 87 = SJIR 1981, 307 f.)

186. Ein Gericht, das seine Kognition bei der Überprüfung des Freiheitsentzugs entgegen der gesetzlichen Vorschrift auf Willkür einschränkt, verletzt Art. 5 Abs. 4 EMRK.
(BGer 29. April 1982, SJ 1982, 554 f. = SJIR 1983, 289 f.)

187. Art. 5 Abs. 4 EMRK sieht kein kostenloses Haftprüfungsverfahren vor.
(BGer 30. Januar 1990, SJIR 1990, 211)

188. Der Widerruf einer behördlichen Begnadigung untersteht nicht dem Erfordernis des gerichtlichen Verfahrens nach Art. 5 Abs. 4 EMRK.
(118 Ia 107 f. = Pra 1992 Nr. 197)

V. Entschädigungsanspruch für konventions-widrige Haft (Abs. 5)

Konventionsorgane

Innerstaatliche Organe

189. Zum Verhältnis innerstaatlicher und konventionsrechtlicher Geltendma-chung einer Entschädigung und der Feststellung einer Konventionsverletzung.
(Vgl. Bundesamt für Justiz 29. September 1978, VPB 1983 Nr. 114)

190. Wird in einer Strafsache ein Rechtsmittel gutgeheissen, so ergibt sich daraus kein Anspruch auf Entschädigung. Art. 5 Abs. 5 EMRK bezieht sich nur auf den Fall der ungesetzlichen und nicht auf den Fall der sich nachträglich als nicht gerechtfertigt erweisenden Untersuchungshaft.
(105 Ia 130 f. = SJIR 1980, 255 f.;BGer 18. Juli 1988, SJIR 1989, 277 f.; BGer 23. Juni 1982, SJIR 1984, 214 f.; BGer 7. Oktober 1981, SJIR 1982, 173; KGer VS 20. Mai 1980, ZWR 1981, 262 ff. = SJIR 1983, 285)

191. Der Anspruch auf Entschädigung nach Art. 5 Abs. 5 EMRK setzt voraus, dass eine der Bestimmungen der Abs. 1 bis 4 von Art. 5 EMRK verletzt worden ist oder entsprechende Vorschriften des Landesrechts missachtet wurden.
(BGer 15. Oktober 1982, SJIR 1983, 291)

192. Bei formell rechtmässiger, aber ungerechtfertigter Freiheitsentziehung gibt die Konvention keinen Schadenersatzanspruch. Ein Zurückgreifen auf eine Bestimmung des positiven Rechts oder auf einen verfassungsrechtlich gewährlei-steten Entschädigungsanspruch bleibt vorbehalten.
(KGer VS 10. Oktober 1977, ZWR 1978, 82 f. = SJIR 1979, 202)

193. Die Frage, ob bei einer überschiessenden Untersuchungshaft, dh. einer Haft die sich nachträglich als länger als die ausgefällte Freiheitsstrafe erweist, ein Entschädigungsanspruch besteht, wird von der Lehre bejaht, kann vorliegend aber offen bleiben.
(BGer 23. Juni 1982, SJIR1984, 214 f.)

194. Der Schaden muss im Zusammenhang mit der Freiheitsbeschränkung stehen. Ersatz ist dabei sowohl für materiellen wie für immateriellen Schaden zu leisten.
(113 Ia 179 ff. = SJIR 1988, 287 ff.; BGer 15. Oktober 1982, SJIR 1983, 292; Polizeigerichtspräsident BS vom 18. Dezember 1984, BJM 1985, 86 = SJIR 1985, 261 f.)

195. Der Anspruch auf Schadenersatz gibt keinen Anspruch auf eine Reduktion der Strafe.
(BGer 30. August 1990, SZIER 1991, 401)

196. Die Entschädigungsregelung kann nur bei widerrechtlichem Verhalten von Staatsorganen angerufen werden, ohne dass ein Verschulden nachgewiesen werden müsste.
(BGer 22. November 1983, SJIR 1984, 215 f.)

197. Nicht jede Konventionsverletzung hat den Eintritt eines Schadens zur Folge. Dies trifft dann nicht zu, wenn eine Haft oder Festnahme auch bei Einhaltung der EMRK in gleichem Umfang erfolgt wäre.
(BGer 15. Oktober 1982, SJIR 1983, 292)

198. Der Anspruch auf Schadenersatz kann direkt auf die EMRK gestützt werden, selbst wenn Verfassungswidrigkeit der Untersuchungshaft wegen mangelnden aktuellen Interesses (Haftentlassung während der Hängigkeit der staatsrechtlichen Beschwerde) nicht festgestellt werden kann.
(110 Ia 143 = EuGRZ 1984, 501 f. = SJIR 1985, 261)

199. Art. 5 Abs. 5 EMRK regelt die Geltendmachung von Genugtuungsansprüchen nicht. Es ist den Kantonen überlassen, sich dazu zu äussern. In Einklang mit der Konvention steht das zürcherische Haftungsgesetz (§§ 19 und 23 HG).
(118 Ia 103)

A r t i k e l   6

1. Jedermann hat Anspruch darauf, dass seine Sache in billiger Weise öffentlich und innerhalb einer angemessenen Frist gehört wird, und zwar von einem unabhängigen und unparteiischen, auf Gesetz beru–

henden Gericht, das über zivilrechtliche Ansprüche und Verpflichtungen oder über die Stichhaltigkeit der gegen ihn erhobenen strafrechtlichen Anklage zu entscheiden hat. Das Urteil muss öffentlich
verkündet werden, jedoch kann die Presse und die Öffentlichkeit
während des gesamten Verfahrens oder eines Teiles desselben im Interesse der Sittlichkeit, der öffentlichen Ordnung oder der nationalen
Sicherheit in einem demokratischen Staat ausgeschlossen werden,
oder wenn die Interessen von Jugendlichen oder der Schutz des
Privatlebens der Prozessparteien es verlangen, oder, und zwar unter
besonderen Umständen, wenn die öffentliche Verhandlung die Interessen der Rechtspflege beeinträchtigen würde, in diesem Fall
jedoch nur in dem nach Auffassung des Gerichts erforderlichen
Umfang.

2. Bis zum gesetzlichen Nachweis seiner Schuld wird vermutet, dass
der wegen einer strafbaren Handlung Angeklagte unschuldig ist.

3. Jeder Angeklagte hat mindestens (englischer Text) insbesondere
(französischer Text) die folgenden Rechte:

a. in möglichst kurzer Frist in einer für ihn verständlichen Sprache in
allen Einzelheiten über die Art und den Grund der gegen ihn erhobenen Beschuldigung in Kenntnis gesetzt zu werden;

b. über ausreichende Zeit und Gelegenheit zur Vorbereitung seiner
Verteidigung zu verfügen;

c. sich selbst zu verteidigen oder den Beistand eines Verteidigers
seiner Wahl zu erhalten und, falls er nicht über die Mittel zur Bezahlung eines Verteidigers verfügt, unentgeltlich den Beistand eines
Pflichtverteidigers zu erhalten, wenn dies im Interesse der Rechtspflege erforderlich ist;

d. Fragen an die Belastungszeugen zu stellen oder stellen zu lassen
und die Ladung und Vernehmung der Entlastungszeugen unter denselben Bedingungen wie die der Belastungszeugen zu erwirken;

e. die unentgeltliche Beiziehung eines Dolmetschers zu verlangen, wenn der Angeklagte die Verhandlungssprache des Gerichts nicht versteht oder sich nicht darin ausdrücken kann.

Vorbehalt:

Der in Absatz 1 von Artikel 6 der Konvention verankerte Grundsatz der Öffentlichkeit der Verhandlungen findet keine Anwendung auf Verfahren, die sich auf eine Streitigkeit über zivilrechtliche Rechte und Pflichten oder auf die Stichhaltigkeit einer strafrechtlichen Anklage beziehen und die nach kantonalen Gesetzen vor einer Verwaltungsbehörde stattfinden.

Der Grundsatz der Öffentlichkeit der Urteilsverkündung findet Anwendung, unter Vorbehalt der Bestimmungen der kantonalen Gesetze über den Zivil- und Strafprozess, die vorsehen, dass das Urteil nicht an einer öffentlichen Verhandlung eröffnet, sondern den Parteien schriftlich mitgeteilt wird.

Auslegende Erklärung zu Artikel 6 Absatz 1:

Für den Schweizerischen Bundesrat bezweckt die in Absatz 1 von Artikel 6 der Konvention enthaltene Garantie eines gerechten Prozesses nur, dass eine in bezug auf Streitigkeiten über zivilrechtliche Rechte und Pflichten letztinstanzliche richterliche Prüfung der Akte oder Entscheidungen der öffentlichen Gewalt über solche Rechte und Pflichten stattfindet. Unter dem Begriff «letztinstanzliche richterliche Prüfung» im Sinne der vorliegenden Erklärung ist eine auf die Rechtsanwendung beschränkte richterliche Prüfung zu verstehen, die von kassatorischer Natur ist.

Auslegende Erklärung zu Artikel 6 Absatz 3 Buchstaben c und e:

Der Schweizerische Bundesrat erklärt, die in Artikel 6 Absatz 3 c) und e) der Konvention enthaltene Garantie der Unentgeltlichkeit des Beistandes eines amtlichen Verteidigers und eines Dolmetschers in dem Sinn auszulegen, dass sie die begünstigte Person nicht endgültig von der Zahlung der entsprechenden Kosten befreit.

Als Folge der Rechtsprechung i.S. Belilos hat der Bundesrat eine «Mitteilung gemäss Artikel 64 Absatz 2 der Europäischen Menschenrechtskonvention, der Liste und der kurzen Darstellung der Bestimmungen des Bundesrechts und des kantonalen Rechts, die mit Wirkung ab 29. April 1988 von der auslegenden Erklärung des schweizerischen Bundesrates vom 28. November 1974 zu Artikel 6 Absatz 1 der Konvention, verdeutlicht am 16. Mai 1988 [AS 1988, 1264] ..., erfasst werden» erlassen.

*(Bundesrat, 27. Dezember 1987, AS 1989, 276 f. Die Liste erfasst neben Bundesrecht auch eine 39-seitige – im übrigen in der Amtlichen Sammlung des Bundesrechts unveröffentlichte – Liste kantonalen Rechts, welches nach der Ansicht des Bundesrates vom Vorbehalt erfasst werden soll. M.E. ist ein derartiges «Nachschieben» mit dem Wortlaut von Art. 64 Abs. 1 EMRK unvereinbar, eine Meinung die vom Bundesrat 1977 anlässlich eines nachträglichen Vorbehalts hinsichtlich der militärischen Disziplinar-strafordnung ebenfalls so vertreten wurde. Vgl. SJIR 1978, 224. Zum landesrechtlichen Vollzug des Entscheids «Belilos» vgl. den unveröff. Brief des EJPD vom 6. Juni 1988 an die Kantone, abgedruckt in SJRI 1988, 272 ff. Mit Entscheid vom 17. Dezember 1992, Neue Zürcher Zeitung 18. Dezember 1992, 15 hat das Bundesgericht diesen Vorbehalt als **ungültig** erklärt.)*

Literatur zum gesamten Art. 6 EMRK:

U. H. BEHNISCH, Das Steuerstrafrecht im Recht der direkten Bundessteuer, Bern 1991; P. BISCHOFBERGER, Die Verfahrensgarantien der Europäischen Konvention zum Schutze der Menschenrechte auf Grundfreiheiten (Art. 5 und 6) in ihrer Einwirkung auf das schweizerische Strafprozessrecht, Zürich 1972; F. CAGIANUT, Die Bedeutung der Konvention zum Schutze der Menschenrechte und Grundfreiheiten für den Schweizer Richter, in: FS Hans Haug (Hrsg. von Hangartner Yvo/Trechsel Stefan), Bern 1986, 47 ff.; O. FASSBIND, Les incidences de la Convention européenne des droits de l'homme sur les lois suisses de procédure pénale, Peseux 1984; M. FORSTER, EMRK als Argument: die ausdrückliche Berücksichtigung der Europäischen Menschenrechtskonvention bei der Revision der kantonalen Strafprozessgesetze und in der Bundesgerichtspraxis zum Strafprozessrecht, Praetor (St.Gallen) 1988, 37 ff.; J. A. FROWEIN, Die Überprüfungsbefugnis im Rahmen von Art. 6 Abs. 1 EMRK in: Fortschritt im Bewusstsein der Grund- und Menschenrechte, FS für Felix Ermacora (hrsg. von Nowak Manfred/Steurer Dorothea/Tretter Hannes), Kehl 1988, 141 ff.;O. JACOT-GUILLARMOD, Problèmes de législation pénale révélés par la jurisprudence de Strasbourg: perspective de droit suisse et de droit comparé, ZStrR 1989, 242 ff; DERS., Le droit de procédure pénale neuchâte-lois sous l'angle de la Convention européenne des droits de l'homme, RJN 1980, 1 ff.; R. LEVI, Schwerpunkte der strafprozessualen Rechtsprechung des Bundesgerichtes und der Organe der Europäischen Menschenrechtskonvention, ZStrR 1985, 345 ff.; DERS., Zum

Einfluss der Europäischen Menschenrechtskonvention auf das kantonale Prozessrecht. Erwartungen und Ergebnisse, ZStrR 1989, 225 ff.; G. MALINVERNI, Les fonctions des droits fondamentaux dans la jurisprudence de la Commission et de la Cour européennes des droits de l'homme, FS Dietrich Schindler, Basel 1989, 539 ff.; M. RUSCA, La procedura penale ticinese alla luce della Convenzione europea die diritti dell'uomo, Rep. 1984, 227 ff.; N. SCHMID, Strafprozessrecht, Zürich 1989; E. SCHMIDT-ASSMANN, Verfahrensgarantien im Bereich des öffentlichen Rechts: Darstellung der Rechtslage in der Bundesrepublik Deutschland mit vergleichenden Hinweisen auf die Bundesverwaltungsrechtspflege in der Schweiz im Blick auf Art. 6 Abs. 1 EMRK, in: Verfahrensgarantien im Bereich des öffentlichen Rechts, hrsg. von M. Beloff, Kehl am Rhein 1989, 89 ff. sowie EuGRZ 1988, 577 ff.; TH. SCHMUCKLI, Fairness in der Verwaltungsrechtspflege, Freiburg 1990; M. SCHUBARTH, Die Artikel 5 und 6 der Konvention, insbesondere im Hinblick auf das schweizerische Strafprozessrecht, ZSR 1975 I 466 ff.; R. J. SCHWEIZER, Auf dem Weg zu einem schweizerischen Verwaltungsverfahrens– und Verwaltungsprozessrecht, ZBl 1990, 193 ff. (insb. 208 ff.); K. SPÜHLER, Die Europäische Menschenrechtskonvention in der bundesgerichtlichen Rechtsprechung zum Straf– und Strafprozessrecht, ZStrR 1990, 313 ff.; D. THÜRER, Europäische Menschenrechtskonvention und schweizerisches Verwaltungsverfahren, ZBl 1986, 241 ff.; DERS., Neuere Entwicklungen im Bereich der Europäischen Menschenrechtskonvention, ZBl 1988, 377 ff.; S. TRECHSEL, Der Einfluss der Europäischen Menschenrechtskonvention auf das Strafrecht und Strafverfahrensrecht der Schweiz, ZStW 1988, 667 ff.; DERS., Die Bedeutung der Europäischen Menschenrechtskonvention im Strafrecht, ZStW, 1989, 819 ff.; M. ZWEIFEL, Die rechtsstaatliche Ausgestaltung des Steuerhinterziehungsverfahrens vor Verwaltungsbehörden, FS Francis Cagianut, Bern 1990, 223 ff.

I. Vorbemerkungen

1. Allgemeines

Konventionsorgane

200. Die Anwendung von Art. 6 EMRK hängt von den Besonderheiten der betreffenden Instanz ab. Dabei ist das Verfahren vor den innerstaatlichen Instanzen in seiner Gesamtheit in die Betrachtung einzubeziehen.
(Gerichtshof 22. Februar 1984 [Sutter], VPB 1985 Nr. 83)

Innerstaatliche Organe

201. Art. 6 Abs. 1 ist unmittelbar anwendbar (in casu Ausschluss der Öffentlichkeit von der Verhandlung).
(111 Ia 243 f. = EuGRZ 1986, 163 = ZBl 1986, 182 = SJIR 1986, 128 f.)

202. Art. 6 Abs. 1 EMRK verpflichtet nicht zur Einführung von Appelations- oder Kassationsgerichten.
(KGer VD 27. Juli 1990, JdT 1991 III 30 = SZIER 1991, 405)

203. Ergeht eine Urteil einer kantonalen Instanz, obschon das Bundesgericht einer Beschwerde wegen Voreingenommenheit dieser Instanz aufschiebende Wirkung zuerkannt hat, so liegt formelle Rechtsverweigerung vor, die zur Aufhebung des angefochtenen Entscheids führt.
(115 Ia 322 ff. = Pra 1989 Nr. 68 = SZIER 1991, 423)

204. Vor der Aushändigung des Deliktsgutes haben sich die Behörden des nachgesuchten Staates zu vergewissern, dass das darüber befindende ausländische Urteil in einem Verfahren erging, das den Anforderungen von Art. 4 und 58 BV sowie 6 EMRK entspricht.
(116 Ib 461 = SZIER 1992, 509)

2. Vorbehalt und auslegende Erklärung der Schweiz

Lit.: D. BRÄNDLE, Vorbehalte und auslegende Erklärungen zur europäischen Menschenrechtskonvention, Zürich 1978; C.H. BRUNSCHWILER, Kann die Schweiz beim angestrebten Standard des Verfahrensschutzes nach der EMRK mithalten?, EuGRZ 1988, 588 ff.; R. KÜHNER, Die «auslegende Erklärung» der Schweiz zu Art. 6 Abs. 3 lit. e der Europäischen Menschenrechtskonvention. Anmerkungen zum Bericht der Europäischen Menschenrechtskommission im Fall Temeltasch vom 5. Mai 1982, ZaöRV 1983, 828 ff.; DERS., Vorbehalte und auslegende Erklärungen zur Europäischen Menschenrechtskonvention. Die Problematik des Art. 64 MRK am Beispiel der schweizerischen «auslegenden Erklärung» zu Art. 6 Abs. 3 lit. e MRK, ZaöRV 1982, 58 ff.; A. KUTTLER, Notiz (zur Frage: Kann die Schweiz beim angestrebten Standard des Verfahrensschutzes nach der EMRK mithalten?), EuGRZ 1988, 589 ff.; S. OETER, Die «auslegende Erklärung» der Schweiz zu Art. 6 Abs. 1 EMRK und die Unzulässigkeit von Vorbehalten nach

Art. 64 EMRK. Anmerkungen zum Urteil des Europäischen Gerichtshofes für
Menschenrechte im Fall Belilos vom 29. April 1988, ZaöRV 1988, 514 ff.; M. E.
VILLIGER, Das Urteil des Europäischen Gerichtshofs für Menschenrechte im Fall Belilos
gegen die Schweiz: Urteilsanmerkung EMRK, EuGRZ 1989, 21 ff.; B. WAGNER/L.
WILDHABER, Der Fall Temeltasch und die auslegenden Erklärungen der Schweiz,
EuGRZ 1983, 145 ff.

Konventionsorgane

205. Dem Vorbehalt hinsichtlich der Öffentlichkeit des Gerichtsverfahrens
(Beurteilung durch Verwaltungsbehörden) fehlt es an einer kurzen Inhaltsangabe
der betreffenden Gesetze i.S. von Art. 64 Abs. 2 EMRK. Der Vorbehalt muss aus
diesem Grund als unwirksam angesehen werden.
*(Gerichtshof [Weber] 22. Mai 1990, VPB 1990 Nr. 56 = EuGRZ 1990, 266; anderer
Ansicht BGer 27. April 1990, SJIR 1990, 193 f.; OGer ZH 7. Januar 1991, SJZ 1992,
111 f.)*

206. Der rechtliche Charakter der auslegenden Erklärung, die im Zusammenhang
mit der Ratifikation der Konvention durch die Schweiz abgegeben wurde,
bestimmt sich nach ihrem materiellen Inhalt. Die Schweiz wollte im vorliegenden
Fall eine bestimmte Kategorie von Streitfällen (welche durch Verwaltungsbehörden zu beurteilen sind) von der Anwendbarkeit des Art. 6 Ziff. 1 EMRK
ausnehmen und sich gegen eine ihrer Auffassung nach zu weitgehende Interpretation der Vorschrift sichern. Der Gerichtshof muss dagegen darauf achten, dass
die Konvention nicht in Widerspruch zu Art. 64 EMRK eingeschränkt wird.
Hiervon ausgehend wird er die Wirksamkeit der in Frage stehenden auslegenden
Erklärung wie im Falle eines Vorbehalts untersuchen.
(Gerichtshof 29. April 1988 [Belilos], EuGRZ 1989, 27 f. = VPB 1988 Nr. 65)

207. Die auslegende Erklärung, wonach die Garantie eines gerechten Prozesses
nur der letztinstanzlichen richterlichen Prüfung der Akte oder Entscheidungen der
öffentlichen Gewalt bedarf, erweist sich einerseits als ein unzulässiger Vorbehalt
allgemeiner Art (Art. 64 Abs. 1 Satz 2 EMRK) und anderseits fehlt es ihr an der
nötigen kurzen Inhaltsangabe der betreffenden Gesetze (Art. 64 Abs. 2 EMRK).
Vgl. auch Art. 64 EMRK.
*(Gerichtshof 29. April 1988 [Belilos], EuGRZ 1989, 21 ff. = VPB 1988 Nr. 65; vgl. auch
Kommission 7. Mai 1986, VPB 1986 Nr. 128)*

208. Die auslegende Erklärung zu Art. 6 Abs. 3 lit. c und e EMRK entspricht nicht den Formerfordernissen von Art. 64 Abs. 2 EMRK, entfaltet aber Rechtswirkungen wie ein gültiger Vorbehalt.
(Kommission 4. Juli 1983 [Temeltasch], VPB 1983 Nr. 17, ferner VPB 1984 Nr. 104. Vgl. auch dazu auch 106 Ia 214 = EuGRZ 1981, 220 f. = SJIR 1981, 289 ff.)

Innerstaatliche Organe

209. Die bundesrätliche (im Anschluss an die Rechtsprechung «Belilos» ergangene) auslegende Erklärung wurde i.s. von Art. 64 EMRK zu spät angebracht und ist für das Bundesgericht nicht verbindlich. Der Anspruch auf eine unabhängigen letztinstanzlichen Richter gilt auch in Zivilsachen uneingeschränkt.
(BGer 17. Dezember 1992, Neue Zürcher Zeitung 18. Dezember 1992, 15. In den nachfolgenden Leitsätzen findet sich ein Überblick über die mit diesem Entscheid über-holte bzw. aufgegebene Rechtsprechung)

210. Die neue auslegende Erklärung vom 16. Mai 1988 bezieht sich nur auf zivilrechtliche Ansprüche und Verpflichtungen, nicht (mehr) auf die Rechtmässigkeit von strafrechtlichen Anklageerhebungen.
(115 Ia 187 ff. = Pra 1991 Nr. 85 = SJIR 1990, 237 f.)

211. Von der neuen auslegenden Erklärung des Bundesrates infolge des Urteils i.S. «Belilos» nicht erfasst sind diejenigen kantonalen Bestimmungen, die in der Erklärung nicht aufgeführt sind.
(115 Ia 70 ff. = SJIR 1990, 239 f.)

212. Nach der bundesgerichtlichen Rechtsprechung wird den Anforderungen von Art. 6 Abs. 1 EMRK Genüge getan, wenn der Richter den Sachverhalt und das Recht frei überprüfen kann. Eine Ermessenskontrolle ist im Verwaltungsgerichtsverfahren nicht erforderlich. Entgegen der in EGV–SZ 1989 Nr. 1 vertretenen Ansicht (= in Anbetracht der veränderten Rechtslage nach dem Entscheid des EGMR i.S. «Belilos» kann das Verwaltungsgericht entgegen dem Gesetzeswortlaut auch die regierungsrätlichen Verfügungen, soweit sie zivilrechtliche Ansprüche berühren, mit voller Kognition auf ihr Ermessen hin überprüfen) widerspricht § 55 Abs. 2 lit. a VRP somit Art. 6 Abs. 1 EMRK nicht.
(VGer SZ 19. Juni 1990, EGV–SZ 1990 Nr. 6; VGer SZ 24. Januar 1989, EGV–SZ 1989 Nr. 1; vgl. auch 116 Ib 174 zur freien richterlichen Prüfung)

213. Welche Bedeutung die Strassburger Organe der im Anschluss an das Urteil i.S. Belilos mit Wirkung ab 29. April 1988 erfolgten Änderung der Auslegenden Erklärung der Schweiz zu Art. 6 Ziff. 1 EMRK (AS 1988, 1264) beimessen werden, ist zur Zeit noch offen.
(114 Ia 128 = Pra 1989 Nr. 8 = BVR 1988, 458 = SJIR 1989, 281; eine Anwendung des präzisierten Vorbehaltes findet sich in 117 Ia 192 = SZIER 1992, 498; 115 V 252 f. = SJIR 1990, 239 f. und in 115 Ia 67 ff. = Pra 1989 Nr. 196 = SJIR 1990, 212 ff.)

214. In Entmündigungssachen genügt es im Sinn des präzisierten Vorbehaltes, wenn ein auf die Rechtsanwendung beschränkte richterliche Prüfung der Entmündigung erfolgt. Eine solche ist jedenfalls durch die Berufung beim Bundesgericht gegeben, welches die Anwedung von Bundeszivilrecht frei überprüft.
(117 Ia 192 = SZIER 1992, 498)

215. Der Vorbehalt zur Öffentlichkeit der Verhandlung bezieht sich nur auf das Verfahren vor Verwaltungsbehörden sowie auf die Öffentlichkeit der Urteilsverkündung.
(111 Ia 244 E. 7a = ZBl 1986, 186 = EuGRZ 1986, 163 = SJIR 1986, 147)

216. Der schweizerische Vorbehalt zur Öffentlichkeit der Urteilsverkündung erfüllt die Anforderungen von Art. 64 EMRK. Er hat zur Folge, dass das Öffentlichkeitsprinzip im Ausmass der vorbehaltenen kantonalen Gesetzgebung nicht auf die kantonale Rechtsordnung angewendet werden muss.
(116 Ia 68; dieser Entscheid ist seit dem Urteil des EGMR i.S. Weber vom 22. Mai 1990 überholt)

217. Das Neuenburger Verwaltungsgericht ist keine Verwaltungsbehörde im Sinne des schweizerischen Vorbehalts zu Art. 6 Ziff. 1 EMRK. Anders ist zu entscheiden, wo das Gericht als Verwaltungsbehörde auftritt, etwa im Bereich des Disziplinarwesens.
(115 V 253 = SJIR 1990, 215 f. und 239 f.)

218. Disziplinarmassnahmen gegen Rechtsanwälte sind, soweit sie durch eine Verwaltungsbehörde ausgesprochen werden, als verwaltungsrechtliche Streitigkeiten anzusehen, wodurch das dabei anwendbare Verfahrensrecht unter den zu Art. 6 Ziff. 1 EMRK angebrachten Vorbehalt fällt.
(108 Ia 321 f. E. 2b = Pra 1983 Nr. 111 = EuGRZ 1983, 353 = SJIR 1984, 222 f.; 109 Ia 228 = SJIR 1984, 223; 109 Ia 226 f. = SJ 1984, 376 ff. = SJIR 1984, 223; BGer 13. November 1987, SJIR 1988, 302 f.; KantG NE 10. Februar 1986, RJN 1986, 311)

219. Gestützt auf die konkrete Abwicklung der auslegenden Erklärungen kommt diesen die Bedeutung eines Vorbehaltes zu.
(109 Ia 333 = Pra 1984 Nr. 105 = SJIR 1985, 262; 108 Ia 313 = SJIR 1984, 220; 106 Ia 214 = EuGRZ 1981, 220 f. = SJIR 1981, 289)

220. Die auslegende Erklärung bezieht sich im strafrechtlichen Bereich nur auf die Anwendung von Art. 345 Abs. 1 Ziff. 2 und 369 StGB.
(BGer 22. Dezember 1986, SJIR 1988, 304)

221. Der Vorbehalt ist wie ein Gesetz oder eine Verordnung und nicht wie eine zwischenstaatliche Vereinbarung auszulegen.
(109 Ia 231 f. = SJ 1984, 379 f. = SJIR 1984, 204 f.)

222. Zur früheren Praxis zur Auslegenden Erklärung zu Art. 6 Ziff. 1 EMRK vgl. 108 Ia 314 ff. E. 2 und 3 = Pra 1983 Nr. 261 = EuGRZ 1984, 106 = SJIR 1984, 220 f.; 109 Ia 217 = EuGRZ 1984, 391; 112 Ia 292 = SJIR 1987, 214 = SJ 1987, 211

223. Die auslegende Erklärung zu Art. 6 Abs. 3 lit. c und e EMRK entspricht nicht den Formererfordernissen von Art. 64 Abs. 2 EMRK, entfaltet aber Rechtswirkungen wie ein gültiger Vorbehalt.
(106 Ia 214 = EuGRZ 1981, 220 f. = SJIR 1981, 289 ff.)

224. Es ist zweifelhaft, ob die auslegende Erklärung zu Art. 6 Abs. 3 lit. c und e EMRK im Anschluss an die Rechtsprechung i.S. Belilos Bestand haben wird.
(BGer 17. Dezember 1991, SZIER 1992, 487 f. = plädoyer 1992, 54 ff.)

225. Es können nur solche Gesetze vorbehalten werden, die im Zeitpunkt des Anbringens des Vorbehaltes in Kraft standen; für neuere Erlasse entfaltet der Vorbehalt keine Wirkung. Unter Umständen kann der Vorbehalt auch auf Gesetzesrevisionen bezogen werden.
(117 Ia 386 f. = EuGRZ 1991, 481)

II. Anwendungsbereich

Lit.: M. BORGHI, L'applicabilité de l'article 6 CEDH aux «contestations» en matière de droit de la construction, Baurecht 1991, 11 ff.; W. KÄLIN/E. SIDLER, Die Anwendbarkeit von Art. 6 EMRK auf kantonale Steuerhinterziehungsverfahren, ASA 1989, 529 ff.; W. KÄLIN/E. SIDLER, Verschuldensgrundsatz und Öffentlichkeitsprinzip: Die Strafsteuer im Lichte von Verfassung und EMRK, ASA 1992, 161 ff.; M. ROS, Die unmittelbare Anwendbarkeit der Europäischen Menschenrechtskonvention, Zürich 1984; B. SCHMID, Rang und Geltung der Europäischen Konvention zum Schutze der Menschenrechte und Grundfreiheiten vom 3. November 1950 in den Vertragsstaaten, Basel 1984; R. J. SCHWEIZER, Auf dem Weg zu einem schweizerischen Verwaltungsverfahrens– und Verwaltungsprozessrecht, ZBl 1990, 193 ff. (insb. 208 ff.); S. TRECHSEL, Grundrechtsschutz bei der internationalen Zusammenarbeit in Strafsachen, EuGRZ 1987, 69 ff.; M.E. VILLIGER, Geltungsbereich der Garantien der Europäischen Menschenrechtskonvention (EMRK), ZBl 1991, 333 ff.: F. ZUPPINGER, Verschuldensprinzip und Steuerstrafrecht, FS Francis Cagianut, Bern 1990, 209 ff.

1. Allgemeines

Konventionsorgane

226. Die Konvention gibt keinen Anspruch auf die Wiederaufnahme eines zivil- oder strafrechtlichen Verfahrens. Wird das Verfahren jedoch wiederaufgenommen, so stellt sich die Frage der Anwendbarkeit von Art. 6 Ziff. 1 EMRK erneut. *(Kommission 4. März 1987, VPB 1987 Nr. 74)*

227. Wo das Bundesgericht im Rahmen der staatsrechtlichen Beschwerde über die Zulässigkeit des Rechtsmittels entscheidet, ohne sich zur Begründetheit zu äussern, werden weder zivilrechtliche Ansprüche und Verpflichtungen noch die Stichhaltigkeit einer strafrechtlichen Anklage berührt. *(Kommission 12. März 1976, VPB 1983 Nr. 145)*

Innerstaatliche Organe

228. Ob ein Verfahren unter den Geltungsbereich der EMRK fällt, ist nicht massgebend, ob es sich dabei um ein Gerichts– oder Verwaltungsverfahren handelt, sondern allein, ob es dabei um einen zivilrechtlichen Anspruch oder eine strafrechtliche Anklage geht.
(109 Ia 214 = Pra 1984 Nr. 6 = EuGRZ 1984, 323 f. = SJIR 1984, 218 ff.)

229. Im strafrechtlichen Bereich erfasst die Garantie eines fairen Prozesses nach Art. 6 Ziff. 1 EMRK nicht die die Hauptverhandlung – wo über die Stichhaltigkeit der strafrechtlichen Anklage entschieden wird – vorbereitenden Untersuchungshandlungen. Demnach ist die Garantie eines gerechten Prozesses nicht auf das Rekursverfahren gegen die Einzelhaft und deren Verlängerung anwendbar, soweit diese die Sicherheitsverwahrung und nicht das Gerichtsverfahren betreffen.
(BGer 10. Juni 1980, SJIR 1981, 309; ebenso 106 IV 87 ff. = SJIR 1981, 310)

230. Art. 6 Ziff. 1 EMRK bezieht sich nicht auf den Staatsanwalt, der einzig anklägerische, und keine richterliche Aufgaben wahrnimmt.
(BGer 19. November 1986, SJIR 1989, 283 f.)

231. Weder das zivil– noch das strafrechtliche Revisionsverfahren fallen unter die Garantie von Art. 6 Ziff. 1 EMRK.
(104 Ia 180 E. 3 = Pra 67 Nr. 211 = SJIR 1979, 206; 113 Ia 63 f. E. 3 b = EuGRZ 1988, 43 = SJIR 1988, 295; BGer 18. April und 23. Juni 1988, SJIR 1989, 284; BGer 14. Februar 1990, SJIR 1990, 227)

232. Die Handhabung des Haftregimes fällt nicht unter den Anwendungsbereich von Art. 6 Abs. 1 EMRK.
(BGer 11. Juli 1989, SJIR 1990, 211 f.)

233. Keine Anwendung auf Erlass oder Aufhebung zeitlich beschränkt wirksamer vorsorglicher Verfügungen.
(BGer 7. Juli 1988, SJIR 1989, 284 f.; zu vorsorglichen Massnahmen bei der Sperre von Bankkonten: 113 Ib 273 f. = SJIR 1989, 285 f.)

234. Die Verfahrensgarantien von Art. 6 Ziff. 1 EMRK beziehen sich nicht auf das Verfahren nach Art. 5 Ziff. 4 EMRK (in casu fürsorgerischer Freiheitsentzug).
(114 Ia 187 = Pra 1989 Nr. 6)

235. Aus Art. 6 Abs. 1 EMRK gibt es keinen Anspruch auf ein kostenloses Zivilverfahren, doch darf der Zugang zum Gericht nicht durch allzu hohe Kosten verhindert werden. Die Gewährung der unentgeltlichen Rechtspflege darf jedoch bei aussichtslosen Verfahren verweigert werden.
(BGer 23. November 1990, SZIER 1991, 404)

2. Persönlicher Anwendungsbereich

Lit.: F. RICHNER, Die Strafbarkeit der juristischen Person im Steuerhinterziehungsverfahren, ASA 1991, 441 ff.

Konventionsorgane

Innerstaatliche Organe

236. Die Garantien des unabhängigen und unparteiischen Richters sind nicht auf den anklagevertretenden Staatsanwalt anwendbar.
(OGer SH 14. Dezember 1991, ABSH 1990, 185 f.; ferner 106 IV 87 = SJIR 1981, 310; BGer 2. August 1990, SZIER 1991, 418 zu den Untersuchungs– und Anklagebehörden)

237. Der Verteidiger des Angeschuldigten ist nicht legitimiert, die Verletzung des Rechts auf Verteidigung (Bestellung eines Offizialverteidigers) in eigenem Namen geltend machen.
(BGer 10. August 1983, SJ 1984, 52 = SJIR 1984, 239)

238. Nicht auf Art. 6 Abs. 3 lit. c berufen kann sich der Verteidiger zur Stützung seiner eigenen Beschwerde (wegen Verletzung des Anwaltsgeheimnisses).
(Pra 1992 Nr. 178 = SJ 1992, 161)

239. Der persönliche Geltungsbereich bezieht sich einzig auf den Beschuldigten und nicht auf von diesem gegen jemand anderen erhobene Vorwürfe.
(BGer 3. November 1988, SJIR 1989, 282 f.)

240. Keinen Konventionsschutz geniesst der Anzeigesteller im Strafverfahren.
(BGer 13. September 1990, SZIER 1991, 403 f.; BGer 3. November 1988, SJIR 1989, 282 f.)

241. Die Verfahrensgarantien von Art. 6 EMRK stehen auch juristischen Personen (im Rahmen des Strafsteuerverfahrens) zu.
(VGer ZH 21. Dezember 1989, RB 1989 Nr. 42 = StE 1990 B 101.5 Nr. 2)

242. Für das Nachsteuerverfahren bestehen dieselben verfahrensrechtlichen Garantien wie für das Strafsteuerverfahren. Dies gilt auch für die Gemeindesteuern.
(VGer ZH 26. März 1991, RB 1991 Nr. 34; VGer ZH 21. Dezember 1989, RB 1989 Nr. 39 = StE 1990 B 101.2 Nr. 9; SZIER 1991, 402; vgl. auch VGer ZH 11. Dezember 1991, RB 1991 Nr. 29)

3. Zivilrechtliche Ansprüche und Verpflichtungen

Lit.: K. SPÜHLER, Der Rechtsschutz von Privaten und Gemeinden im Raumplanungsrecht, ZBl 1989, 97 ff. (insb. 117 f.); L. WILDHABER, «Civil Rights» nach Art. 6 Ziff. 1 EMRK, in: Festgabe zum Schweizerischen Juristentag, Basel 1985, 469 ff.

Konventionsorgane

243. Anwendbarkeit *bejaht*:

– Enteignungsverfahren;
(Gerichtshof 13. Juli 1983 [Zimmermann und Steiner], VPB 1983 Nr. 121)

– Schadenersatz für Lärmimmissionen;
(Kommission 11. Mai 1988, EuGRZ 1989, 307)

– gesetzliches Schiedsverfahren;
(Kommission 4. März 1987, VPB 1987 Nr. 72)

– Schadenersatzansprüche gegen den Bund (als Gegenstand einer verwaltungs-
rechtlichen Klage vor Bundesgericht), welche auf einer vertraglichen Verpflichtung und gesetzeswidrigem Verhalten von Behörden beruhen;
(Bericht der Kommission vom 15. März 1985, VPB 1985 Nr. 74)

– das Recht auf Fortsetzung der Berufsausübung oder das Recht auf Erteilung einer Berufsausübungsbewilligung;
(Kommission 4. März 1987, VPB 1987 Nr. 74)

– der Anspruch auf einen guten Ruf und das Recht, gegen den Ruf gerichtete
Vorwürfe gerichtlich auf ihre Richtigkeit hin überprüfen zu lassen.
(Kommission 6. Mai 1985, VPB 1986 Nr. 93)

244. Anwendbarkeit *verneint*:

–Ausschluss der Verrechung bezüglich Verpflichtungen gegen das Gemeinwesen
aus öffentlichem Recht (Art. 125 Ziff. 3 OR);
*(Kommission 10. Januar 1991, VPB 1991 Nr. 47 mit Hinweis auf Unterstellung unter
Art. 1 des ZP Nr. 1 zur EMRK, den die Schweiz allerdings nicht unterzeichnet hat)*

– freiwillige Schiedsgerichtsbarkeit;
(Kommission 4. März 1987, VPB 1987 Nr. 72)

– Streitigkeiten über Formerfordernisse, von deren Einhaltung die Gültigkeit eines Patentes abhängt, wenn damit nicht die Frage des Patenteigentums entschieden wird;
(Kommission 9. Mai 1978, VPB 1983 Nr. 152)

– Steuersachen;
(Kommission 4. Dezember 1984, VPB 1985 Nr. 72)

– Verfahren der Steuereinschätzung (Kirchensteuer);
(Kommission 4. Dezember 1984, VPB 1985 Nr. 72)

– Streitigkeiten über Leistungen der Militärversicherung, da es sich um eine
einseitige, vom Staat finanzierte «Versicherung» handelt;
(Kommission 9. Juli 1980, VPB 1983 Nr. 155)

– Asylverfahren;
(Kommission 17. Oktober 1986, VPB 1987 Nr. 71)

– Verfahren zur Anfechtung von Universitätsprüfungen;
(Kommission 1. Oktober 1985, VPB 1986 Nr. 96)

– Maturitätsprüfungen;
(Kommission 10. Januar 1991, VPB 1991 Nr. 45)

– Streitigkeiten über die Begründung und Beendigung öffentlichrechtlicher Dienstverhältnisse oder den Anspruch des Beamten auf Beibehaltung seiner angestammten Stelle;
(Kommission 4. Oktober 1983, VPB 1986 Nr. 99; 14. April 1989, VPB 1989 Nr. 62)

– Abweisung eines Gesuchs um Einsicht in das Grundbuch.
(Kommission, VPB 1988 Nr. 63)

Innerstaatliche Organe

Anwendbarkeit *bejaht*:

– Entschädigungsstreitigkeiten: Sowohl die Frage der Zulässigkeit und Rechtfertigung der Enteignung wie auch der Höhe der Entschädigung sind durch ein Gericht zu beurteilen;
(115 Ia 191 = Pra 1990 Nr. 52 = EuGRZ 1991, 482 = SJIR 1990, 224 f.; 115 Ia 67 ff. = Pra 1989 Nr. 196 = SJIR 1990, 212 ff.; 114 Ia 127 = Pra 1989 Nr. 8 = BVR 1988, 458 = SJIR 1989, 281; 112 Ib 178 E. 3a = SJIR 1987, 210; 111 Ib 231 f. E. 2 = SJIR 1988, 304; BGer 1. Juni 1992, AJP 1992, 1172; Bundesamt für Justiz, 29. Oktober 1980, VPB 1983 Nr. 121)

– die Festsetzung einer Freifläche mit der Zweckbestimmung als Schiessanlage durch speziellen Beschluss kommt einer Enteignungsverfügung gleich, und ist demnach durch einen Richter zu beurteilen, der den Anforderungen von Art. 6 EMRK genügt;
(114 Ia 127 f. = Pra 1989 Nr. 8 = BVR 1988, 458 = SJIR 1989, 281)

– vorbereitende Handlungen für die Durchführung eines Enteignungsverfahrens (Probebohrungen für eine Sondermülldeponie);
(116 Ib 174)

– Entscheid über die Verjährung einer Entschädigungsforderung in Enteignungssachen;
(116 Ib 254 = SZIER 1992, 499)

– Einleitung einer Landumlegung und die Abgrenzung des Perimeters;
(117 Ia 382 ff. = EuGRZ 1991, 478 ff.mit einem Überblick über die weitere Praxis der Konventionsorgane)

– gesetzliches Vorkaufsrecht eines Gemeinwesens;
(BGer 6. Juli 1990, SZIER 1992, 499 f.)

– Verfahren betreffend das dem Kanton zum Zweck der Wohnungsbauförderung eingeräumte Vorkaufsrecht;
(114 Ia 19 = SJIR 1989, 279 f.)

– Einzonung von Grundstücken in eine Bauzone; Beschränkungen der Überbaubarkeit einer Parzelle;
(117 Ia 501 = Pra 1992 Nr. 179)

– wo dem Arzt oder Anwalt eine Disziplinarmassnahme auferlegt wird (wie die vorübergehende Berufseinstellung oder der Entzug des Rechts zur Berufsausübung), welche die Ausübung des selbständigen Berufes direkt berührt; dagegen keine Anwendbarkeit, wenn dem Arzt oder Anwalt eine Disziplinarmassnahme (wie Verwarnung oder Rüge) droht, die seine selbständige Berufsausübung nicht einschränkt;
(109 Ia 217 = EuGRZ 1984, 391)

– Rekurs gegen ein Schiedsgerichtsurteil an ein gesetzlich vorgesehenes Gericht;
(112 Ia 168 E. 3a = SJIR 1987, 214; BGer 9. Februar 1984, SJIR 1985, 264)

– Entmündigungsverfahren;
(117 Ia 191 f. = SZIER 1992, 498)

– eine mit der Gewerbeausübung verbundene Baubewilligung (Spielsalon).
(TVR 1988 Nr. 8)

Anwendbarkeit *verneint*:

– Konkursverfahren;
(BGer 29. März 1990, SZIER 1991, 402 f.)

– Einfuhrzoll für Alkohol (Monopolbereich);
(BGer 14. Dezember 1989, SJIR 1990, 216 f.)

– disziplinarische Massnahmen, wie Tadel, Verweis oder Geldbusse, die sich gegen eine Rechtsanwalt richten;
(BGer 7. April 1987, SJIR 1988, 298)

– die beschränkte Dauer des Ausschlusses vom Studium und den Prüfungen an einer Universität von einem Monat;
(109 Ia 214 = Pra 1984 Nr. 6 = EuGRZ 1984, 323 f. = SJIR 1984, 218 ff.)

– Diplomprüfungen;
(BGer 21. August 1989, SJIR 1990, 212)

– Inpflichtnahme eines Anwalts durch Eid oder Gelübde, da kein Eingriff in dessen berufliche Tätigkeit vorliegt;
(BGer 11. Dezember 1987, ZBl 1988, 464 f. = SJIR 1989, 2811)

– Schiedsgerichte, die durch die Parteien frei bestellt wurden;
(112 Ia 168 E. 3a = SJIR 1987, 214; BGer 9. Februar 1984, SJIR 1985, 264)

– öffentlich–rechtliche Kostenverlegung für eine antizipierte Ersatzvornahme;
(VGer SZ, 24. Januar 1989, EGV–SZ 1989 Nr. 1)

– Verfahren vor der Einsprache–Steuerkommission.
(VGer OW 30. Oktober 1990, Amtsbericht Obwalden 1989/1990 Nr. 43)

245. Anwendbarkeit *offen gelassen*:

– Es überwiegt die Tendenz, Streitigkeiten des Sozialversicherungsrechts dem Begriff zivilrechtlicher Ansprüche und Verpflichtungen nach Art. 6 Ziff. 1 EMRK zu unterstellen. Offengelassen wurde die Frage, ob eine Streitigkeit zwischen einer Einrichtung der beruflichen Vorsorge und ihrem Mitglied hier- unter fällt;
(115 V 254 f. = SJIR 1990, 215 f. und 239 f.)

– für den Honoraranspruch eines gerichtlichen Experten.
(BGer 2. November 1988, SJ 1989, 396)

4. Stichhaltigkeit einer strafrechtlichen Anklage

Lit. R. BARRAS, L'affaire du soldat Eggs contre la Suisse devant les instances de la Convention européenne des droits de l'homme, Revue de droit pénal militaire et de droit de la guerre (Bruxelles) 1981, 123 ff.; L. A. MINELLI, Das Militärdisziplinarwesen verletzt die EMRK, plädoyer 1990, 45 ff.

Konventionsorgane

246. Anwendbarkeit *bejaht*:

– eine durch eine Verwaltungsbehörde ausgesprochene Busse.
(Bericht der Kommission vom 7. Mai 1986 [Belilos], VPB 1986 Nr. 100)

– Ob eine Bestrafung eines Soldaten dem strafrechtlichen oder dem disziplinarischen Bereich angehört, beurteilt sich wie folgt:
– – Gehört die Rechtsnorm, welche die strafbare Handlung regelt, nach dem Rechtssystem des betroffenen Staates dem Strafrecht, dem Disziplinarbereich oder beiden an;
– – nach dem Wesen der strafbaren Handlung selber;
– – nach der Schwere der angedrohten Sanktion.
(Kommission 8. Juli 1980, VPB 1983 Nr. 158; 9. Mai 1977, EuGRZ 1977, 367; vgl. auch BGer 11. Juli 1988, SJIR 1989, 312)

247. Eine prozessuale Disziplinarsanktion, welche im Gesetz mit dem Wort «peine» (Strafe) bezeichnet wird, die potentiell für die gesamte Bevölkerung gilt und als Folge eine Busse von bis Fr. 500.– , die in eine Freiheitsstrafe umgewandelt werden kann, androht, ist als strafrechtlich zu qualifizieren.
(Gerichtshof [Weber] 22. Mai 1990, VPB 1990, Nr. 56 = EuGRZ 1990, 265 f.; vgl. auch 117 Ia 497)

248. Anwendbarkeit *verneint*:

– Verwaltungsverfahren betreffend Einreisesperren;
(Kommission 14. Juli 1977, VPB 1983 Nr. 122)

– Stattgabe eines Rechtshilfegesuches (in Strafsachen) durch das Bundesamt für Polizeiwesen;
(Kommission 1. Dezember 1986, VPB 1987 Nr. 73)

– Ausweisungsverfahren;
(Kommission 19. März 1981, VPB 1983 Nr. 123)

– Verfahren betreffend Gesuch um Beiordnung eines unentgeltlichen Rechtsbeistands;
(Kommission 3. Oktober 1990, VPB 1991 Nr. 46)

– Gesuche betreffend die Revision einer Verurteilung;
(Kommission 7. Dezember 1987, VPB 1988 Nr. 64)

– eine im Rahmen des Strafvollzugs ausgesprochene Disziplinarmassnahme (fünf Tage Arrest für verspätete Rückkehr aus dem Urlaub);
(Kommission 9. Mai 1977, VPB 1983 Nr. 125 = EuGRZ 1977, 367)

– ein wegen Verletzung der militärischen Dienstpflicht ausgesprochenen scharfer Arrest von fünf Tagen;
(Kommission 4. März 1978 [Eggs], VPB 1983 Nr. 157)

– Gesuch um die Durchführung eines Disziplinarverfahrens gegen den Untersuchungsrichter und Polizeiorgane, welche eine Hausdurchsuchung angeordnet bzw. durchgeführt haben;
(Kommission 12. Oktober 1988, VPB 1989 Nr. 56)

– Der Entscheid darüber, ob ein Ausländer eine Aufenthaltsbewilligung erhalten oder ausgeliefert werden soll, betrifft weder zivilrechtliche Ansprüche und Verpflichtungen noch eine strafrechtliche Anklage.
(Kommission 7. März 1991, VPB 1991 Nr. 44; noch offen gelassen von Kommission 6. Oktober 1976, VPB 1983 Nr. 120)

Innerstaatliche Organe

249. Bei der Beurteilung der Frage, ob eine strafrechtliche Anklage i.S. von Art. 6 Abs. 1 EMRK vorliegt, ist nicht eine formelle, sondern eine materielle Betrachtungsweise zugrunde zu legen. Danach gilt Anklage jede amtliche, von der zuständigen Behörde ausgehende Bekanntgabe des Vorwurfs, eine Straftat begangen zu haben.
(115 Ia 409 = Pra 1990 Nr. 223 = SZIER 1991, 406)

250. Zur Entscheidung über die Stichhaltigkeit einer strafrechtlichen Anklage gehört neben der Schuldfeststellung auch die Festsetzung des Strafmasses. *(115 Ia 410 = Pra 1990 Nr. 223 = SZIER 1991, 406 f.)*

251. Anwendbarkeit *bejaht*:

– Busse von mehreren hundert Franken, die in Haft umgewandelt werden kann; *(BGer 14. August 1992, EuGRZ 1992, 513; ferner 117 Ia 188 f. = EuGRZ 1991, 429)*

– Auslieferungsverfahren; *(106 Ib 17 = SJIR 1981, 307; 109 Ib 173 f. E. 7c = SJIR 1984, 216 f.)*

– Privatstrafklageverfahren wegen Ehrverletzung; *(115 Ia 218 = Pra 1990 Nr. 73 = SJIR 1990, 236)*

– Busse wegen Verletzung von Strassenverkehrsregeln; *(115 Ia 186 = Pra 1991 Nr. 85)*

– Verwaltungsstrafverfahren; *(BGer 21. Juni 1983, EuGRZ 1983, 499)*

– das Steuerhinterziehungsverfahren; *(unveröff. Entscheid BGer 5. Juli 1990)*

– das Zürcher Straf– und Nachsteuerverfahren; *(VGer ZH 2. November und 21. Dezember 1989, RB 1989 Nr. 38 und 39 = StE 1990 B 101.2 Nr. 9; VGer ZH 11. Dezember 1991, RB 1991 Nr. 29)*

– das luzernische Strafsteuerverfahren; *(VGer LU 19. Oktober 1989, LGVE 1989 II Nr. 19)*

– Hinterziehungsbusse nach Art. 129 BdBSt; *(BGer 15. November 1991, StR 1992, 396 f.; BGer 5. Juli 1991, StE 1992 B 101.6 Nr. 3)*

– Bestrafung wegen Verletzung des öffentlichen Baurechts. *(BGer 15. November 1989, EuGRZ 1991, 483; VGer VS 15. März 1990, ZWR 1990, 3 f.)*

252. Anwendbarkeit *verneint*:

– disziplinarische Massnahmen, ausser sie wären den strafrechtlichen Sanktionen ähnlich; *(BGer 15. November 1990, BVR 1991, 429 f.; BGer 18. Februar 1985, SJIR 1986, 149)*

– ob eine Disziplinarstrafe dem strafrechtlichen Bereich angehört und somit unter die Konventionsgarantie fällt, beurteilt sich in erster Linie danach, ob das innerstaatliche Recht die Sanktion dem disziplinarischen oder dem strafrechtlichen Bereich zuweist, in zweiter Linie nach der Natur der Zuwiderhandlung und schliesslich nach der Natur und Strenge der schwersten angedrohten Strafe;
(117 Ia 188 = Pra 1992 Nr. 51; BGer 11. Juli 1988, SJIR 1989, 312; BGer 16. November 1983, SJIR 1985, 263)

– eine disziplinarisch bedingte Verfahrensstrafe in der Höhe von Fr. 300.– (Maximalstrafe Fr. 500.–). Die Umwandlung der Geldstrafe in eine Freiheitsstrafe ändert daran nichts, denn sie ist nur für den Fall vorgesehen, wo die Begleichung der Geldstrafe böswillig verweigert wird;
(BGer 16. November 1983, SJIR 1985, 263 f.)

– die Abberufung oder Abwahl eines Richters sind für den Betroffenen zwar einschneidende Massnahmen, dennoch handelt es sich hierbei um charakteristische Disziplinarmassnahmen, welche die Anwendung der Garantien von Art. 6 EMRK nicht notwendig erscheinen lassen;
(BGer 11. Juli 1988, SJIR 1989, 312)

– der disziplinarisch bedingte Ausschluss vom Studium und von den Prüfungen an einer Universität;
(109 Ia 214 = Pra 1984 Nr. 6 = EuGRZ 1984, 323 f. = SJIR 1984, 218 ff.)

– eine Disziplinarstrafe von Fr. 50.– für Eltern eines Schülers, welche diesen unerlaubterweise während der Schulzeit in die Ferien mit sich nahmen;
(BGer 29. Juni 1976, SJIR 1978, 208)

– ein militärisches Disziplinarverfahren, welches rein disziplinarische Verstösse zum Inhalt hat und zu fünf Tagen scharfen Arrests führt;
(Bundesamt für Justiz, 21. März 1980, VPB 1983 Nr. 124)

– die Verschärfung des Haftregimes eines Untersuchungshäftlings durch zwei Tage Arrest;
(117 Ia 188 ff. = Pra 1992 Nr. 51 = EuGRZ 1991, 429 ff.; 118 Ia 68 und 89 f. allgemein zu Disziplinarmassnahmen bei Untersuchungs– und Sicherheitshaft. Vgl. auch die Bedenken zu einer möglichen Arreststrafe von 20 Tagen in 118 Ia 90)

– die Verhängung einer Arreststrafe gegen den Insassen einer Strafanstalt, da die Berufung auf Art. 6 EMRK nach Abschluss eines Strafverfahrens nicht möglich ist;
(BGer 9. Mai 1979, SJIR 1979, 207; vgl. auch BGer 19. Juli 1976, EuGRZ 1976, 307)

– im Untersuchungsverfahren finden die Anforderungen an das Gericht i.S. von Art. 6 Abs. 1 EMRK keine Anwendung;
(106 IV 87 = SJIR 1981, 310; BGer 10. Dezember 1987, ZBl 1989, 418 = SJIR 1990, 220 f.; KGer GR 29. August 1989, SZIER 1991, 403)

– Haftprüfungsverfahren;
(117 Ia 197)

– Regelung des Revisionsverfahrens in Strafsachen;
(BGer 27. Juli 1990, SZIER 1991, 404)

– Wiederaufnahme (Revision) eines Strafurteils;
(KassG ZH 17. September 1991, ZR 1991 Nr. 73)

– Begnadigung.
(118 Ia 107)

III. Faires Verfahren

1. Allgemeines

Lit.: TH. BRAITSCH, Gerichtssprache für Sprachunkundige im Lichte des "fair trial": eine rechtsvergleichende Untersuchung zum geltenden Recht der Bundesrepublik Deutschland und der Schweiz unter dem Blickwinkel der Europäischen Menschenrechtskonvention und verfahrensstruktureller Grundprinzipien, Frankfurt a.M./Bern 1991; B. BRÜHLMEIER, Treu und Glauben: Fairness im aargauischen Strafprozess, FS Kurt Eichenberger, Aarau 1990, 3 ff.; A. DUBACH, Das Recht auf Akteneinsicht, Zürich 1990; G. HEINE/J.LOCHER, Landesbericht Schweiz in: Öffentliche Vorverurteilung und faires Strafverfahren, hrsg. von A. Eser/Jürgen Meyer, Freiburg i.Br. 1986; W. PEUKERT, Die Garantie des «fair trial» in der Strassburger Rechtsprechung, EuGRZ 1980, 247; F. RIKLIN, Lockspitzelproblematik, recht 1986, 40 ff.; TH. SCHMUCKLI, Fairness in der Verwaltungsrechtspflege, Fribourg 1990; M. E. VILLIGER, Die Pflicht zur Begründung von Verfügungen, ZBl 1989, 137 ff. (insb. 144 f.).

Konventionsorgane

253. Soweit mehrere Gerichtsinstanzen bestehen, ist darauf zu achten, dass vor allen die fundamentalen Garantien von Art. 6 EMRK eingehalten werden.
(Kommission 6. Oktober 1976, VPB 1983 Nr. 127)

254. Ob die Garantie eines fairen Verfahrens, wie sie in Art. 6 Ziff. 1 EMRK erwähnt ist, und in Abs. 3 für das Strafverfahren verdeutlicht wird, eingehalten wurde, beurteilt sich nicht nach einzelnen Ereignissen, sondern nach dem gesamten Verfahren.
(Kommission 13. Juli 1983, VPB 1983 Nr. 170 II)

255. Die in Abs. 2 von Art. 6 EMRK festgehaltene Unschuldsvermutung gehört zu den Bestandteilen eines fairen Verfahrens, wie sie in Abs. 1 festgehalten sind.
(Gerichtshof 25. März 1983 [Minelli], VPB 1983 Nr. 159)

256. Zum fairen Verfahren gehört, dass der Richter die für ihn entscheidenden Prozessunterlagen mit der notwendigen Gründlichkeit studieren kann.
(Kommission 26. Oktober 1992, Neue Zürcher Zeitung, 27. Oktober 1992, 50)

Innerstaatliche Organe

257. Wo es um eine Enteignung nach kantonalem Recht geht, ist zu deren Beurteilung das kantonale Verwaltungsgericht zuständig. Wäre die vom Regierungsrat erteilte Enteignungsbewilligung direkt beim Bundesgericht anfechtbar, das die Anwendung kantonalen Enteignungsrechts – sei es im Rahmen eines staatsrechtlichen oder verwaltungsgerichtlichen Verfahrens – nur beschränkt, einzig auf Verfassungsverstösse hin untersuchen könnte, so würde dem Anspruch auf vollen Gerichtsschutz (freie Überprüfung in tatbeständlicher und rechtlicher Hinsicht) offensichtlich nicht Genüge getan.
(116 Ib 174; 115 Ia 69 f. Vgl. auch den Überblick in ZBJV 1992, 488 f. Zu beachten sind allfällige im Anschluss an den Entscheid «Belilos» ergangene kantonale Vorbehalte)

258. Ist der Sachverhalt nicht umstritten, so kommt der Beschränkung der Kognition des Bundesgerichts hinsichtlich der Überprüfung von Sachverhaltsfragen keine Bedeutung zu.
(117 Ia 501 f. = Pra Nr. 179)

259. Die richterliche Zurückhaltung bei der Beurteilung des Ermessens, das den Planungsbehörden und dem Gemeinderat zusteht (Zonenplanung) widerspricht Art. 6 EMRK nicht. Sie steht der umfassenden Rechtsanwendungskontrolle nicht entgegen, da Art. 6 Abs. 1 EMRK keine Ermessenskontrolle verlangt. Ermessensüberschreitung oder –missbrauch gehört dagegen zur Rechtskontrolle.
(117 Ia 502 f. = Pra 1992 Nr. 179; ferner 115 Ia 191 f. = Pra 1990 Nr. 52 = EuGRZ 1991, 482 = SJIR 1990, 224 f.)

260. Anders als in Verwaltungsgerichtsverfahren ist es aus dem Blickwinkel von Art. 6 Abs. 1 EMRK notwendig, dass das Verwaltungsgericht, welches die durch eine (nicht als Gericht zu qualifizierende) kommunale Baubehörde verhängte Busse überprüft, die gesamten gesetzlichen Strafzumessungsregeln frei überprüft.
(BGer 15. November 1989, EuGRZ 1991, 484)

261. Der Anspruch auf Unterstützung durch einen Rechtsanwalt in zivilrechtlichen Angelegenheiten ist nur dann gegeben, wenn ansonsten die grundlegenden Garantien eines fairen Verfahrens nicht gewährleistet sind. Dies ist nicht der Fall bei einfachen Angelegenheiten mit tiefem Streitwert.
(BGer 20. Dezember 1988, SJIR 1989, 281 f.)

262. Anders als im Strafverfahren lässt sich im Zivilverfahren aus Art. 6 EMRK kein unbedingtes Recht auf den Beizug eines Anwalts ableiten. Garantiert wird immerhin das Recht auf den Zugang zum Gericht und auf ein faires Verfahren, insbesondere unter Wahrung des rechtlichen Gehörs und der Waffen- und Chancengleichheit.
(BGer 12. März 1990, EuGRZ 1990, 216)

263. Ob ein Verfahren den Anforderungen von Art. 6 Ziff. 1 entspricht, beurteilt sich nach dem gesamten Verfahren, und nicht nach einem einzelnen Aspekt oder Ereignis.
(Bundesamt für Justiz, 12. März 1981, VPB 1983 Nr. 119)

264. Die Garantien von Art. 6 Ziff. 1 EMRK verpflichten die Schweiz, an keiner Vollstreckung eines Gerichtsurteils teilzunehmen, welches diesen nicht genügt. Im Auslieferungsverfahren genügt es, wenn die ausgelieferte Person die Verletzung der Konventionsgarantien beim gesuchstellenden Staat (welcher seinerseits Mitglied der Konvention ist und bei dem keine Anhaltspunkte für ein treuwidriges Verhalten bestehen) geltend machen kann.
(109 Ib 173 f. E. 7c = SJIR 1984, 216 f.)

265. Bei der Rüge der formellen Rechtsverweigerung und -verzögerung geht Art. 6 Ziff. 1 EMRK nach der bundesgerichtlichen Rechtsprechung nicht über die aus Art. 4 BV abgeleitete Garantie hinaus.
(BGE 103 V 194 f. E. 3 c = EuGRZ 1978, 279 = ZBl 1980, 266; BGer 29. Januar 1981, EuGRZ 1981, 505 = SJIR 1982, 182, ferner 106 IV 88 = SJIR 1981, 310; 103 V 193 = SJIR 1978, 209)

266. Das summarische Prozessverfahren betreffend Rechtsvorschläge und Konkursbegehren (Art. 25 Ziff. 2 SchKG) ist mit Art. 6 EMRK vereinbar.
(BGer 23. November 1978, SJ 1979, 308 = SJIR 1979, 207 f.)

267. Es verletzt die Konvention nicht, wenn in Arbeitsstreitigkeiten die anwaltschaftliche Verbeiständung ausgeschlossen ist. Dabei ist von erheblicher Bedeutung, ob das Verfahren dem Rechtssuchenden auch ohne Beizug eines Anwalts in ausreichendem Mass die Wahrung seiner Interessen ermöglicht.
(BGer 12. März 1990, EuGRZ 1990, 216 = SJIR 1990, 221)

268. Aus Art. 6 EMRK ergibt sich – obwohl dies nicht ausdrücklich vorgeschrieben ist – eine Begründungspflicht für Urteile. Dabei darf allerdings berücksichtigt werden, ob das Urteil einem Rechtsmittel unterliegt oder nicht. Besteht keine Anfechtungsmöglichkeit, so verletzt das Fehlen von Entscheidungsgründen die Konvention nicht. Ebensowenig wird damit die Fällung und Ausfertigung eines Versäumnisurteils ohne Entscheidungsgründe verunmöglicht, wenn es durch eine blosse und nicht näher zu begründende Einsprache beseitigt und in der Folge ein mit Entscheidungsgründen versehenes Urteil erlangt werden kann. *(BGer 9. Februar 1977 = ZBl 1977, 519 = SJIR 1978, 208 f.)*

269. Die Begründungspflicht ist verletzt, wenn die Begründung des Entscheids einzig darauf beruht, dass die Geschworenen auf die ihnen gestellten Fragen allein mit einem «Ja» oder «Nein» antworten. *(BGer 17. Dezember 1991, SZIER 1992, 505 f.)*

270. Verletzt die fehlende Begründung eines ausländischen Urteils die schweizerische Ordre public (Art. 27 Abs. 2 lit. b IPRG)? *(Vgl. dazu differenziert 116 II 631 ff.)*

271. Aus dem Fairnessgebot kann kein Anspruch auf «ne bis in idem» abgeleitet werden. *(Unveröff. Entscheid BGer 14. Juni 1990; vgl. aber Art. 4 des 7. ZP zur EMRK)*

272. Die Antworten eines Geschworenengerichts bilden – sofern die Fragen hinreichend präzis sind und das Gericht die für die Urteilsbegründung wesentlichen Gesichtspunkte angibt – eine hinreichende Begründung. *(BGer 22. November 1988, SJ 1989, 192 = SJIR 1989, 286 f.; ferner 78 IV 143 und 102 Ia 6)*

273. Dass ein Geschworenengericht sein Urteil – naturgemäss – nicht begründen kann, steht der Qualifikation dieses Verfahrens als ein «billiges Verfahren» nicht entgegen. *(KassG GE, 17. Dezember 1976, SJ 1978, 69 = SJIR 1978, 211)*

2.   Zugang zu den Gerichten

Konventionsorgane

274. Der Zugang zu den innerstaatlichen Rekursinstanzen darf reglementiert werden. Die Fristbestimmung darf nicht dazu führen, dass der Rekurrent das Rechtsmittel nicht rechtzeitig einreichen kann.
(Kommission 6. Mai 1980, VPB 1983 Nr. 116)

275. Der Zugang zum Gericht gibt keinen Anspruch auf Durchführung eines Strafverfahrens gegen einen Dritten, egal ob es sich um eine Privatstrafklage oder um eine öffentliche Anklage handelt.
(Kommission 6. Mai 1985, VPB 1986 Nr. 93)

276. Die Reglementierung des Zugangs zu den Gerichten setzt voraus, dass sie dem guten Funktionieren der Gerichtsbarkeit dient.
(Kommission 8. Oktober 1976, VPB 1983 Nr. 118)

277. Fehlt einer Person die notwendige Urteilsfähigkeit zur Prozessführung, so beschränkt die Verpflichtung zum Beizug eines Rechtsbeistands den Zugang zum Gericht, doch liegt eine solche Beschränkung im Interesse einer guten Justizverwaltung.
(Kommission 1. Dezember 1986, VPB 1987 Nr. 76)

278. In einem Zivilverfahren wird der Zugang zum Gericht nicht vereitelt, wenn in einer aussichtslosen Sache die unentgeltliche Rechtspflege willkürfrei verweigert wird.
(Kommission 2. Dezember 1985, VPB 1986 Nr. 92)

279. Im Zivilverfahren gibt es keinen Anspruch auf unentgeltlichen Rechtsbeistand.
(Kommission 10. Dezember 1975, VPB 1983 Nr. 117)

280. Die Zahlung eines hohen Kostenvorschusses kann unter Umständen zu einer Verletzung von Art. 6 Ziff. 1 EMRK führen. Dies ist dann nicht der Fall, wenn der anhängige Fall ohne jede Aussicht auf Erfolg ist und der Vorschuss in keinem Missverhältnis zur Streitsumme steht.
(Kommission 10. Dezember 1975, VPB 1983 Nr. 117)

Innerstaatliche Organe

281. Das Fehlen eines Wohnsitzes bzw. eines festen Aufenthaltsortes rechtfertigen es für sich allein nicht, den Zugang zum Gericht zu verhindern.
(BGer 4. Juli 1989, SJIR 1990, 219 f.)

282. Der volle Zugang zu einem Gericht mit uneingeschränkter Überprüfungsbefugnis bedingt, dass auch auf die allgemeinen Gemeindesteuern entfallenden Nach– und Strafsteuern erstinstanzlich durch die Finanzdirektion erhoben werden, gegen deren Verfügung der Rekurs ans Verwaltungsgericht offen steht.
(VGer ZH 26. März 1991, RB 1991 Nr. 34)

3. Waffengleichheit

Lit.: U. KOHLBACHER, Verteidigung und Verteidigungsrechte unter dem Aspekt der «Waffengleichheit», Zürich 1979.

Konventionsorgane

283. Soweit mehrere Gerichtsinstanzen bestehen, ist darauf zu achten, dass vor allen die fundamentalen Garantien von Art. 6 EMRK eingehalten werden.
(Kommission 6. Oktober 1976, VPB 1983 Nr. 127)

284. Im Rahmen eines Berufungsverfahrens vor Bundesgericht kann von einer mündlichen Verhandlung abgesehen werden, wenn Rechtsfragen (Verletzung materiellen oder prozessualen Bundesrechts) zu erörtern sind.
(Kommission 6. Oktober 1976, VPB 1983 Nr. 127)

285. Die Pflicht, in einem Auslieferungsverfahren sein Alibi zu beweisen, ist nicht unangemessen.
(Kommission 6. Oktober 1976, VPB 1983 Nr. 120)

Innerstaatliche Organe

286. Die Einhaltung des Grundsatzes der Waffengleichheit ist unter Berücksichtigung der Gesamtheit des Strafprozesses und nicht für jedes einzelne Verfahrensstadium zu beurteilen.
(BGer 1. Dezember 1987, SJIR 1988, 320; BGer 6. Oktober 1982, SJIR 1984, 236 ff.)

287. Die bundesgerichtliche Rechtsprechung lässt bei Abwesenheit des Angeschuldigten Einschränkungen seiner Rechte zu. Das Recht auf Waffengleichheit ist nur gewährleistet, wenn der Angeschuldigte anwesend (oder allenfalls aus verständlichen Gründen verhindert oder aber dispensiert) ist.
(113 Ia 216)

288. Die Waffengleichheit ist in jedem Fall verletzt, wenn die Hauptverhandlung in Abwesenheit des notwendigen oder obligatorischen Verteidigers durchgeführt wird. Dies bedeutet aber nicht, dass der Anwalt der Verhandlung ohne zwingende Gründe einfach fernbleiben dürfte; zwar müsste das Gericht die Verhandlung vertagen, doch hätte der Anwalt unter Umständen entsprechende Massnahmen zu gewärtigen.
(113 Ia 223; Pra 1991 Nr. 3)

289. Findet ein Abwesenheitsverfahren mit notwendiger Verteidigung statt, so ist es unzulässig, nur der Staatsanwaltschaft und nicht dem ebenfalls anwesenden Verteidiger die Möglichkeit zum Vortrag zu geben.
(KassG ZH 6. Juli 1992, plädoyer 1992, 66)

290. Aus Gründen der Waffengleichheit empfiehlt es sich, keine leichtfertige Verfahrenstrennung vorzunehmen, wo die Taten mehrerer Angeschuldigter in einem nahen sachlichen Zusammenhang stehen. Dies gilt insbesondere bei der Teilnahme, wo die Gefahr besteht, dass sich die Teilnehmer die Schuld gegenseitig zuweisen.
(116 Ia 313 f. = Pra 1991 Nr. 2 = SZIER 1991, 401 f.)

291. Die Waffengleichheit ist verletzt, wenn der Angeschuldigte von einem sachlich zusammenhängenden Verfahren ausgeschlossen wird mit der Begründung, er werde eventuell als Zeuge oder Auskunftsperson benötigt, in jenem Verfahren aber angeschuldigt wird und nicht Stellung dazu nehmen kann.
(116 Ia 312 ff. = Pra 1991 Nr. 2 = SZIER 1991, 401 f.)

292. Die Waffengleichheit ist verletzt, wenn die Hauptverhandlung mit dem Auflegen von Kassiberkopien eröffnet wird.
(116 Ia 313 f. = Pra 1991 Nr. 2 = SZIER 1991, 401 f.)

293. Der Grundsatz der Waffengleichheit heisst, dass keiner der Prozessbeteiligten in den Genuss von Verfahrensvorteilen gelangt, die dem anderen verwehrt sind. Im besondern heisst dies, dass die Verteidigung das Recht hat, auf alle Vorwürfe der Anklage zu antworten.
(Bundesamt für Justiz, 22. Februar 1979, VPB 1983 Nr. 126)

294. Die Waffengleichheit ist nicht verletzt, wenn das Gericht auf vorinstanzliche Erwägungen hinweisen darf, es den Parteien jedoch nicht gestattet ist, auf andere Rechtsschriften zu verweisen.
(BGer 23. November 1990, SZIER 1991, 402)

295. Soweit der Grundsatz der Waffengleichheit auf das Untersuchungsverfahren Anwendung findet, garantiert er jedenfalls nicht mehr als den Anspruch auf einen amtlichen Verteidiger, und geht hierin auch nicht über Art. 4 BV hinaus. Insbesondere wird damit nicht garantiert, dass der Verteidiger in einem bestimmten Sinn tätig wird.
(106 IV 87 ff. = SJIR 1981, 310 f.)

296. Waffengleichheit bedeutet auch, dass die Behörde bestehender Kollusionsgefahr durch Untersuchungshaft begegnen kann.
(113 Ia 217)

297. Die Abweisung der Berufung im Vorprüfungsverfahren nach Art. 60 Abs. 2 OG (Ablauf der Frist für die Anschlussberufung) genügt den Ansprüchen an die Waffengleichheit.
(Bundesamt für Justiz, 20. Juli 1976, VPB 1983 Nr. 128)

298. Es ist dem Richter überlassen zu entscheiden, welche vom Angeklagten genannten Entlastungszeugen er laden und befragen will. Die Beurteilung der

Massgeblichkeit der Beweisofferte darf aber den Rahmen eines gerechten Verfahrens nicht verletzen.
(Bundesamt für Justiz, 12. März 1981, VPB 1983 Nr. 177)

299. Zur Frage, ob die Waffengleichheit verletzt wird, wenn die Staatsanwaltschaft im Zeitpunkt der Berufungserklärung weiss, ob der Angeklagte seinerseits Berufung eingelegt hat: Zieht der Angeklagte hernach seine selbständige Berufung zurück, so hat dies keine Auswirkungen auf die Berufung der Staatsanwaltschaft: Keine Verletzung der Waffengleichheit, wenn der Angeklagte nach Ablauf der für ihn geltenden Berufungsfrist noch nicht weiss, ob das erstinstanzliche Urteil in Rechtskraft erwachsen wird bzw. in welcher Richtung er noch eine Änderung zu erwarten hat. Zwar bringt diese Regelung der Staatsanwaltschaft einen gewissen taktischen Vorteil, ohne damit eine wesentliche Ungleichheit zu begründen; entscheidend ist, dass beiden Parteien die Ergreifung der Berufung offensteht, womit die Staatsanwaltschaft jederzeit die für den Angeklagten günstigere Stellung aufheben kann.
(KassG ZH, 8. April 1980, ZR 1980 Nr. 27 = SJIR 1981, 312; bestätigt in BGer 31. Januar 1990, SJIR 1990, 222)

300. Erschwert der flüchtige Angeschuldigte die Wahrheitsfindung, so ist die Waffengleichheit zu Lasten der Ermittlungsbehörden nicht mehr gegeben. Die Anrufung des fair trial durch den Angeschuldigten erscheint dann als rechtsmissbräuchlich; der Wahrheitsfindung ist gegenüber dem Schutzbedürfnis des Angeschuldigten Priorität einzuräumen.
(Überweisungsbehörde BS 21. März 1986, BJM 1988, 111 f.)

4. Rechtliches Gehör

Konventionsorgane

301. Art. 6 Ziff. 1 EMRK gibt (anders als Abs. 3 im Strafverfahren) keinen ausdrücklichen Anspruch auf Gebrauch einer bestimmten Sprache vor Zivilgerichten. Die Verpflichtung zum Gebrauch einer bestimmten Sprache vor Gericht kann aber unter besonderen Umständen im Hinblick auf die Garantie eines gerechten Verfahrens Probleme aufwerfen. Vorliegend bestehen diesbezüglich

keine Anhaltspunkte, da der Beklagte die deutsche Sprache verstand und sich mit ihrer Hilfe ausdrücken konnte.
(Kommission 4. Oktober 1983, VPB 1986 Nr. 94)

Innerstaatliche Organe

302. Erhalten der Angeklagte und sein Verteidiger erst während der Gerichtsverhandlung Kenntnis von belastenden Beweisen, so ist das rechtliche Gehör nicht verletzt, wenn sie sich dazu in genügender Weise während der Verhandlung äussern können.
(BGer 24. Mai 1983, SJ 1983, 632 f. E. 3 = SJIR 1984, 232 f.)

303. Die Zulässigkeit eines vollumfänglichen Ausschlusses von der vorhandenen Rechtsmittelinstanz durch Nichtbehandlung des Rechtsmittels muss aber zumindest ernstlich bezweifelt werden, wenn sie ausschliesslich mit Ungebühr in der Rechtsmitteleingabe begründet wird.
(KassG ZH 1. April 1989, SJZ 1990, 185 f.)

304. Die zu bevormundende Person muss vor dem Entscheid angehört werden, wobei der in Art. 374 Abs. 1 ZGB erwähnte Gehörsanspruch enger ist als der aus Art. 4 BV und Art. 6 Ziff. 1 EMRK abgeleitete.
(KGer VS 29. November 1983, ZWR 1983, 267)

305. Art. 6 Ziff. 1 EMRK räumt dem Beschuldigten das Recht ein, an einer mündlichen Verhandlung persönlich zur Sache befragt zu werden, selbst dann, wenn dies im Gesetz nicht vorgesehen ist. Sieht das Gesetz vor, dass dem Steuerpflichtigen Gelegenheit zu geben ist, sich zum Antrag auf Erhebung von Strafsteuern zu äussern, so macht dies (auch im Rahmen einer Nachsteuer) eine mündliche Verhandlung notwendig. Die Hauptverhandlung mit der Einvernahme des Beschuldigten ist – entgegen § 96 Abs. 2 StG – ausnahmslos anzuordnen. Im Rahmen der Hauptverhandlung ist, anschliessend an die Einvernahme des Beschuldigten, den Parteien, sofern keine weiteren Beweiserhebungen notwendig sind, Gelegenheit zu geben, die Schlussanträge zu stellen und zu begründen.
(VGer ZH 11. Dezember 1991, RB 1991 Nr. 29; etwas eingeschränkter noch VGer ZH 21. Dezember 1989, RB 1989 Nr. 41 = StE 1990 B 101.5 Nr. 2 und 101.8 Nr. 5 = SZIER 1991, 382; VGer 25. September 1990, RB 1990 Nr. 48)

306. Dem Steuerpflichtigen ist im Verlauf des Strafsteuerverfahrens Gelegenheit zu geben, mündlich vor dem Untersuchungsbeamten angehört zu werden. Nimmt der Steuerpflichtige unentschuldigt an der Verhandlung nicht teil oder verzichtet er darauf, darf die Finanzdirektion ohne mündliche Anhörung und aufgrund der Akten entscheiden, sofern der Steuerpflichtige auf diese Folgen hingewiesen worden ist.
(VGer 25. September 1990, RB 1990 Nr. 48)

5. Persönliche Anwesenheit

Konventionsorgane

Innerstaatliche Organe

307. Art. 6 EMRK gewährleistet dem Angeklagten das Recht, dass er in seiner Gegenwart abgeurteilt wird. Diese Bestimmung ist nun verletzt, wenn der im Abwesenheitsverfahren Verurteilte keine Möglichkeit hat, eine Wiederaufnahme des Verfahrens zu erreichen. Die Möglichkeit der Wiederaufnahme soll wirksam sein und es soll nicht dem Angeklagten obliegen, zu beweisen, dass er sich nicht der Justiz entziehen wollte und durch höhere Gewalt am Erscheinen gehindert war. Keine Verletzung der Konventionsgarantie liegt dagegen vor, wenn der Angeklagte die unverschuldete Abwesenheit lediglich durch Darlegung der ihn hindernden Umstände geltend machen muss; unzulässig wäre dagegen ein Glaubhaftmachen dieser Umstände.
(113 Ia 230 f. = Pra 1988 Nr. 31 = SJIR 1988, 299 ff.; BGer 7. Dezember 1989, SJIR 1990, 225 f. Vgl. auch die weiter vorne dargelegte Praxis zur «Waffengleichheit»)

308. Bei Auslieferung einer im Abwesenheitsverfahren verurteilten Person soll diese im ersuchenden Staat nach den Regeln von Art. 6 EMRK um Wiederaufnahme des Verfahrens ersuchen können.
(117 Ib 344. Zu den «Regeln von Art. 6 EMRK» vgl. den vorangehenden Leitsatz)

309. Es widerspricht Art. 6 EMRK nicht, dass die Verhandlung in Abwesenheit des Angeklagten stattfindet, wenn sich dieser weigert, daran teilzunehmen oder wenn er selber daran schuld ist, dass er nicht anwesend sein kann.
(113 Ia 230 f. = Pra 1988 Nr. 31 = SJIR 1988, 299 ff.)

310. Der Anspruch auf rechtliches Gehör verschafft demjenigen, der freiwillig auf die Teilnahme an einem Verfahren verzichtet hat, keinen Anspruch auf dessen Wiederaufnahme.
(106 Ib 404 f. = SJIR 1982, 177)

311. Art. 6 EMRK ist nicht verletzt, wenn der in Abwesenheit Verurteilte die Aufhebung des Urteils nur erwirken kann, wenn er persönlich anwesend ist.
(BGer 23. April 1981, SJIR 1982, 178 f.)

312. Der Anspruch auf persönliches Erscheinen vor Gericht gilt nur für die erste Instanz. Für die zweite (Rechtsmittel-) Instanz, selbst eine auf Rechtskontrolle beschränkte, besteht ein solcher Anspruch nur dann, wenn der Charakter und das Benehmen des Beschuldigten zur Meinungsbildung des Gerichts beitragen können.
(107 Ia 165 = EuGRZ 1982, 111 f. = SJIR 1982, 183; BGer 13. Dezember 1982, SJIR 1984, 218)

313. Kann ein in Abwesenheit des Angeklagten gefälltes Urteil durch dessen Erscheinen vor der Richter hinfällig gemacht werden, so ist es dem Angeklagten verwehrt, Art. 6 EMRK gegen das Abwesenheitsurteil anzurufen.
(KassG VD, 28. April 1986, JdT 1986 III 133 = SJIR 1987 213)

314. Die Auslieferung einer in Abwesenheit (im gesuchstellenden Staat) verurteilten Person ist dann zulässig, wenn der gesuchstellende Staat selber Mitglied der Konvention ist und keine Anhaltspunkte für dessen Nichtbeachtung der Konvention bestehen.
(109 Ib 173 f. = SJIR 1984, 216 f)

315. Der Staat, der eine in Abwesenheit verurteilte Person ausliefert, verletzt Art. 6 EMRK nicht, wenn die ausgelieferte Person die Möglichkeit hat, das urteilenden Gericht um Wiedereröffnung des Verfahrens zu ersuchen.
(BGer 21. Oktober 1983, SJIR 1984, 217 f.)

316. Die Auslieferung an einen mit der Schweiz nicht durch einen Auslieferungsvertrag verbundenen Staat zur Vollstreckung eines Abwesenheitsurteils ist

dann gestattet, wenn Garantie geboten wird, dass der Auszuliefernde vorbehaltlos ein neues Verfahren mit Verteidigungsrechten verlangen kann. Es besteht hingegen kein Anspruch auf Wiederaufnahme des Verfahrens, wenn der Angeklagte freiwillig auf die Teilnahme verzichtet hat.
(107 Ib 69 ff. = Pra 1981 Nr. 161 = EuGRZ 1981, 507 = SJIR 1982, 175 f.)

317. Das Abwesenheitsverfahren nach der st.gallischen Strafprozessordnung (Art. 154 Abs. 3 StP) verletzt Art. 6 EMRK in mehrfacher Hinsicht.
(KassG SG 26. März und 24. August 1990, SGGVP 1990 Nr. 82)

318. Das Nichteintreten auf Nichtigkeitsbeschwerden von im Abwesenheitsverfahren Verurteilten verletzt Art. 6 EMRK nicht.
(KGer VD 27. Juli 1990, JdT 1991 III 31 f. = SZIER 1991, 405)

6. Beweise und Beweisverfahren

Lit.: R. HAUSER, Die Behandlung heimlicher Tonbandaufnahmen im schweizerischen Recht, in: FS W. J. Habscheid, Bielefeld 1989, 139 ff.; M. PIETH, Der Beweisantrag des Beschuldigten im Schweizer Strafprozessrecht, Basel 1984; R. SCHWOB, Probleme der Telefonüberwachung im Lichter der Europäischen Menschenrechtskonvention, FG Alfred Rötheli, Solothurn 1990, 559 ff.; H. WALDER, Rechtswidrig erlangte Beweismittel im Strafprozess, ZStrR 1966, 36 ff.; G. WALTER, Das Recht auf Beweis im Lichte der Europäischen Menschenrechtskonvention (EMRK) und der schweizerischen Bundesverfassung, insbesondere zur Geltung des Rechts auf Beweis im Zivilverfahren, ZBJV 1991, 309 ff.

Konventionsorgane

319. Art. 6 Ziff. 1 EMRK äussert sich nicht zur Zulässigkeit von Beweisen, vielmehr ist die Regelung der Beweiserhebung Sache des innerstaatlichen Rechts. Insbesondere verlangt keine der Bestimmungen der Konvention, dass nach innerstaatlichem Recht rechtswidrig erlangte Beweise nicht zugelassen werden dürften. Die Beweiserhebung ist ein Teil des Verfahrens, welches als solches billig sein muss. So soll das Recht gewahrt sein, sich zum Beweis äussern zu

können bzw. den Teilnehmer eines unerlaubt aufgenommenen Telefongesprächs befragen zu können.
(Gerichtshof 12. Juli 1988 [Schenk], EuGRZ 1988, 394 = VPB 1988 Nr. 66 A; ebenso Kommission 10. März 1988, VPB 1988 Nr. 66 C; vgl. auch Bericht der Kommission vom 14. Mai 1987, VPB 1987 Nr. 75, ferner Kommission 6. März 1986, EuGRZ 1987, 358 = VPB 1986 Nr. 95)

320. Wird ein illegal aufgenommenes Telefongespräch als Beweismittel verwendet, so ist von Bedeutung, dass dieser Beweis nicht der einzige war, der zur Verurteilung führte.
(Gerichtshof 12. Juli 1988 [Schenk], EuGRZ 1988, 395 = VPB 1988 Nr. 66 A)

321. Es liegt kein unbilliges Verfahren vor, wenn ein Vergewaltiger u.a. aufgrund mehrerer Zeugenaussagen verurteilt wird, auch wenn die Aussage des Opfers (Nichterkennen des Täters auf einer Fotografie sowie dessen Identifizierung anlässlich der Hauptverhandlung) widersprüchlich erscheint.
(Kommission 29. Februar 1988, VPB 1988 Nr. 66 B)

322. Das Gericht kann auf die Erhebung von Beweismitteln (hier Buchprüfung) verzichten, wenn die zu beweisende Tatsache aufgrund von Zeugenaussagen geklärt werden kann.
(Kommission 10. März 1988, VPB 1988 Nr. 66 C)

323. Auf die Erhebung von Beweisen kann verzichtet werden, wenn sie nicht zur Klärung der zu beurteilenden Frage beitragen kann.
(Kommission 10. März 1988, VPB 1988 Nr. 66 C)

Innerstaatliche Organe

324. Grundsätzlich soll die Beweisführung vor dem Angeklagten, in öffentlicher Verhandlung und in kontradiktorischem Verfahren erfolgen. Dies bedeutet nicht, dass Zeugenaussagen nur dann als taugliches Beweismittel erscheinen, wenn sie öffentlich und vor Gericht gemacht werden. Solange die Verteidigungsrechte des Angeklagten gewahrt bleiben, können auch Aussagen aus dem Ermittlungsverfahren verwertet werden.
(Pra 1991 Nr. 3)

325. Der Angeklagte hat keinen Anspruch darauf, dass das Unmittelbarkeitsprinzip im Beweisverfahren schrankenlos zum Tragen kommt. Bei den komplexen und äusserst umfangreichen Wirtschaftsstraffällen soll die Durchführung der Verhandlung in vernünftigem Rahmen und in angemessener Zeitdauer ermöglicht werden. Damit liegt diese Einschränkung sowohl im Interesse der Rechtspflege wie auch im Interesse des Beschuldigten. Nur wo die Möglichkeit der Zeugenbefragung im Vorverfahren nicht bestand, soll in der Hauptverhandlung die Gelegenheit hierzu geboten werden.
(113 Ia 419 f. = Pra 1988 Nr. 187 = SJIR 1988, 299 ff. und 1989, 308 f. und 322 f.)

326. In Art. 6 Abs. 1 EMRK wird keine Regelung der Zulässigkeit von Beweisen oder der Beweiswürdigung getroffen. Für Fragen des Beweisrechts ist in erster Linie das innerstaatliche Recht massgebend. Hierbei geht der Schutz von Art. 6 Abs. 1 EMRK nicht über das Gebot einer willkürfreien Beweiswürdigung gemäss Art. 4 BV hinaus.
(BGer 10. Dezember 1987, ZBl 1989, 423 = SJIR 1990, 220 f.)

327. Es ist unzulässig, vorhandene Ermittlungsergebnisse bzw. Beweismittel einseitig zunächst für die Erstellung sekundärer Beweismittel (Abschriften von telefonischen Überwachungsmassnahmen) zur Stützung der Anklage zu verwenden und anschliessend diese primären Beweismittel dem Zugriff der Verteidigung zu entziehen.
(KassG ZH 1. Juli 1991, ZR 1991 Nr 27)

328. Aus Art. 6 (und 8) EMRK ergibt sich kein Anspruch des Angeklagten, eine von ihm illegal hergestellte Tonbandaufnahme als Beweismittel zuzulassen.
(AppGer BS 27. Januar 1988, BJM 1989, 168)

IV. Unabhängiges und unparteiisches Gericht

1. Allgemeines

Lit.: PH. ABRAVANEL, L'opposition à l'ordonnance de condamnation en procédure pénale vaudoise, JdT 1983 III, 2 ff.; K. EICHENBERGER, Sonderheiten und Schwierigkeiten der richterlichen Unabhängigkeit in der Schweiz, in: Unabhängigkeit und Bindungen des

Richters (...), hrsg. von Richard Frank, Basel 1990, 57 ff.; O. JACOT-GUILLARMOD, L'arbitrage privé face à l'article 6 § 1 de la Convention européenne des droits de l'Homme, in: Protection des droits de l'homme: la dimension européenne, Mélanges en l'honneur de J. Wiarda (hrsg. von Matscher Franz/Petzold Herbert), Köln 1988, 281 ff.; A. KÖLZ, Art. 58 BV, in: Kommentar BV, hrsg. von Jean-François Aubert u.a., Basel/Bern/Zürich 1987 ff.; R. A. RHINOW/B. KRÄHENMANN, Schweizerische Verwaltungsrechtsprechung. Ergänzungsband, Basel/Frankfurt a.M. 1990, Nr. 90; S. TRECHSEL, Gericht und Richter nach der EMRK, in: Gedächtnisschrift für Peter Noll, Zürich 1984, 385 ff.;

Konventionsorgane

329. Es verstösst nicht gegen die Konvention, wenn leichte Übertretungen (insbesondere im Strassenverkehrsrecht) durch Verwaltungsbehörden beurteilt werden, solange der Betroffene gegen deren Entscheidung ein Gericht anrufen kann, das die Garantien des Art. 6 EMRK gewährleistet. Dabei ist zu beachten, dass die Überprüfungskompetenz des zuständigen Rechtsmittelgerichtes nicht beschränkt sein darf und sie insbesondere zu einer freien Feststellung des Sachverhaltes berufen ist.
(Gerichtshof 29. April 1988 [Belilos], EuGRZ 1989, 31 f. mit Hinweisen = VPB 1988 Nr. 65)

Innerstaatliche Organe

330. Art. 6 EMRK auferlegt den Kantonen keine vorgegebene Gerichtsorganisation.
(BGer 17. Februar 1992, SZIER 1992, 503)

331. Art. 6 Abs. 1 EMRk gibt Anspruch auf einmalige Beurteilung der Sache durch ein unabhängiges und unparteiisches, auf Gesetz beruhendes und mit voller Überprüfungsbefugnis ausgestattetes Gericht. Nur dort, wo die erstinstanzliche Entscheidinstanz diese Voraussetzungen nicht erfüllt, stellt sich die Frage, ob die zur Verfügung stehenden Rechtsmittel diese Unzulänglichkeiten der ersten Instanz zu heilen in der Lage sind.
(BGer 19. April 1990, SZIER 1991, 405)

332. Art. 6 Ziff. 1 EMRK bezüglich die richterliche Unabhängigkeit und Unparteilichkeit bezieht sich nur auf richterliche Behörden in Zivil- und Strafsachen und nicht auf solche des Justizverwaltungsrechts.
(BGer 13. Oktober 1981, SJIR 1982, 182)

333. Art. 6 EMRK bezieht sich auch auf private Schiedsgerichte, deren Entscheide denjenigen der staatlichen Rechtspflege hinsichtlich Rechtskraft und Vollstreckbarkeit gleichstehen und die deshalb dieselbe Gewähr für eine unabhängige Rechtsprechung bieten müssen. Das gilt insbesondere auch für die richtige Besetzung des Gerichts.
(117 Ia 168 = SZIER 1992, 497)

334. Art. 6 Ziff. 1 EMRK bezieht sich offensichtlich nur auf die Zusammensetzung eines Gerichts, das über die Strafsache materiell zu urteilen hat, nicht aber auf die Zusammensetzung bei blossen Zwischenentscheiden, wie beim Entscheid über ein Haftentlassungsgesuch.
(BGer 26. April 1978, SJIR 1978, 210)

335. Die Kantone sind frei in der Regelung des Ablehnungsverfahrens. Insbesondere können sie die Mitwirkung des abgelehnten Richters bis zum Entscheid über das Ablehnungsgesuch vorsehen.
(BGer 24. November 1989, SJIR 1990, 229)

336. Art. 6 Abs. 1 EMRK ist Genüge getan, wenn bei einer allfälligen Gutheissung des Ablehungsbegehrens die notwendigen Massnahmen getroffen werden und die Wiederholung des Verfahrens gewährleistet ist.
(BGer 19. April 1990, SZIER 1991, 414 f.)

337. Das Recht zur Ablehnung eines Richters kann verwirken, wenn es nicht rechtzeitig gestellt wird.
(117 Ia 495; 116 Ia 142; 115 Ia 217 = Pra 1990 Nr. 73; 114 Ia 280 und 349; ferner Pra 1992 Nr. 30)

338. Die Frage der Verwirkung des Ablehnungsanspruchs stellt sich nicht, wenn das Gericht die (zu spät vorgebrachte) Rüge der Voreingenommenheit materiell behandelt und abweist.
(117 Ia 159)

339. Einzig der obligatorische Ausstand eines Richters stellt eine zweckmässige und genügende Garantie für die Unbefangenheit des Sachrichters dar. Im

kantonalen Berufungsverfahren ist der Mangel demnach von Amtes wegen zu berücksichtigen. Eine Verwirkung des Anspruchs ist dort ausgeschlossen, wo sich die Befangenheit nicht in einem bestimmten Verhalten des Richters äussert, sondern auf dem System der Verfahrensorganisation gründet.
(KassG ZH 6. August 1990, ZR 1990 Nr. 55; vgl. auch 117 Ia 495; 112 Ia 303 f. und 114 Ia 72)

340. Bei Vorbefassung ist der Ausstand zwingend und der Anspruch auf Ausstand unverzichtbar, wenn der Ausstandsgrund in äusseren Gegebenheiten (System der Verfahrensorganisation) liegt und nicht aus einem bestimmten Verhalten des Richters folgt.
(KassG 6. August 1990, ZR 1990 Nr. 55 = SZIER 1991, 418 f.)

341. Es geht nicht an, dass die zur Beurteilung von Rügen betreffend die ordnungsgemässe Zusammensetzung des Gerichts zuständige Rechtsmittelinstanz auf eine solche nicht eintritt, obwohl die Partei keine Gelegenheit hatte, sie früher vorzubringen.
(BGer 19. Juli 1989, SJIR 1990, 221 f.)

342. Seit dem Entscheid i.S. Belilos überholte Praxis: 111 Ia 267 = SJIR 1986, 149 f.; 109 Ia 332 = SJIR 1985, 262; 108 Ia 313 = SJIR 1984, 220.

2. Gericht

Lit.: S. TRECHSEL, Gericht und Richter nach der EMRK, GS Peter Noll, Zürich 1984, 385 ff.

Konventionsorgane

343. Die Divisions– und Militärappellationsgerichte sowie das Militärkassationsgericht erfüllen die Anforderungen an die Unabhängigkeit und Unparteilichkeit.
(Kommission 1. Dezember 1986, VPB 1987 Nr. 78; Kommission 1. März 1979, VPB 1983 Nr. 151)

Innerstaatliche Organe

344. Die Garantie des unbefangenen Richters muss auf jeder Verfahrensstufe beachtet werden; unbeachtlich ist, ob gegen das Urteil ein Rechtsmittel eingelegt werden kann.
(112 Ia 302; Pra 1988 Nr. 267)

345. Art. 6 EMRK bezieht sich auch auf private Schiedsgerichte, deren Entscheide denjenigen der staatlichen Rechtspflege hinsichtlich Rechtskraft und Vollstreckbarkeit gleichstehen und die deshalb dieselbe Gewähr für eine unabhängige Rechtsprechung bieten müssen. Das gilt insbesondere auch für die richtige Besetzung des Gerichts.
(117 Ia 168 = SZIER 1992, 497)

346. Die Anforderungen von Art. 6 Abs. 1 EMRK beziehen sich nicht auf Experten. Diese müssen unter dem Gesichspunkt eines fairen Verfahrens eine gewisse Unabhängigkeit und Unparteilichkeit aufweisen.
(BGer 3. Juni 1991, SZIER 1992, 502)

347. Die Strafkompetenz einer Verwaltungsbehörde ist nur zulässig, solange der Verurteilte die Möglichkeit hat, die Strafverfügung durch ein Gericht überprüfen zu lassen, das die Garantien von Art. 6 EMRK gewährleistet. Zu diesen gehört insbesondere auch die Möglichkeit einer umfassenden, d.h. nicht auf eine blosse Missbrauchskontrolle beschränkten Überprüfung von Sachverhalt und Rechtsanwendung einschliesslich der gesetzlichen Strafzumessungsgründe.
(115 Ia 186 = Pra 1991 Nr. 85; 115 Ia 410 = Pra 1990 Nr 223 = SZIER 1991, 406 f.)

348. Kann die Zonenplanänderung nicht einer umfassenden Nutzungsplanung zur Festsetzung von Rahmen– oder Sondernutzungsplänen, bei welcher die planerischen Gesamtzusammenhänge für die örtliche Begrenzung der Nutzungsanordnungen bestimmend sind, gleichgestellt werden, genügen die (Berner) Baudirektion und der Regierungsrat den Anforderungen von Art. 6 Ziff. 1 EMRK an ein Gericht nicht.
(114 Ia 127 f. = Pra 1989 Nr. 8 = BVR 1988, 459; ferner 112 Ib 167 E. 4)

349. Das Zürcher Verwaltungsgericht genügt den Anforderungen von Art. 6 EMRK, wenn es (in casu in einem Enteignungsfall) den Sachverhalt und das Recht frei überprüfen kann; eine Kontrolle des behördlichen Ermessens ist ausserhalb des Ermessensmissbrauchs und der –überschreitung nicht notwendig.
(115 Ia 190 ff. = Pra 1990 Nr. 52 = EuGRZ 1991, 482 = SJIR 1990, 224 f.)

350. Die EMRK steht nicht der Errichtung von Fach– und Spezialgerichten entgegen. Um ein solches handelt es sich bei der Walliser Rekurskommission, die endgültig über Landumlegung und Grenzregulierung unabhängig entscheidet. Ungenügend ist es, wenn die kantonale Regierung über die Einleitung einer Landumlegung und die Abgrenzung des Perimeters Beschluss fasst.
(117 Ia 381 = EuGRZ 1991, 479 ff.)

351. Die kantonale Baurekurskommission (Waadt) ist als ein richtiges Verwaltungsgericht anzusehen, welches die Konventionsgarantien respektiert.
(BGer 24. August 1990, SZIER 1992, 501)

352. Die in einem kantonalen Enteignungsverfahren als einzige Instanz auftretende kantonale Regierung, die gleichzeitig sowohl über die Zweckmässigkeit der Enteignung als auch über die Notwendigkeit der Inanspruchnahme der konkreten Enteignung entscheidet, genügt dem Konventionsanspruch nicht. Auch das Verfahren vor dem Bundesgericht kann den kantonalen Verfahrensmangel nicht heilen, da das Bundesgericht die Beschwerde nur unter dem Gesichtspunkt des Willkürverbots prüft.
(115 Ia 67 ff. = Pra 1989 Nr. 196 = SJIR 1990, 212 ff.)

353. Wird ein ausserordentliches Obergericht (durch das kantonale Parlament) ohne Ernennung von Ersatzrichtern bestellt, so ist es nicht willkürlich und Art. 6 Ziff. 1 EMRK verletzend, wenn das Gericht über ein gegen seinen Präsidenten gerichtetes Ausstandsbegehren mit einer Besetzung von vier anstelle der gesetzlich vorgesehenen fünf Richtern entscheidet.
(BGer 6. Juli 1988, SJIR 1988, 303 f.)

354. Im Untersuchungsverfahren finden die Garantien eines örtlich und sachlich zuständigen Gerichtes keine Anwendung.
(106 IV 87; BGer 10. Dezember 1987, ZBl 1989, 423 = SJIR 1990, 220 f.)

355. Art. 6 Abs. 1 EMRK ist für Untersuchungs– und Anklagebehörden nur dann massgebend, wenn diese in gerichtlicher Funktion tätig sind.
(106 IV 87 = SJIR 1981, 310; BGer 2. August 1990, SZIER 1991, 418; OGer SH 14. Dezember 1991, ABSH 1990, 185 f.)

356. Der Walliser Staatsrat ist im Rahmen der administrativen Gerichtsbarkeit (Strafkompetenz) kein unabhängiger und unparteiischer Richter.
(115 Ia 187 = Pra 1991 Nr. 85)

357. Der durch das Obergericht des Kantons Zürich bestellte vollamtliche ausserordentliche Ersatzrichter ist kein unzulässiger Ausnahmerichter.
(BGer 4. Januar 1988, ZR 1989, 104 = SJIR 1989, 307)

358. Legt ein privater Schiedsrichter sein Mandat auch ohne wichtigen Grund nieder, so kann das Verfahren nicht einfach ohne den Demissionär oder einen neuen Schiedsrichter weitergeführt werden. Vorbehalten bleibt eine andere Klausel im Schiedsvertrag.
(117 Ia 169 f. = SZIER 1992, 497 f.)

3.   Unabhängigkeit und Unparteilichkeit

Lit.: G. ARZT, Der befangene Strafrichter, Tübingen 1969; F. RIKLIN, Vorverurteilung durch Medien, recht 1991, 65 ff.

Konventionsorgane

359. Zur besonderen Frage der Vereinbarkeit der Personalunion im Strafverfahren vgl. das nachfolgende Kapitel.

360. Die Unabhängigkeit eines Gerichts oder eines Richters beurteilt sich nach dessen Unabhängigkeit von der Exekutive und den Parteien, dem Bestellungsverfahren, der Zusammensetzung, der Amtsdauer, dem Fehlen von Instruktionen sowie den Garantien gegen äusseren Druck.
(Kommission 1. Dezember 1986, VPB 1987 Nr. 78)

361. Die Ernennung eines Richters durch eine Verwaltungsbehörde stellt dessen Unabhängigkeit und Unparteilichkeit allein noch nicht in Frage.
(Gerichtshof 29. April 1988 [Belilos], EuGRZ 1989, 31 = VPB 1988 Nr. 65)

362. Auch wenn die persönliche Unabhängigkeit des Richters nicht in Frage gestellt ist, ist auch die ausgeübte Funktion und die interne Organisation zu berücksichtigen, da auch der äussere Anschein von Bedeutung sein kann.
(Gerichtshof 29. April 1988 [Belilos], EuGRZ 1989, 31 = VPB 1988 Nr. 65; Kommission 14. Dezember 1988, VPB 1991 Nr. 48)

363. Ist der Richter (als Mitglied der Waadtländer Polizeikommission) ein aus der Polizeidirektion hervorgegangener höherer Beamter, der berufen sein kann, dort erneut andere Aufgaben zu übernehmen, so kann die seiner Gerichtsbarkeit unterworfene Person versucht sein, in ihm ein Mitglied des Polizeidienstes zu sehen, das in dessen Hierarchie eingeordnet und mit seinen Kollegen solidarisch ist. Ein derartiger Zustand könnte das Vertrauen in Frage stellen, das Gerichte in einer demokratischen Gesellschaft vermitteln sollten.
(Gerichtshof 29. April 1988 [Belilos], EuGRZ 1989, 31 = VPB 1988 Nr. 65)

364. Im Gerichtsverfahren betreffend Lärmimmissionen begründet der Umstand, dass der Anwalt der Gegenpartei in anderen Fällen als nebenamtlicher Ersatzrichter am selben Gericht tätig ist, kein persönlichen Bindungen mit den ordentlichen Richtern, welche die Unparteilichkeit des Gerichts in Frage stellen würden.
(Kommission 14. Dezember 1988, VPB 1991 Nr. 48)

365. Die Gerichtsorganisation soll in einem formellen Gesetz festgelegt sein, das jedoch nicht jedes Detail zu Regeln braucht, sofern es den Rahmen für die Gerichtsorganisation bestimmt. In casu Abweichung von Art. 350 StGB in Anwendung von Art. 263 Abs. 3 BStP.
(Kommission 10. Oktober 1990, VPB 1991 Nr. 49)

366. Keine Befangenheit des Richters, der in einer provisorischen Rechtsöffnung innert kurzer Frist die verfügbaren Unterlagen summarisch und formell überprüft

und hernach im ordentlichen Verfahren über die Begründetheit der zivilrechtlichen Leistungsklage entscheidet.
(Kommission 8. April 1991, VPB 1991 Nr. 50)

Innerstaatliche Organe

367. Vgl. auch die separat aufgeführte Kasuistik zur Personalunion im Strafverfahren.

368. Art. 6 Ziff. 1 EMRK gibt dem Einzelnen Anspruch darauf, dass seine Sache von einem unvoreingenommenen, unparteiischen und unbefangenen Richter beurteilt wird. Damit soll garantiert werden, dass keine Umstände, welche ausserhalb des Prozesses liegen, in sachwidriger Weise zugunsten oder zulasten einer Partei auf das Urteil einwirken; es soll verhindert werden, dass jemand als Richter tätig wird, der unter solchen Einflüssen steht und deshalb kein «rechter Mittler» mehr sein kann.
(115 Ia 36 f.; 115 Ia 175 = Pra 1989 Nr. 221 = SJIR 1990, 229 ff.; 113 Ia 63 = Pra 1987 Nr. 230; einen allgemeinen Überblick über die aus Art. 6 EMRK und 58 BV fliessenden Anforderungen an die richterliche Unabhängigkeit geben die unveröff. Erw. 1–3 zu 114 Ia 139, SJIR 1989, 287)

369. Zu einem unabhängigen und unparteiischen Gericht gehört, dass das Gericht die Sache in rechtlicher und tatbeständlicher Hinsicht frei überprüfen kann.
(BGer 30. Mai 1990, SZIER 1991, 411)

370. Richterliche Voreingenommenheit ist anzunehmen, wenn Umstände vorliegen, die geeignet sind, Misstrauen über die Unparteilichkeit eines Richters zu erwecken. Diese können in einem bestimmten Verhalten des betreffenden Richters oder in gewissen äusseren Begebenheiten begründet sein, wozu auch funktionelle oder organisatorische Aspekte, d.h. objektive Merkmale gehören.
(115 Ia 175 = Pra 1989 Nr. 221 = SJIR 1990, 229 ff.; 113 Ia 63 = Pra 1987 Nr. 230)

371. Mit Art. 6 EMRK ist es vereinbar, wenn ein Richter nach einer Prozessordnung, die das Unmittelbarkeitsprinzip nicht vorsieht, bereits vor der Verhandlung von den Akten teilweise oder sogar vollständig Kenntnis erhält.
(116 Ia 308 = Pra 1991 Nr. 2)

372. Für die Ablehnung eines Richters braucht nicht nachgewiesen zu werden, dass dieser tatsächlich befangen ist; es genügt vielmehr, dass Umstände vorliegen, die den Anschein der Befangenheit und die Gefahr der Voreingenommenheit auf objektive Weise zu begründen vermögen. Eine einengende Auslegung der Konventionsgarantie lässt sich nicht vertreten.
(115 Ia 175 = Pra 1989 Nr. 221 = SJIR 1990, 229 ff.; 114 Ia 55 f. und 158; BGer 8. August 1990, SZIER 1991, 407.)

373. Die subjektive Befangenheit eines Richters kann nicht nachgewiesen werden. Es genügt die Darlegung von Umständen, welche den Anschein der Befangenheit und die Gefahr der Voreingenommenheit zu begründen vermögen. Dabei kann nicht auf das subjektive Empfinden einer Partei abgestellt werden, massgeblich sind vielmehr objektive Gegebenheiten.
(115 Ia 175 = Pra 1989 Nr. 221 = SJIR 1990, 229 ff.; 114 Ia 55)

374. Aufgrund seiner früheren Stellung im Verfahren gilt der ausserordentliche Ersatzrichter auftretende Berner Generalprokurator im Verfahren vor dem Wirtschaftsstrafgericht als objektiv befangen.
(117 Ia 165)

375. Eine gewisse Besorgnis der Voreingenommenheit kann immer dann entstehen, wenn ein Richter bereits in einem früheren Zeitpunkt in amtlicher – richterlicher oder nichtrichterlicher – Funktion mit der konkreten Sache schon einmal zu tun hatte.
(115 Ia 175 = Pra 1989 Nr. 221 = SJIR 1990, 229 ff.; 115 Ia 37 = Pra 1989 Nr. 263 = SJIR 1990, 235 f.; 114 Ia 145 E.3c; 114 Ia 57 E.3d = Pra 1988 Nr. 188 = EuGRZ 1988, 263 = SJIR 1989, 295 ff.; 114 Ia 139 = Pra 1988 Nr. 268 = SJIR 1989, 292 ff.)

376. Aus dem Umstand, dass sich der urteilende Richter in einem früheren Zeitpunkt mit der Sache schon einmal befasste, kann grundsätzlich nicht schon auf dessen Befangenheit geschlossen werden. Kriterien, welche die Beurteilung der (Un)Zulässigkeit einer richterlichen Vorbefassung ermöglichen:

– Das Verfahren soll in bezug auf den konkreten Sachverhalt und die konkret zu entscheidenden Rechtsfragen trotz der Vorbefassung des Richters als offen und unbestimmt erscheinen. Hierfür mag auf das tatsächliche und verfahrensrechtliche (bzw. spätere) Befassen des Richters mit der Sache abgestellt werden.

– In Betracht fällt weiter, welche Fragen in den beiden Verfahrensabschnitten zu

entscheiden sind und inwiefern sie sich ähnlich sind oder miteinander zusam—
menhängen.

– Ferner ist der Umfang des Entscheidungsspielraums bei der Beurteilung der
sich in den beiden Abschnitten stellenden Rechtsfragen zu beachten.

– Schliesslich kann es auch auf die Bedeutung der Entscheidungen für den
Fortgang des Verfahrens ankommen.
*(114 Ia 59; vgl. auch 115 Ia 38 = Pra 1989 Nr. 263 = SJIR 1990, 235 f., wo das erstge—
nannte Kriterium als das entscheidende angesehen wird)*

377. Ohne Bedeutung für die Beurteilung der Vorbefassung ist:

– Ob der Richter allein oder in einem Kollegium mitwirkt.

– Die Möglichkeit des Instanzenzuges.

– Die Frage, ob es sich um ein Strafverfahren oder ein Zivilverfahren handelt.

– Das Spannungsverhältnis zwischen dem Anspruch auf den Ausstand und dem
(primär) gesetzlichen Richter.
(114 Ia 60, jeweils m.w.H.; ferner für den Fall der Personalunion 115 Ia 220 m.w.H.)

378. Der Anschein der Befangenheit ist erweckt, wenn der nebenamtliche Ver-
waltungsrichter ausserhalb des hängigen Gerichtsverfahrens als Gutachter oder
Anwalt für einen Prozessbeteiligten tätig war, da dauernde oder noch offene
Mandatverhältnisse den Eindruck erwecken, der Richter könnte die
(prozessbeteiligte) Stadt als bedeutende Auftraggeberin schonen.
(116 Ia 141 f. = Pra 1991 Nr. 84 = SZIER 1991, 416 f.;116 Ia 488 ff.)

379. Die richterliche Unabhängigkeit ist nicht verletzt, wenn der Richter mit dem
Verfasser eines für eine der Prozessparteien erstellten Privatgutachtens befreundet
ist.
(BGer 14. Dezember 1990, SZIER 1991, 408)

380. Aus der Parteizugehörigkeit eines Richters kann nicht auf dessen Befangen-
heit geschlossen werden. Anders steht es, wenn der Richter in leidenschaftlicher
Gegnerschaft zu dem Beschuldigten und seinen Ansichten steht.
*(BGer 14. Dezember 1990, SZIER 1991, 408 mit Hinweis auf unveröff. BGer 30.
November 1982)*

381. Kein Befangenheitsgrund liegt vor, wenn zwischen dem Richter und dem Anwalt einer Partei ein Verfahren hängig ist. Anders verhält es sich, wenn in diesem Verfahren derartige Spannungen auftreten, dass die Rechtsfindung gefährdet wird.
(BGer 10. April 1991, SZIER 1992, 501)

382. Laienrichter sind dem Einfluss der Berichterstattung in den Medien über laufende Strafverfahren besonders ausgesetzt. Objektive Anzeichen von Befangenheit liegen aber erst dann vor, wenn die Medienkampagne intensiv, einseitig und auf den Nachweis der Schuld des Angeklagten ausgerichtet war.
(116 Ia 22 ff. = Pra 1991 Nr. 4 = EuGRZ 1991, 358; SZIER 1991, 411 ff.)

383. Es besteht kein Anschein der Befangenheit, wenn der Richter nach telefonischer Mitteilung des Entscheides an die Parteien die Presse über den Prozessausgang informiert, bevor der Entscheid schriftlich eröffnet worden war.
(BGer 14. Dezember 1990, SZIER 1991, 408)

384. Der Anschein der Befangenheit besteht, wenn der Kassationsrichter als Zeitungsberichterstatter an der erstinstanzlichen Verhandlung teilnahm und über diese einen Artikel veröffentlichte.
(115 Ia 175 = Pra 1989 Nr. 221 = SJIR 1990, 229 ff.; vgl. zur gleichgelagerten Kasuistik bei Art. 58 BV: Kölz, a.a.O., N. 15 ff.)

385. Es liegt keine Befangenheit vor, wenn der Richter sein Autogramm in ein Buch setzt, das im Zusammenhang mit der hängigen Sache veröffentlicht wurde.
(BGer 10. September 1990, SZIER 1991, 408 f.)

386. Der Umstand, dass ein Richter in einem früheren Verfahren in der Sache des Gesuchstellers gegen diesen entschieden hat, bildet keinen tauglichen Ausstandsgrund. Das gilt auch für den Fall, in dem ein Richter in einem Strafverfahren die Hafterstreckung bewilligt und in einem späteren Stadium über weitere Haftverlängerung zu entscheiden hat.
(114 Ia 279 = SJIR 1989, 299 f.; 105 Ib 304; BGer 5. September 1990, SZIER 1991, 416; ferner ZR 1989 Nr. 72)

387. Der Umstand, dass ein Richter in einem früheren Verfahren einen Angeschuldigten bei gleichem Lebenssachverhalt verurteilt hat, genügt in aller Regel noch nicht, um ihn in einem späteren Verfahren wegen Gefahr der Voreingenommenheit abzulehnen, ansonsten die Justiz gezwungen wäre, sämtliche Mitangeschuldigte im selben Verfahren zu beurteilen, was aus organisatorischen

Gründen kaum zu bewältigen wäre. Das Ablehnungsrecht darf nur in engen Grenzen anerkannt werden, und zwar dann, wenn sich der Richter im ersten Verfahren bereits zur Verschuldensfrage des im folgenden Verfahren Angeschuldigten geäussert hat.
(115 Ia 38 ff. = Pra 1989 Nr. 263 = SJIR 1990, 235 f.)

388. Es liegt keine unzulässige Vorbefassung vor, wenn ein Richter den gleichen Sachverhalt zunächst als Zivilrichter und in einem anderen Verfahren als Strafrichter untersucht, soweit er sich im Zivilverfahren noch nicht in einer Weise festgelegt hat, dass für den Betroffenen der Ausgang des zweiten Verfahrens als vorgezeichnet erscheint. So würde es sich verhalten, wenn im Zivilverfahren die Frage des zivilrechtlichen Betrugs (Art. 28 OR) und im Strafverfahren der arglistigen Täuschung nach Art. 148 StGB zu beurteilen wäre.
(KGer SG 19. September 1990, SGGVP 1990 Nr. 66)

389. Keine Befangenheit entsteht, wenn der Richter in einem anderen Verfahren einen Mitangeschuldigten des Rekurrenten beurteilt hat.
(BGer 26. Juli 1991, SZIER 1992, 502)

390. Der Anschein der Befangenheit wird nicht dadurch begründet, dass der Richter, dem die Strafsache zur Neubeurteilung zugewiesen wird, bereits im ersten Verfahren über ein – gegen das damals zuständige Gericht gerichtete – Ausstandsbegehren entschieden hat.
(117 Ia 326 f.)

391. Es liegt keine unzulässige Vorbefassung vor, wenn der Richter in einem abgetrennten Verfahren gegen einen Mitangeklagten bereits mit der Sache befasst gewesen ist.
(116 Ia 308 = Pra 1991 Nr. 2)

392. Es erweckt nicht den Anschein der Befangenheit, wenn ein Richter in Vorentscheiden gegen eine Partei eine superprovisorische Verfügung angeordnet hat. Gleich verhält es sich, wenn der Richter vor der Hauptverhandlung an einem Beschluss mitgewirkt hat, der die Privatstrafklägerin zur Hinterlegung einer Prozesskostenkaution verpflichtet hat.
(BGer 14. Dezember 1990, SZIER 1991, 415 f. Vgl. auch die Kasuistik zur Personalunion)

393. Es liegt keine Befangenheit vor, wenn der Richter, der die Zeugnisverweigerung bestraft hat, den Zeugen auch vorgeladen und zur Aussage aufgefordert hat.
(117 Ia 496 f.)

394. Die Rückweisung einer Strafsache an die Vorinstanz (zur Beweisergänzung und Neubeurteilung) bewirkt für sich allein nicht die Neubeurteilung durch unzulässig mit der Sache vorbefasste Gerichtspersonen und stellt mithin keinen Ausstandsgrund dar. Ein solcher entsteht jedoch ausnahmsweise bei besonderen Umständen. Diese liegen etwa dann vor, wenn die Richter – etwa in einem Indizienprozess – den Entscheid der Schuldfrage nicht nur auf die objektive Beweislage, sondern auch auf ihre persönliche Gewissheit stützen. In einem solchen Fall ist zu befürchten, dass die Richter entgegen ihrer persönlichen Gewissheit nicht mehr unbefangen urteilen können.
(117 Ia 162; 116 Ia 31 = Pra 1991 Nr. 57 = SZIER 1991, 409 f.)

395. Die gerichtliche Unparteilichkeit ist angesichts der besonderen Natur von Art. 316 (Genfer) ZPO nicht verletzt, wenn das Gericht über ein zivilrechtliches Revisionsbegehren, welches sich inhaltlich als eine Nichtigkeitsbeschwerde erweist, in derselben Besetzung entscheidet, wie beim ersten Entscheid.
(117 Ia 161 f.; 113 Ia 63 ff. E. 3 = SJIR 1988, 295 f.; 107 Ia 15 ff.; ferner 114 Ia 58)

396. Es verletzt die gerichtliche Unvoreingenommenheit nicht, wenn das Gericht dieselbe Angelegenheit (aufgrund eines Rückweisungsbeschlusses) ein zweites Mal in einer geänderten Besetzung zu beurteilen hat, und dabei die Begründung des ersten Entscheides wörtlich übernimmt, solange das Gericht unabhängig und unparteiisch erscheint. Nur unter besonderen Umständen kann angenommen werden, die neue Besetzung habe unter Einfluss der (alten) abgelehnten Richter gehandelt.
(116 Ia 30 ; 113 Ia 410; BGer 2. Mai 1988, SJIR 1989, 302 f.)

397. Richterliche Unabhängigkeit gibt keinen Anspruch darauf, dass die Besetzung des Gerichts während der gesamten Prozessdauer unverändert bleibt.
(BGer 7. Juli 1989, SJIR 1990, 222)

398. Es liegt keine in objektiver Weise begründete Befangenheit vor, wenn dieselben Richter die Neubeurteilung eines Straffalles nach einem Abwesenheitsverfahren vornehmen, da die umfangreichen Befragungen, die Ausübung der
Parteienrechte und der persönliche Eindruck anlässlich der Hauptverhandlung den
Ausgang des Verfahrens gänzlich offen lassen.
(116 Ia 38 = Pra 1991 Nr. 5 = SZIER 1991, 415)

399. Ein Richter darf nicht über das gegen ihn gerichtete Ablehnungsgesuch
mitentscheiden. Allerdings ist die Meinung, der Mangel des unterinstanzlichen
Ablehnungsverfahrens werde durch das Beschwerdeverfahren geheilt, verfassungsrechtlich gesehen, nicht zu beanstanden.
(114 Ia 156 = Pra 1988 Nr. 246)

400. Die Verletzung von Verfahrensregeln bzw. ein verfahrensrechtlicher Irrtum
vermögen als solche keinen objektiven Verdacht der Voreingenommenheit des
verfügenden Richters zu begründen.
*(116 Ia 20 E. 5c = Pra 1991 Nr. 4 = EuGRZ 1991, 358 = SZIER 1991, 411 ff.; 114 Ia
158 = Pra 1988 Nr. 246)*

401. Scherzhafte Äusserungen des Richters im Verlauf der Verhandlung genügen
nicht, um einen Verdacht der Voreingenommenheit zu erwecken.
(116 Ia 21 f. = Pra 1991 Nr. 4 = EuGRZ 1991, 358 = SZIER 1991, 411 ff.)

402. Ein Richter darf vorerst als Eheschutzrichter amten und hernach über die
Scheidung derselben Parteien befinden.
(BGer 11. November 1986, unveröff. Urteil i.S. Ültschi, erwähnt in 114 Ia 57)

403. Es ist unbedenklich bzw. wenig problematisch, wenn ein Richter vor dem
Sachentscheid prozessuale Anordnungen trifft oder Gesuche um vorsorgliche
Massnahmen oder unentgeltliche Rechtspflege behandelt.
(114 Ia 57)

404. Es ist zulässig, dass das urteilende Gericht selber Beweise abnimmt oder
hiermit einen delegierten Richter beauftragt.
(115 Ia 223 mit Hinweis auf unveröff. Urteil des BGer vom 24. März 1988 i.S. Joris)

405. In einem komplexen und langandauernden Verfahren ist es nicht erstaun-
lich, dass die Aufmerksamkeit der Geschworenen nachlässt. Das Gericht
erscheint deswegen noch nicht als konventionswidrig zusammengesetzt.
(BGer 23. Dezember 1991, SZIER 1992, 503)

406. Entschuldigt sich ein Richter für einen durch die – zu Erkundigungen beauftragte – Polizei begangenen Fehler, so liegt darin kein Anschein der Voreingenommenheit. Gleiches gilt, wenn er der Anklagekammer Meldung erstattet und dabei festhält, seines Erachtens wiege der Fehler nicht schwer.
(BGer 8. August 1990, SZIER 1991, 407)

407. Es ist kein Ausdruck von Befangenheit, wenn der Richter sein privates Wissen in Form einer Aktennotiz aktenkundig gemacht und die Parteien hiervon in Kenntnis gesetzt hat. Anders verhält es sich hingegen, wenn in der Aktennotiz subjektiv gefärbte Empfindungen festgehalten sind (in casu trat noch weiteres Verhalten des Richters hinzu, welches den Eindruck der Voreingenommenheit verstärkte).
(114 Ia 161 f. = Pra 1988 Nr. 246)

408. Es liegt kein Anschein von Befangenheit vor, wenn der über ein konkursrechtliches Aussonderungsbegehren der Ehefrau des Gemeinschuldners entscheidende Richter zugleich Mitglied eines ausserordentlichen Gerichtes ist, welches sich mit Vermögensdelikten desselben Gemeinschuldners befassen soll, aber noch nicht geurteilt hat. Eine für einen späteren Zeitpunkt vorgesehene, aber noch ungewisse Ausübung einer Funktion begründet keine objektiv berechtigte Gefahr der Voreingenommenheit.
(BGer 6. Juli 1988, SJIR 1988, 304 f.)

409. Der Anschein richterlicher Befangenheit wird noch nicht erweckt, wenn eine Prozessvertreterin ehemals am betreffenden Gericht gearbeitet hat.
(BGer 20. Februar 1990, SJIR 1990, 235)

410. Art. 6 EMRK ist nicht verletzt, wenn ein Ausstandsbegehren gegen sämtliche Richter abgewiesen wird; der Ausstand soll die Ausnahme bleiben, ohne dass die regelhafte Verfahrensordnung ausgehöhlt wird.
(BGer 26. Januar 1989, SJIR 1989, 305; ferner: 105 Ib 302 f.; 112 Ia 293 und 303 f. = EuGRZ 1986, 671 und 675 = SJIR 1987, 204)

411. Ein Justizmitglied ist noch nicht befangen, weil der Gesuchsteller mit dessen gewissen Entscheiden nicht einverstanden ist.
(BGer 3. November 1988, SJIR 1989, 305 f.)

412. Ein Richter verliert seine Unabhängigkeit und Unbefangenheit nicht, wenn er gegen eine bestimmte Partei entscheidet.
(BGer 22. März 1990, SJIR 1990, 236 f.)

413. Die richterliche Unabhängigkeit steht nicht in Frage, wenn mit einer Klage vorfrageweise Fragen im Zusammenhang mit früheren Entscheiden des Gerichtes aufgeworfen werden. Auch die Kollegialität der nichtbeteiligten Richter kann die Unparteilichkeit nicht berühren, da durch die Kritik an den früheren Entscheiden weder die beteiligten noch unbeteiligten Richter persönlich betroffen werden. Besondere kollegiale Rücksichtnahme könnte sich aber ergeben, wenn Schadenersatzansprüche gegen den Bund oder Regressansprüche gegen Bundesrichter in Frage stünden.
(BGer 1. Oktober 1990, SZIER 1991, 408)

414. Es verletzt die Garantie der richterlichen Unbefangenheit nicht, wenn der Strafrichter in der Hauptverhandlung zur Erhellung des Sachverhaltes weitere Beweise abnimmt.
(OGer SO, 20. April 1989, SOG 1989 Nr. 17)

415. Der Anspruch auf einen unabhängigen und unparteiischen gesetzlichen Richter schliesst es nicht aus, dass innerhalb des vorgesehenen gesetzlichen Rahmens die Exekutive durch Ausführungsvorschriften ermächtigt wird, bei Bedarf zusätzliche Gerichte zu einzurichten; dann kann aber auch die Bestellung von Ersatzrichtern im Rahmen der Justizverwaltung nicht unzulässig sein, soweit dies gesetzlich vorgesehen ist.
(KassG ZH 4. Januar 1988, ZR 1988 Nr. 42 = SJIR 1990, 222)

416. Das Referentensystem vermag keine Zweifel an der Unbefangenheit des Referenten aufkommen lassen, auch wenn das Referat vor der Noven zulassenden Hauptverhandlung ausgearbeitet wurde.
(BGer 17. September 1986 und OGer ZH 26. Juni 1986, ZR 1987 Nr. 66 = SJIR 1989, 306; KassG ZH 30. Juni 1987, ZR 1987 Nr. 87)

417. Die Ernennung eines ausserordentlichen Richters durch die Exekutiver vermag dessen Unbefangenheit allein für sich nicht in Frage zu stellen. Im Bestellungsverfahren ist jedoch dafür zu sorgen, dass die Behörde nicht willkürlich handeln kann. Die Benennung soll demnach nach objektiven Kriterien erfolgen.
(BGer 10. April 1991, SZIER 1992, 501)

418. Art. 6 Abs. 1 EMRK ist nicht verletzt, wenn ein Kanzleibeamter zum Referenten bestimmt wird, solange die Entscheidungsbefugnis beim Gericht bleibt.
(BGer 14. Dezember 1990 = SZIER 1991, 420)

419. Der Richter gilt als befangen, wenn er einen Entscheid zu fällen hat, das Einfluss auf ein Verfahren haben kann, in welches sein Schwager verwickelt ist. *(117 Ia 170 ff. = Pra 1992 Nr. 194)*

420. Es liegt keine Befangenheit vor, wenn der Richter und eine der Parteien – in einem Prozess ohne politischen Einschlag – sich duzen, der gleichen politischen Partei angehören und zwischen ihnen früher einmal geschäftliche Beziehung bestand. *(OGer SH 25. Oktober 1991, ABSH 1991, 75 ff.)*

4. Personalunion

Lit.: M. HOTTELIER, Le droit des mineurs d'être jugés par un tribunal impartial au sens de l'art. 6 par. 1er CEDH, SJ 1989, 133 ff.; H. ODERMATT, Die Trennung der Personalunion Untersuchungsrichter/Amtsgerichtspräsident, in: FS 500 Jahre Solothurn im Bund, Solothurn 1981, 385 ff.; G. PIQUEREZ, Le droit a un juge indépendant et impartial garanti par les articles 58 cst. et 6 ch. 1 CEDH impose-t-il de manière absolue une séparation des fonctions judiciaires?, SJ 1989, 114 ff.; F. RIKLIN, Zur Aufgabenverteilung zwischen Staatsanwaltschaft und Untersuchungsrichtern nach schweizerischem Strafprozessrecht, GS für Peter Noll, Zürich 1984, 369 ff.

Konventionsorgane

Innerstaatliche Organe

421. Das Verbot der Personalunion zwischen Untersuchungsbehörden und urteilenden Behörden gilt nur für den strafrechtlichen Aspekt von Art. 6 EMRK. *(Pra 1992 Nr. 30)*

422. Ob ein Richter im Fall einer Personalunion als befangen gilt, beurteilt sich nach den allgemeinen Anforderungen an die richterliche Unvoreingenommenheit. *(117 Ia 160 f.; 115 Ia 180 ff. und 227; 114 Ia 59 ff. und 67 ff.)*

423. Weist eine kantonale Kassationsinstanz bei Gutheissung einer Nichtigkeits–
beschwerde die Sache an die Vorinstanz zurück, stellt die Mitwirkung der am
aufgehobenen Entscheid beteiligten Gerichtspersonen für sich allein keinen Fall
unzulässiger Vorbefassung dar.
(116 Ia 30; BGer 2. Mai 1988, SJIR 1989, 302 f.)

424. Der Richter, der vorgängig bereits die Strafuntersuchung geführt hat, ver–
mag dem Anspruch von Art. 6 Ziff. 1 EMRK nicht zu genügen.
*(117 Ia 160 f; 114 Ia 275 = SJIR 1989, 297 f.; 113 Ia 72; 112 Ia 290 ff. = EuGRZ 1986,
670 = SJIR 1987 S. 204 [Kt. Wallis], weitere Kasuistik: BGer 10. Juni 1987, SJIR 1988,
290 f. [Kt. Jura]; BGer 4. Juni 1986, EuGRZ 1986 S. 67 [Kt. Wallis] = SJIR 1987 S.
208; BGer 4. Februar 1987, EuGRZ 1987 S. 156, Erw. 2 [Kt. Freiburg] = SJIR 1987 S.
209; BGer 22. Dezember 1986, SJIR 1988, 291 [Kt. Freiburg]; ferner für das
Privatstrafklageverfahren wegen Ehrverletzung: 115 Ia 219 = Pra 1990 Nr. 73 = SJIR
1990, 236; 114 Ia 275 = SJIR 1989, 297 f.)*

425. Das Verbot der Personalunion ist auch im Auslieferungsverfahren zu
beachten. Allerdings darf die Rechtshilfeleistung nicht verweigert werden, wenn
das Auslieferungsbegehren darauf hinweist, dass der ersuchende Richter sowohl
als Untersuchungsrichter wie als erstinstanzlicher Strafrichter amtet. Das Verbot
der Personalunion soll vielmehr in einem Vorbehalt sichergestellt werden.
(116 Ib 92 f. = SZIER 1992, 485 f. mit weiteren Hinweise auf unveröff. Entscheide)

426. Das Verbot der Personalunion von Untersuchungs– und Sachrichter gilt
auch dann, wenn im Lauf der Untersuchung keine sichtbaren Spannungen oder
Zeichen des Misstrauens auftraten.
(Pra 1988 Nr. 267)

427. Das Gebot der personellen Trennung von Untersuchungsrichter und Sach–
richter gilt auch für den (am Freiburger tribunal d'arrondissement tätigen) Ge–
richtsschreiber, da nicht auszuschliessen ist, dass seine bei der Untersuchung
gewonnenen Eindrücke das Urteil beeinflussen können.
(115 Ia 228 ff. = SJIR 1990, 232 ff.)

428. Keine Abhängigkeit des im Untersuchungsverfahren bloss administrative
Aufgaben wahrnehmenden Aktuars, die gegen seine Einsitznahme in der beurtei–
lenden Instanz sprechen würde.
(KGer GR 5. Juli 1989, PVG 1989 Nr. 40 = SZIER 1991, 419)

429. Im (Walliser) Verfahren vor den Polizeigerichten nimmt der Sachrichter zugleich die Untersuchung vor, ohne Art. 6 Ziff. 1 EMRK zu verletzen. Da die Untersuchung erst unmittelbar vor dem Gericht, in Anwesenheit der Parteien und in einem kontradiktorischen Verfahren durch das Gericht selber vorgenommen wird, ist dieses Vorgehen nicht mit der üblichen gesonderten Strafuntersuchung, die der Gerichtsverhandlung vorgeht, vergleichbar.
(BGer 24. März 1988, SJIR 1989, 301 f.)

430. Beurteilt der Untersuchungsrichter einzig Fragen, die in keinem engen Zusammenhang mit dem späteren Urteil in der Sache selber stehen, so kann er in der nämlichen Angelegenheit auch als Richter amten. Dies ist dann der Fall, wenn er als Untersuchungsrichter lediglich zu prüfen hat, ob die zur Anzeige gelangten Handlungen mit Strafe bedroht sind und die gesetzlichen Voraussetzungen der Strafverfolgung vorliegen und er die Prüfung allein auf die Anzeige stützt; hingegen unterlässt er die Untersuchung der Schuldfrage.
(114 Ia 144 ff. = Pra 1989 Nr. 5 = EuGRZ 1989, 489 ff. = SJIR 1989, 290 ff.; ferner 114 Ia 57 = Pra 1988 Nr. 188 = EuGRZ 1988, 263 = SJIR 1989, 295 ff.)

431. Amtet der Einzelrichter zunächst als Strafmandatsrichter, so ist das Verbot der Personalunion verletzt, auch wenn im Stadium des Strafmandates der Schuldvorwurf nur beschränkt überprüft worden ist sowie Beweiserhebungen und eine Einvernahme des Angeschuldigten unterblieben.
(114 Ia 151 ff. = Pra 1989 Nr. 5 = EuGRZ 1989, 489 ff. = SJIR 1989, 290 ff. [Kt. Bern])

432. Am Verbot der Personalunion von Untersuchungs– und Sachrichter ändert es nichts, dass das Urteil des Amtsgerichtes an das Obergericht, das den Anforderungen von Art. 58 BV und Art. 6 Ziff. 1 EMRK unbestrittenermassen genügt, weitergezogen werden konnte.
(BGer 12. Mai 1987, SJIR 1988, 291 [Kt. Bern])

433. Der Grundsatz der objektiven Unbefangenheit ist im Bündner Ehrverletzungsstrafverfahren nicht mehr gewährleistet, wenn die gleiche Person die Untersuchung leitet, über die Überweisung an den Strafrichter entscheidet und dem Gericht vorsitzt.
(114 Ia 277 f. = SJIR 1989, 297 f.)

434. Da die Anklagekammer des Zürcher Obergerichts als Klagezulassungs– und Überweisungsinstanz mit grossem Entscheidungsspielraum eine ähnliche Frage wie im Hauptverfahren beurteilt und einen für den Gang des Verfahrens aus–

schlaggebenden Entscheid fällt, verletzt eine Personalunion von Richtern der
Anklagekammer mit erkennenden Richtern die Konvention.
*(114 Ia 71 ff. = Pra 1988 Nr. 188 = EuGRZ 1988, 263 = SJIR 1989, 295 ff.; zum glei-
chen Schluss gelangte das Bundesgericht im Fall der Personalunion eines Mitgliedes
der Anklagekammer und Rechtsmittelrichters, BGer 16. März 1988, Pra 1988 Nr. 267
[Kt. Jura]; gegenteiliges Ergebnis in 114 Ia 139 ff. [Kt. Bern] = Pra 1988 Nr. 268 =
SJIR 1989, 292 ff.; ferner 114 Ia 144 ff. = Pra 1989 Nr. 5 = EuGRZ 1989, 489 ff. = SJIR
1989, 290 ff. [Kt. Bern]; zur älteren Rechtsprechung: 113 Ia 74 E. 3a = JdT 1987 IV 77
= SJIR 1988, 292 f.)*

435. Der Freiburger Polizeirichter, der zunächst im summarischen und sodann im
ordentlichen (kontradiktorischen) Verfahren amtet, handelt in Widerspruch zu
Art. 6 EMRK.
(KGer FR 20. November 1989, Extr. 1989, 48 = SZIER 1991, 417)

436. Ob die einzelrichterliche Voruntersuchung nach bernischem Strafverfahrensrecht vor Art. 6 EMRK standhält, wurde vom Bundesgericht offengelassen.
(114 Ia 144 ff. = Pra 1989 Nr. 5 = EuGRZ 1989, 489 ff. = SJIR 1989, 290 ff. [Kt. Bern])

437. Das Gebot der Trennung von Untersuchungs- und Sachrichter gilt auch für
Jugendgerichte.
*(KassG GE 29. April 1988, SJ 1988, 466 ff. = SJIR 1988, 293 f. vgl. zu diesem Entscheid
insbesondere die oben angeführten Aufsätze von Hottelier und Piquerez)*

438. Im Jugendstrafverfahren darf der Sachrichter vorgängig über die Verlängerung einer vorsorglichen Massnahme (Betreuung des Jugendlichen während
des Verfahrens) entscheiden, da damit der Ausgang des Verfahrens nicht vorbe-
stimmt erscheint.
(BGer 6. März 1990, SJIR 1990, 228)

439. Das Verbot der Personalunion ist nicht verletzt, wenn derselbe Unter-
suchungsrichter in zwei verschiedenen, denselben Beschuldigten betreffenden
Angelegenheiten tätig wird.
(BGer 10. April 1987, ZWR 1987, 272 f. E. 1 = SJIR 1988, 296 ff.)

440. Das Verbot der Personalunion ist nicht verletzt, wenn der Richter eine
Strafsache untersucht bzw. beurteilt hat und im nachfolgenden Zivilverfahren an
der Instruktion oder Urteilsfindung teilnimmt.
(BGer 20. September 1988, ZWR 1989, 121 f. = SJIR 1990, 237; vgl. auch 113 Ia 410)

441. Mit Art. 6 EMRK ist es grundsätzlich vereinbar, dass der Haftrichter hernach auch beim Sachentscheid mitwirkt, da in beiden Verfahren andere Fragen zu beurteilen sind.
(117 Ia 185 = SZIER 1992, 500)

442. Die richterliche Unvoreingenommenheit ist objektiv nicht verletzt, wenn der Richter zunächst die Haftverlängerung bewilligt und das Haftentlassungsgesuch ablehnt, hernach am Verfahren über die Entschädigung für ungerechtfertigte Untersuchungshaft mitwirkt.
(117 Ia 162; 116 Ia 388 ff. = SZIER 1992, 502)

443. Das Verbot der Personalunion ist nicht verletzt, wenn der Richter zunächst die Untersuchungsführung und die Aufrechterhaltung der Haft überprüft (vgl. aber einschränkender 115 Ia 180 ff. = Pra 1989 Nr. 264 = EuGRZ 1989, 330 = SJIR 1990, 236) und

– hernach am Entscheid der Anklagekammer über die Überweisung/Einstellung teilnimmt;
(SJ 1980, 273 ff.)

– bzw. am späteren Entscheid der Appellationsinstanz in der Sache selber mitwirkt.
(ZWR 1981, 405)

444. Kein Ausschlussgrund liegt in der personellen Identität von Haftrekursrichter und Berufungsrichter.
(BGer 14. Mai 1980 i.S. Gossweiler, unveröff. Urteil, erwähnt in 114 Ia 58)

445. Der über die Verlängerung der Untersuchungshaft befindende Gerichtspräsident gilt als befangen, wenn sich aus der Begründung der Haftverlängerung der Anschein der Befangenheit ergibt. Dies ist dann der Fall, wenn die Art, wie er den Stand der Untersuchung festgehalten und darüber hinaus gewürdigt hat, objektiv dahin verstanden werden kann, dass er sich sowohl in bezug auf den Straftatbestand als auch in bezug auf die Schuldfrage bereits festgelegt hat.
(115 Ia 181 f. = Pra 1989 Nr. 264 = EuGRZ 1989, 330 = SJIR 1990, 236)

446. Die Untersuchung des gerichtlichen Untersuchungsrichters im Zürcher Verfahren wegen Ehrverletzung durch die Presse unterscheidet sich nicht entscheidend von einem ordentlichen Untersuchungsverfahren, weshalb der gerichtliche Untersuchungsrichter unter das Verbot der Personalunion fällt.
(115 Ia 223; zur Vorgeschichte und der gegenteiligen Ansicht: Verwaltungskommission OGer ZH 7. Dezember 1988, ZR 1988 Nr. 105)

447. Das Verbot der Personalunion für Ehrverletzungen durch die Presse dürfte auch für das gewöhnliche Ehrverletzungsverfahren gelten.
(KassG ZH 6. August 1990, ZR 1990 Nr. 55)

448. Aus Art. 6 EMRK lässt sich grundsätzlich kein Anspruch auf die Trennung von Untersuchungsrichter und Anklagevertreter herleiten. Anders verhält es sich nur, wo der Untersuchungsrichter als Haftrichter auftritt.
(KassG ZH 10. Juli 1990, ZR 1990 Nr. 69)

449. Es verletzt Art. 6 EMRK, wenn die Rechtsabteilung des (Zürcher) kantonalen Steueramts im Strafsteuerverfahren einerseits als Untersuchungsbehörde wirkt, also eine Funktion ausübt, die das Gesetz ohnehin nicht ihr, sondern dem Steuerkommissär übertragen hat, anderseits auch im Namen der Finanzdirektion, der sie den Strafantrag stellt, den Strafsteuerentscheid fällt.
(VGer ZH 26. Oktober 1990, RB 1990 Nr. 46 = StE 1991 B 101.8 Nr. 6; VGer ZH, unveröff. Entscheid vom 6. Dezember 1988, SR 88/17, E. 3 b)

450. Im (Zürcher) Strafsteuerrekurs (an das Verwaltungsgericht) übernimmt der Entscheid der Finanzdirektion die Funktion einer Anklage, über welche das Verwaltungsgericht als ein Gericht i.S. von Art. 6 EMRK entscheidet; damit ist der Forderung nach der Trennung zwischen untersuchender und anklagender Behörde einerseits und dem urteilenden Gericht anderseits Genüge getan.
(VGer ZH 2. November und 21. Dezember 1989, RB 1989 Nr. 38 = StE 1990 B 101.2 Nr. 9 = SZIER 1991, 419 f.)

V. Öffentlichkeit des Verfahrens

Lit.: A. HAEFLIGER, Der Grundsatz der Öffentlichkeit der Verhandlung, in: Verfassungsrechtsprechung und Verwaltungsrechtsprechung. Sammlung von Beiträgen veröffentlicht von der I. öffentlich–rechtlichen Abteilung des schweizerischen Bundesgerichts, Zürich 1992, 243; I. HÄNER, Öffentlichkeit und Verwaltung, Zürich 1990 (insb. 188 ff.); W. KÄLIN/E. SIDLER, Verschuldensgrundsatz und Öffentlichkeitsprinzip: Die Strafsteuer im Lichte von Verfassung und EMRK, ASA 1992, 161 ff.; H. SCHULTZ, Der Grundsatz der Öffentlichkeit im Strafprozess, SJZ 1973, 129.

1. Umfang der Öffentlichkeit

Konventionsorgane

451. Soweit eine öffentliche Verhandlung vor dem Militärkassationsgerichtshof – unter den besonderen Umständen des vorliegenden Falles – die Garantie der elementaren Grundsätze von Art. 6 EMRK nicht weiter verstärkt hätte, kann auf diese verzichtet werden.
(Gerichtshof 22. Februar 1984 [Sutter], VPB 1985 Nr. 83 = EuGRZ 1985, 229 ff.)

452. Das schriftliche Verfahren nach § 185 der Strafprozessordnung des Kantons Wallis kann den Anforderungen an die Öffentlichkeit des Verfahrens nicht genügen.
(Gerichtshof 22. Mai 1990 [Weber], EuGRZ 1990, 266)

453. Die Konvention enthält keine ausdrücklichen Vorschriften über die Schriftlichkeit oder Öffentlichkeit von Verfahren. Sie garantiert, dass die Sache vor einer öffentlichen Zuhörerschaft zur Sprache kommt und schützt so vor geheimer Gerichtsbarkeit oder Kabinettsgerichtsbarkeit. Sie gewährt, dass die Sache in ihren wesentlichen Gesichtspunkten öffentlich erörtert werden kann.
(Kommission 10. Oktober 1981 [Sutter], VPB 1983 Nr. 137)

454. Das Recht auf persönliches Erscheinen als Partei in einem Zivilverfahren ist an sich nicht gewährleistet. Einzig wo der Charakter und der persönliche Eindruck für die Meinungsbildung des Gerichts von Belang sind, kann das persönliche Erscheinen im Sinn eines gerechten Verfahrens geboten sein.
(Kommission 28. Februar 1977, VPB 1983 Nr. 139)

455. Im Rahmen des summarischen Verfahrens vor Bundesgericht (verwaltungsgerichtliche Klage) ist die Verfahrensöffentlichkeit zu wahren, soweit über die Begründetheit der Klage entschieden wird und das Rechtsmittel nicht aus rein verfahrensrechtlichen Gründen zurückgewiesen wird.
(Bericht der Kommission vom 15. März 1985, VPB 1985 Nr. 74)

456. Die Verfahrensöffentlichkeit braucht im staatsrechtlichen Beschwerdeverfahren nicht eingehalten zu werden, falls einzig über die Unzulässigkeit der Beschwerde – ohne sich zu deren Begründetheit zu äussern – entschieden wird.
(Kommission 12. März 1976, VPB 1983 Nr. 145)

457. Soweit eine Rechtsfrage – Verletzung von materiellem oder prozessualem Bundesrecht – Inhalt des bundesgerichtlichen Berufungsverfahrens ist, ist ein mündliches Verfahren nicht nötig.
(Kommission 6. Oktober 1976, VPB 1983 Nr. 140)

458. Wer eine öffentliche Beratung nicht verlangt, hat den innerstaatlichen Instanzenzug nach Art. 26 EMRK nicht ausgenutzt. Dies gilt auch dann, wenn das Gericht von Gesetzes wegen nicht gehalten ist, eine öffentliche Beratung durchzuführen (Art. 60 OG).
(Kommission 8. Oktober 1976, VPB 1983 Nr. 141)

459. Das Recht auf persönliches Erscheinen als Partei in einem Zivilverfahren ist an sich nicht gewährleistet. Einzig wo der Charakter und der persönliche Eindruck für die Meinungsbildung des Gerichts von Belang sind, kann das persönliche Erscheinen im Sinn eines gerechten Verfahrens geboten sein.
(Kommission 28. Februar 1977, VPB 1983 Nr. 139)

Innerstaatliche Organe

460. Der in Art. 6 Ziff. 1 EMRK enthaltene Grundsatz der Öffentlichkeit der Gerichtsverhandlung bezieht sich nicht bloss auf die Partei-, sondern auch auf die Publikumsöffentlichkeit.
(113 Ia 416 = Pra 1988 Nr. 187)

461. Der Anspruch des Angeklagten, in seiner Anwesenheit beurteilt zu werden, ist nicht verletzt, wenn er sich weigert, an der Verhandlung teilzunehmen oder er

sich verschuldeterweise in einen Zustand versetzt, der ihm die Teilnahme verunmöglicht.
(BGer 23. Dezember 1991, SZIER 1992, 508)

462. Der Öffentlichkeitsgrundsatz besagt nicht, welche Prozesshandlungen an der Hauptverhandlung vorgenommen werden müssen und in welcher Form sie zu geschehen haben. Er enthält insbesondere keine Aussage darüber, welche Zeugen in der Hauptverhandlung anzuhören sind. Dies betrifft vielmehr die Prinzipien der Unmittelbarkeit und Mündlichkeit. Entscheidend ist vielmehr, dass unbeteiligte Dritte die Rechtspflege kontrollieren können.
(113 Ia 417 f. = Pra 1988 Nr. 187)

463. Die Grundsätze der Mündlichkeit und Öffentlichkeit der Verhandlungen gelten nur für Gerichte erster Instanz, während keine Hindernisse bestehen, für die Gerichte zweiter und dritter Instanz ein schriftliches Verfahren vorzusehen, ohne mündliche Verhandlung oder öffentliche Urteilsverkündung. Ob die Sache in billiger Weise gehört worden ist, beurteilt sich aufgrund einer Würdigung des ganzen Verfahrens. Das Recht auf ein billiges Verfahren ist nicht verletzt, wenn das Kassationsgericht eine reine Rechtsfrage zu beurteilen hatte und keine neuen Beweise zu erheben waren. Weiter hatte der Angeklagte im Verlauf des Verfahrens genügend Gelegenheit, reichlich zu Wort zu kommen. Überdies hat er seinen Rechtsstandpunkt in einer zehnseitigen Eingabe an das Kassationsgericht dargelegt.
(107 Ia 164 f. = EuGRZ 1982, 111 f. = SJIR 1982, 183 ff.; ferner 115 V 255 = SJIR 1990, 217 f. und 239 f.)

464. Durch die Kontrolle der Öffentlichkeit soll dem Angeschuldigten und allen übrigen am Prozess Beteiligten eine korrekte und gesetzmässige Behandlung gewährleistet werden. Der Öffentlichkeit soll weiter die Möglichkeit gegeben werden, sich Kenntnis zu verschaffen, wie das Recht verwaltet und wie die Rechtspflege ausgeführt wird. Es besteht kein Anspruch, dass das Einvernahmeprotokoll an der öffentlichen Verhandlung verlesen wird.
(115 V 255; 113 Ia 416; 111 Ia 244 E. 7a = Pra 1986 Nr. 78; ZBl 1986, 186 = EuGRZ 1986, 163 = SJIR 1986, 147; KGer VS 30. März 1988, ZWR 1989, 238 ff. = SJIR 1990, 218 f.)

465. Der Grundsatz der Verfahrensöffentlichkeit ist, gleich wie das aus Art. 4 BV fliessende rechtliche Gehör, formeller Natur.
(109 Ia 226 f. = SJ 1984, 376 ff. = SJIR 1984, 223)

466. Die Konvention ist nicht verletzt, wenn das Gesetz die Verfahrensöffentlichkeit nicht generell, sondern nur auf Antrag einer Partei oder durch Anordnung von Amtes wegen vorsieht.
(115 V 256)

467. Das Verwaltungsgericht hält einen Verzicht des Beschuldigten auf die Publikumsöffentlichkeit des Verfahrens für zulässig.
(VGer ZH 11. Dezember 1991, RB 1991 Nr. 29)

468. Ein rein schriftliches Verfahren vor dem Kassationsgericht Zürich verstösst nicht gegen Art. 6 Abs. 1 EMRK.
(KassG ZH 17. September 1991, ZR 1991 Nr. 73)

469. Die Garantie der Öffentlichkeit ist nicht nur formeller Natur, sondern dient einem gerechten Verfahren.
(Bundesamt für Justiz, 12. Dezember 1979, VPB 1983 Nr. 132)

470. Die Öffentlichkeit der Urteilsverkündung ist ein Aspekt der generellen Garantie der öffentlichen Anhörung der Sache.
(Bundesamt für Justiz, 12. Dezember 1979, VPB 1983 Nr. 133)

471. Es genügt, wenn die Verfahrensöffentlichkeit zumindest einmal im Lauf des gesamten Verfahrens, sofern dieses als eine Einheit anzusehen ist, gegeben ist.
(Bundesamt für Justiz, 12. Dezember 1979, VPB 1983 Nr. 136)

472. Im Kassationsverfahren ist die Einhaltung der Verfahrensöffentlichkeit für den Schutz des Einzelnen entbehrlich, da die Öffentlichkeit hier keinem allgemeinen Interesse dient. Dem Anspruch der Öffentlichkeit ist Genüge getan, wenn die repräsentativste Rechtsprechung veröffentlicht wird.
(Bundesamt für Justiz, 12. Dezember 1979, VPB 1983 Nr. 143)

473. Art. 6 Ziff. 1 EMRK schliesst ein schriftliches Kassationsverfahren keineswegs aus.
(Bundesamt für Justiz, 12. Dezember 1979, VPB 1983 Nr. 144)

474. Es besteht kein Anspruch, dass das Einvernahmeprotokoll an der öffentlichen Verhandlung verlesen wird.
(KassG VD, 28. April 1986, JdT 1986 III 133 = SJIR 1987, 213)

2. Ausschluss der Öffentlichkeit

Konventionsorgane

Innerstaatliche Organe

475. Ausschluss *zulässig*:

– Sittlichkeitsdelikte.
(111 Ia 244 E. 7a = ZBl 1986, 182 = EuGRZ 1986, 163 = SJIR 1986, 147)

– Jugendstrafverfahren, wobei die Grenze bis zum 20. Altersjahr, genauer bis zur Volljährigkeit, gezogen werden kann.
(108 Ia 90 ff. = Pra 1982 Nr. 66 = SJIR 1982, 180 f.)

– Fürsorgerischer Freiheitsentzug (dieser wurde i.S. von Eventualerwägungen unter dem Gesichtspunkt der Öffentlichkeit nach Art. 6 Ziff. 1 und nicht nach Art. 5 Ziff. 4 EMRK untersucht).
(114 Ia 189 = Pra 1989 Nr. 6 E. 3d = EuGRZ 1988, 606 = SJIR 1989, 307 f.)

– Teilweiser Ausschluss für die Dauer des (detaillierten) Vorlesens eines psychiatrischen Berichtes.
(KGer VS 30. März 1988, ZWR 1989, 238 ff.)

476. Ausschluss *unzulässig*:

– Allein der schlechte (physische und psychische) Gesundheitszustand des Ange– schuldigten rechtfertigt einen Ausschluss nicht.
(KGer VS 30. März 1988, ZWR 1989, 238 ff.)

477. Es ist im Einzelfall zulässig, nur die Öffentlichkeit und nicht die Presse von der Verhandlung auszuschliessen.
(117 Ia 387 ff. = Pra 1992 Nr. 102 = EuGRZ 1992, 202 ff. = SZIER 1992, 506 f.)

478. Bei der Frage des Ausschlusses der Presse handelt es sich um ein generelles Problem des Öffentlichkeitsgrundsatzes, das sich in jedem Strafverfahren und für

jeden Beschuldigten stellt. Die Presse kann nicht ausgeschlossen werden, wenn der Beschuldigte keine grösseres Interesse am Schutz des Privatlebens hat als irgend jemand sonst, und anzunehmen ist, dass die Presse (hier nur ein Pressevertreter an der Verhandlung anwesend) mit der gebotenen Zurückhaltung über die persönlichen Belange des Beschuldigten berichten und insbesondere dessen Namen verschweigen wird. Da der Beschuldigte als Vertreter der Staatsgewalt gehandelt hat, spielt der Gedanke der Kontrolle der Staatsmacht eine bedeutende Rolle.
(OGer SO 7. Januar 1987, SOG 1987 Nr. 20 = SJIR 1989, 308)

479. Die Öffentlichkeit kann bei der Hauptverhandlung nicht deswegen ausgeschlossen werden, wenn Persönlichkeitsrechte Dritter, nicht am Verfahren Beteiligter, berührt werden. Eine Ausnahme besteht nur dann, wenn die Dritten als Prozessparteien im weiteren Sinne am Verfahren beteiligt sind, wie etwa Geschädigte, Zeugen oder Auskunftspersonen.
(KGer GR 12. November 1986, PKG 1986 Nr. 135 = SJIR 1988, 302)

3. Öffentlichkeit der Entscheidung

Konventionsorgane

480. Die Form der öffentlichen Bekanntmachung des Urteils, die das Recht des betroffenen Staates vorsieht, muss im Lichte der Besonderheiten des betreffenden Verfahrens und unter Berücksichtigung von Ziel und Zweck von Art. 6 Ziff. 1 EMRK beurteilt werden.
(Gerichtshof 22. Februar 1984 [Sutter], VPB 1984 Nr. 83)

481. Jedermann, der ein berechtigtes Interesse nachweist, kann den vollständigen Text der Urteile des Militärkassationsgerichts einsehen oder sich eine Kopie ausstellen lassen. Die wichtigsten Urteile werden überdies später in einer amtlichen Sammlung publiziert. Deshalb scheint eine wörtliche Interpretation von Art. 6 Ziff. 1 EMRK betreffend die mündliche Verkündung des Urteils als zu eng und für die Verwirklichung der Konventionsziele nicht erforderlich.
(Gerichtshof 22. Februar 1984 [Sutter], VPB 1984 Nr. 83)

Innerstaatliche Organe

482. Das Fehlen einer öffentlichen Urteilsverkündung verletzt die Konvention nicht, wenn für die Öffentlichkeit andere Möglichkeiten bestehen, sich Kenntnis des Urteils zu verschaffen (Möglichkeit für jede Person mit gerechtfertigtem Interesse den gesamten Urteilstext einzusehen, Publikation wichtiger Entscheide in einer amtlichen Sammlung).
(115 V 255)

483. Die Publikumsöffentlichkeit verlangt keine mündliche Eröffnung des Urteils an der Gerichtsverhandlung, sondern es genügt, wenn das den Parteien schriftlich zugestellte Urteil – bei Verzicht des Angeschuldigten auf Publikumsöffentlichkeit bloss des Urteilsdispositivs – auf der Gerichtskanzlei vom Publikum eingesehen werden kann. Das Recht auf Urteilsverkündung kann der Beschuldigte in diesem Rahmen nicht ausschliessen.
(VGer ZH 11. Dezember 1991, RB 1991 Nr. 29)

VI. Verfahrensdauer

Lit.: R. KÜNG–HOFER, Die Beschleunigung des Strafverfahrens unter Wahrung der Rechtsstaatlichkeit, Bern 1984; M.– A. NANÇOZ, La durée du procès pénal, ZStrR 1983, 384 ff; W. ROTHENFLUH, Die Dauer des Strafprozesses, ZStrR 1983, 366 ff.; E. SPIRIG, Prozessleitung (nach zürcherischem Prozessrecht), Zürich 1985.

1. Allgemeines

Konventionsorgane

484. Die Beurteilung der Angemessenheit der Verfahrensdauer ist nach dem Umständen des Falles (Komplexität, die Art der Behandlung durch die Gerichte und das Verhalten der Parteien) zu beurteilen. Im Zivilverfahren ist insbesondere

die Sorgfalt der interessierten Partei erforderlich, ohne dass dadurch der Richter von der Überwachung der Verfahrensdauer entbunden wäre.
(Kommission 4. Oktober 1990, VPB 1990 Nr. 55)

485. Der Anspruch auf einen Entscheid innert angemessener Frist gilt nicht für das freiwillige Schiedsverfahren. Wird ein staatliches Gericht, das über die Verzögerung des schiedsgerichtlichen Verfahrens zu befinden hat, angerufen, so hat es seinerseits innert angemessener Frist zu entscheiden.
(Kommission 4. März 1987, VPB 1987 Nr. 72; 11. Juli 1989, VPB 1989 Nr. 57.)

Innerstaatliche Organe

486. Das Beschleunigungsgebot kann nicht anrufen, wer es versäumt, ihm bekannte prozessuale Handlungen vorzunehmen.
(118 Ia 104)

487. Der Kanton darf prozessuale Bestimmungen, die es verunmöglichen, eine Strafuntersuchung innert vernünftiger Frist zu beenden, nicht gelten lassen.
(113 Ia 420 = Pra 1988 Nr. 187 = SJIR 1988, 299 ff.)

488. Die Verfahrenseinstellung als Rechtsfolge einer überlangen Verfahrensdauer kann nur bei Strafverfahren nicht aber bei der Beurteilung zivilrechtlicher Ansprüche und Verpflichtungen zur Anwendung gelangen.
(KassG ZH 17. Dezember 1990, SJZ 1991, 155)

489. Das Beschleunigungsgebot und die bundesrechtlichen Verjährungsvorschriften überschneiden sich zwar in den Auswirkungen, doch besteht keine Deckungsgleichheit.
(KassG ZH 17. Dezember 1990, ZR 1991 Nr. 47 = SJZ 1991, 154 ff. = SZIER 1991, 382 f.)

490. Das Absehen von der Weiterverfolgung des Verfahrens und insbesondere der Verurteilung des Angeklagten infolge Verletzung des Beschleunigungsgebots ist anhand aller weiteren Umstände (Verhalten des Angeklagten, Komplexität des Falles) zu beurteilen.
(KassG ZH 17. Dezember 1990, SJZ 1991, 155)

491. Auch wo eine entsprechende Bestimmung in der Strafprozessordnung fehlt, ergibt sich das Gebot der Beschleunigung des Verfahrens direkt aus Art. 6 Ziff. 1 EMRK.
(Obergericht SH, 3. März 1989, ABSH 1989, 235)

492. Eine Verzögerung des Verfahrens rechtfertigt sich nicht, wenn der Geschädigte einverlangte Unterlagen nicht einreicht.
(Obergericht SH, 3. März 1989, ABSH 1989, 235)

493. Fehlt eine gesetzliche Frist für die Zusendung der Akten von der Bezirksanwaltschaft an die Staatsanwaltschaft, so schliesst dies eine konventionsgemässe Auslegung und Anwendung der betreffenden Gesetzesnorm – namentlich unter Berücksichtigung des Anspruchs auf Durchführung des Strafverfahrens innert angemessener Frist – nicht aus.
(KassG ZH, 8. April 1980, ZR 1980 Nr. 27 = SJIR 1981, 313)

494. Im Falle eines Konventionshindernisses infolge überlanger Verfahrensdauer darf der Einstellung des Verfahrens nicht mit dem Argument begegnet werden, dass nach den bundesrechtlichen Verjährungsbestimmungen (Art. 70 ff. StGB) eine solche Verfahrenseinstellung (noch) nicht erfolgen dürfte.
(KassG ZH 17. Dezember 1990, SJZ 1991, 155)

2.   Fristbestimmung

Konventionsorgane

495. In Strafsachen beginnt die Frist, sobald der Verdacht gewichtige Auswirkungen auf die Situation des Angeklagten zeitigte. Vorliegend beginnt sie mit der Mitteilung der Eröffnung einer Strafverfolgung gegen ihn.
(Kommission 12. Juli 1979, VPB 1983 Nr. 148 A)

496. Die Frist endet in Strafsachen mit dem Urteil, das sich über die Begründetheit der Anklage äussert. Dazu kann auch ein im Rekursverfahren gefällter Entscheid gehören, soweit er sich zur Begründetheit der Anklage ausspricht.
(Kommission 12. Juli 1979, VPB 1983 Nr. 148 A)

Innerstaatliche Organe

497. Die Frist für die Bestimmung der Angemessenheit der Verfahrensdauer beginnt mit der Anklage, dh. mit der amtlichen Mitteilung der zuständigen Behörde an den Betroffenen, dass ihm die Begehung einer Straftat angelastet werde. Die Endfrist ist die letzte Entscheidung in der Sache, einschliesslich Rückweisungen und Kassationen.
(117 IV 126 = ZR 1991 Nr. 47 = EuGRZ 1991, 427 ff. = SZIER 1992, 503 f.; BGer 29. März 1990, SZIER 1991, 421)

498. Es gibt keine bestimmte Zeitgrenzen, deren Überschreitung ohne weiteres ein Verletzung des Beschleunigungsgebots zur Folge hat.
(117 IV 126 = ZR 1991 Nr. 47 = EuGRZ 1991, 427 ff. = SZIER 1992, 503 f.)

3.   Angemessenheit der Verfahrensdauer

Konventionsorgane

499. Bei der Beurteilung der Begründetheit einer strafrechtlichen Anklage wird die Angemessenheit der Verfahrensdauer vor allem nach folgenden Gesichtspunkten geprüft:

– Schwierigkeit des gesamten Verfahrens;

– die Art der Behandlung des Falles durch die Justizbehörden und die Gerichte;

– das Verhalten des Beschwerdeführers.

Keines dieser Element ist für sich allein ausschlaggebend, woraus folgt, dass alle zu prüfen sind.
(Kommission 12. Juli 1979, VPB 1983 Nr. 148 A)

Der in Art. 6 Ziff. 1 EMRK festgehaltene Zeitrahmen ist weniger streng als derjenige nach Art. 5 Abs. 3 EMRK.
(Kommission 12. Juli 1979, VPB 1983 Nr. 148 A)

500. In Zivilsachen ist der Anspruch auf Anhörung innert angemessener Frist der
Sorgfalt der interessierten Partei (an einer beförderlichen Prozessführung)
untergeordnet. Ob die Frist überschritten wurde, ist nicht abstrakt, sondern anhand der konkreten Umstände zu beurteilen. Hat der Beschwerdeführer das Verfahren durch zahlreiche Beschwerden und Gesuche verlängert, so ist dies ihm und
nicht dem Gericht anzulasten.
*(Kommission 4. Oktober 1990, VPB 1990 Nr. 55; Kommission 28. Februar 1977, VPB
1983 Nr. 149; Gerichtshof 13. Juli 1983 [Zimmermann und Steiner], VPB 1983 Nr. 150
C = EuGRZ 1983, 482.)*

Innerstaatliche Organe

501. Der zeitliche Freiraum, den § 414 StPO (Zürich) den Anklagebehörden zum
Entscheid über eine Berufung einräumt, darf nicht überspannt werden. Als eindeutig unangemessen gilt ein Monat, wogegen sich eine Zeitspanne von 10 Tagen
rechtfertigen lässt.
(KassG ZH 26. Mai 1987, ZR 1987 Nr. 75 = SJIR 1988, 301)

502. Ein Zeitraum von 12 Jahren zwischen Beginn der Strafuntersuchung bis
zum erstinstanzlichen Urteil sprengt den Rahmen der angemessenen Frist bei
weitem.
(KassG ZH 17. Dezember 1990, SJZ 1991, 155)

503. Angesichts der Verwicklung von über 20 Gesellschaften in die Affäre mit
entsprechender Aktenfülle ist eine Verfahrensdauer von mehr als 7 Jahren noch
nicht als unangemessen zu bezeichnen.
(BGer 29. März 1990, SZIER 1991, 421)

504. Die Verzögerung des Verfahrens kann nicht dadurch gerechtfertigt werden,
dass der Angeschuldigte nicht die angeforderten Geschäftsunterlagen einreicht. In
einem solchen Fall darf der Untersuchungsrichter nicht untätig bleiben, sondern
muss zu Zwangsmassnahmen greifen.
(OGer SH 3. März 1989, ABSH 1989, 232 ff.)

505. Ob die Angemessenheit der Verfahrensdauer verletzt ist, beurteilt sich danach, ob die zuständige Behörde dauernd oder bloss zeitweilig überlastet ist. Als entschuldbar gilt eine Überlastung, die auf besondere Umstände zurückzuführen ist und wo Massnahmen zu deren Behebung in Aussicht stehen.
(Bundesrat, 4. Oktober 1983, VPB 1983 Nr. 39 = SJIR 1985, 265)

4. Rechtsfolgen

Konventionsorgane

Innerstaatliche Organe

506. Soweit im Einzelfall einer Verletzung des Beschleunigungsgebots nicht dadurch Rechnung getragen werden kann, dass das Verfahren wegen Verjährung eingestellt oder die Strafe wegen Zeitablaufs gemildert wird, ist es prinzipiell zulässig, aus der EMRK entsprechende Grundsätze herzuleiten.
(117 IV 127 f. = ZR 1991 Nr. 47 = EuGRZ 1991, 427 ff. = SZIER 1992, 504)

507. Die Tatsache, dass die EMRK nicht ausdrücklich eine Sanktion für die Verletzung des Anspruchs auf ein zeitlich angemessenes Verfahren nennt, bedeutet nicht, dass sich eine Sanktion nicht durch Auslegung bzw. Konkretisierung aus dem Sinn und Zweck der Konvention ergibt.
(KassG ZH 17. Dezember 1990, ZR 1991 Nr. 47 = SJZ 1991, 155)

508. Die Verfahrenseinstellung wegen Verletzung des Beschleunigungsgebotes ist grundsätzlich nicht auszuschliessen, kommt aber nur ausnahmsweise als ultima ratio zur Anwendung. Daneben sind folgende Sanktionen möglich: Berücksichtigung der Verfahrensverzögerung im Rahmen der Strafzumessung, Einstellung des Verfahrens wegen eingetretener Verjährung sowie Schuldigsprechung des Täters unter gleichzeitigem Verzicht auf Strafe. Überdies ist der Richter verpflichtet, die Verletzung des Beschleunigungsgebotes in seinem Urteil ausdrücklich festzuhalten und gegebenenfalls darzulegen, in welchem Ausmass er diesen Umstand berücksichtigt hat.
(117 IV 127 f. = ZR 1991 Nr. 47 = EuGRZ 1991, 427 ff. = SZIER 1992, 504 f.)

509. Die Sanktion der Verfahrenseinstellung wegen Verletzung des Beschleunigungsgebots ist nur ultima ratio, d.h. letzte von verschiedenen Sanktionen. Diese ist erst in Betracht zu ziehen, wenn auf Grund allgemeiner Umstände die eingetretene Überlänge des Verfahrens nur auf diesem Weg kompensiert werden kann. Was die vorangehenden innerstaatlichen Kompensationsmöglichkeiten betrifft, so fällt namentlich eine Berücksichtigung der langen Verfahrensdauer bei der Strafzumessung, allenfalls bei der Gewährung des bedingten Strafvollzugs in Betracht. Dabei ist die Verletzung des Beschleunigungsgebots ausdrücklich festzuhalten und das Ausmass der Berücksichtigung dieses Umstandes ist näher (nicht floskelhaft) darzulegen. Weiter ist ein völliges Absehen von der Strafe (unter gleichzeitiger Schuldigsprechung) denkbar.
(KassG ZH 17. Dezember 1990, ZR 1991 Nr. 47 = SJZ 1991, 155 = SZIER 1991, 422 f.)

510. Das Strafrecht ist so auszulegen, dass die Verletzung des Beschleunigungsgebots möglichst ausgeglichen wird. Ein Verstoss ist insbesondere bei der Frage nach der Anordnung bessernder oder sichernder Massregeln zu beachten. Es ist demnach verboten, die unterlassene Begutachtung nach Verbüssung der Grundstrafe nachzuholen.
(KGer SG 25. Oktober 1988, SGGVP 1988 Nr. 55)

511. Wird die Strafe um die Hälfte gemildert infolge übermässiger Verfahrensdauer, so kann dies eine Wiedergutmachung der Verletzung des Beschleunigungsgebots darstellen.
(KassG GE 5. Oktober 1987, SJIR 1988, 301; vgl. zum gleichen Sachverhalt Kommission 13. März 1984, EuGRZ 1985, 624 f.)

VII. Unschuldsvermutung

Lit.: J. A. FROWEIN, Zur Bedeutung der Unschuldsvermutung in Art. 6 Ziff. 2 der Europäischen Menschenrechtskonvention, in: FS für Hans Huber, Bern 1981, 553 ff.; W. KÄLIN/E. SIDLER, Verschuldensgrundsatz und Öffentlichkeitsprinzip: Die Strafsteuer im Lichte von Verfassung und EMRK, ASA 1992, 161 ff.; G. MALINVERNI, Die Europäische Menschenrechtskonvention, VI. Die Unschuldsvermutung, SJK 1375; M. SCHUBARTH, Zur Tragweite des Grundsatzes der Unschuldsvermutung, Basel 1978; V. SCHWANDER, Freie Beweiswürdigung, mit oder ohne Unschuldsvermutung ?, ZStrR 1981, 213 ff.; S. TRECHSEL, Struktur und Funktion der Vermutung der Schuldlosigkeit, Ein Beitrag zur Auslegung von Art. 6 Ziff. 2 EMRK, SJZ 1981, 317 ff. und 335 ff.; M. E. VILLIGER, Geltungsbereich der Garantien der Europäischen Menschenrechtskonvention. Bemerkungen im Anschluss an das Urteils des Bundesgerichts i.S. Proksch (BGE 116 IV 31 ff.) betreffend Auswirkungen der Unschuldsvermutung auf Presseberichterstattung über hängige Strafverfahren, ZBl 1991, 333 ff.

1. Allgemeines

Konventionsorgane

512. Die in Abs. 2 von Art. 6 EMRK festgehaltene Unschuldsvermutung gehört zu den Bestandteilen eines fairen Verfahrens, wie sie in Abs. 1 festgehalten sind.
(Gerichtshof 25. März 1983 [Minelli], VPB 1983 Nr. 159)

513. Die Unschuldsvermutung ist nicht nur eine Verfahrensgarantie, sondern verlangt, dass kein staatlicher Vertreter eine Person eines Verbrechens schuldig erklärt, bevor deren Schuld nicht durch ein Gericht festgestellt worden ist.
(Kommission 9. Oktober 1985, VPB 1987 Nr. 80; 3. März 1978, VPB 1983 Nr. 161)

514. Staatliche Behörden (vorliegend ein Bundesrat) dürfen die Öffentlichkeit über Strafuntersuchungen informieren, dürfen sich dabei aber nicht zur Schuld äussern.
(Kommission 3. März 1978, VPB 1983 Nr. 161)

515. Wird das Verfahren weder mit einem Freispruch noch mit einer Verurteilung erledigt und werden die Verfahrenskosten dem Betroffenen auferlegt, so liegt allein darin keine Verletzung der Unschuldsvermutung. Es darf allerdings nicht der Eindruck erweckt wird, der Angeschuldigte habe sich einer strafrechtlichen Verfehlung schuldig gemacht. Dies ist dann nicht der Fall, wenn die Kostenauflage damit begründet wird, er habe leichtsinnig gehandelt.
(Kommission 17. Mai 1984, VPB 1986 Nr. 102)

516. Die Unschuldsvermutung gilt «bis» zum gesetzlichen Nachweis der Schuld. Der «gesetzliche» Nachweis der Schuld nach Abs. 2 (von Art. 6 EMRK) ist nur dann erbracht, wenn die Garantie des fairen Verfahrens nach Abs. 1 beachtet wird.
(Bericht der Kommission vom 14. Mai 1987, VPB 1987 Nr. 79)

517. Die Tatsache, dass bei den Gerichtsakten die illegale Aufnahme eines Telefongesprächs lag, vermag allein keinen Anhaltspunkt dafür zu bieten, dass das Gericht den Angeklagten vor der Verurteilung für schuldig gehalten hat.
(Gerichtshof 12. Juli 1988 [Schenk], EuGRZ 1988, 395 = VPB 1988 Nr. 66 A)

518. Wird in der Begründung einer fremdenpolizeilichen Fernhaltemassnahme auf ein gegen die betroffene Person in der Schweiz hängiges Strafverfahren hingewiesen, ohne sich zur Frage oder der Möglichkeit der Schuld zu äussern, so ist damit die Unschuldsvermutung nicht verletzt.
(Kommission 9. Oktober 1985, VPB 1987 Nr. 80)

Innerstaatliche Organe

519. Die Unschuldsvermutung ist verletzt, wenn das Gericht den Angeschuldigten zwar freispricht, aber ausführt, er entgehe einer Verurteilung nur infolge eingetretener Verjährung.
(BGer 2. Mai 1988, SJIR 1989, 315 f.)

520. Der Grundsatz der Unschuldsvermutung verlangt vom Strafrichter, dass dieser das Verfahren nicht mit der Überzeugung oder Vermutung beginnt, der Angeschuldigte sei schuldig.
(BGer 1. Dezember 1987, SJIR 1988, 305)

521. Der Grundsatz «in dubio pro reo» ergibt sich aus der in Art. 6 Abs. 2 garantierten Unschuldsvermutung.
(106 IV 87 ff. = SJIR 1918, 311; OGer LU 1. Juli 1987, LGVE 1987 I Nr. 64)

522. Der Grundsatz «in dubio pro reo» nach Art. 6 Abs. 2 EMRK geht nicht weiter als das Willkürverbot nach Art. 4 Abs. 1 BV.
(BGer 12. April 1990, SZIER 1991, 426)

523. Der Grundsatz der Unschuldsvermutung besagt nur, dass der Richter einen Angeklagten nicht verurteilen darf, wenn trotz objektiver Würdigung des gesamten Beweisergebnisses schlechterdings nicht zu unterdrückende Zweifel an der Schuld des Angeklagten bestehen bleiben; er gibt dem Bundesgericht aber nicht die Möglichkeit, immer dann einzugreifen, wenn es vielleicht von seiner Warte aus gewisse Zweifel noch für möglich hielte. Das Bundesgericht würde andernfalls den Grundsatz der freien richterlichen Beweiswürdigung missachten.
(BGer 20. Dezember 1991, SZIER 1992, 509 f.; BGer 8. September 1988, SJIR 1989, 312 f.; ferner 106 IV 88 f. = SJIR 1981, 310; 105 IV 269 und 104 IV 279)

524. Wollte man den Grundsatz «in dubio pro reo» im Sinne von Art. 6 Abs. 2 EMRK nicht als Beweiswürdigungs-, sondern als Beweislastregel dahin verstehen, dass der Richter den Angeklagten freisprechen muss, wenn er die Schuld und Strafe begründenden Tatsachen nicht für erwiesen hält, dann müsste dargetan werden, dass das Gericht in den fraglichen Punkten tatsächlich Zweifel gehabt hat. Die Kritik der Beweiswürdigung kann mit der Rüge der Verletzung von Art. 4 BV geschehen.
(106 IV 87 ff. = SJIR 1981, 311; BGer 24. Mai 1989, SJIR 1990, 241)

525. Die Beweisregel «in dubio pro reo» lässt sich bei differenzierter Betrachtungsweise in eine Beweislast- und eine Beweiswürdigungsregel unterteilen. Als Beweislastregel ist der Grundsatz verletzt, wenn der Richter schuldig sprach, obgleich er Zweifel hegte. Die Beweiswürdigungsregel ist verletzt, wenn er zwar nicht zweifelte, hierzu aber gehalten gewesen wäre.
(BGer 12. April 1990, SZIER 1991, 426; OGer LU 1. Juli 1987, LGVE 1987 I Nr. 64 = SJIR 1989, 313)

526. Bei Dienstverweigerung gilt der Grundsatz «in dubio pro reo» nicht. Vielmehr hat der Täter eine schwere Gewissensnot zu beweisen oder mindestens wahrscheinlich zu machen. Eine solche Beweislastumkehr für einen privilegierenden Sachumstand widerspricht der Unschuldsvermutung nicht.
(Eidg. Militärkassationsgericht Nr. 196 13. März 1985, SJIR 1986, 153 f.)

527. Der Grundsatz von «in dubio pro reo» ist im Rahmen der freien Beweiswürdigung nicht verletzt, wenn drei erfahrene Polizisten übereinstimmend eine massive Überschreitung der Höchstgeschwindigkeit feststellten.
(BGer 3. Mai 1990, SJIR 1990, 244)

528. Soweit die Beschlagnahme (von pornographischen Videohüllen) auf der Vermutung beruht, damit würden erhebliche Beweismittel für die Abklärung der Strafsache sichergestellt, wird die Unschuldsvermutung nicht verletzt. Solche Überlegungen verletzen die Unschuldsvermutung nicht, solange sie erkennen lassen, dass sie nur auf Verdachtsgründen beruhen und dem Beschwerdeführer nicht der Vorwurf gemacht wird, er habe eine Straftat begangen.
(BGer 6. April 1987, SJIR 1988, 306)

529. Die Unschuldsvermutung steht der Eröffnung sowie der Fortsetzung einer Strafuntersuchung und der Befragung Verdächtiger nicht entgegen, ebensowenig einem Überweisungsbeschluss.
(BGer 6. September 1977, SJ 1979, 373 ff. = SJIR 1979, 192; BGer 15. Dezember 1988, SJIR 1989, 310 f.; BGer 12. Januar 1990, SJIR 1990, 243)

530. Die Unschuldsvermutung hat nicht die Bedeutung, dass niemand ohne Nachweis seiner Schuld verhaftet werden dürfte; die Untersuchungshaft als solche ist in Art. 5 Abs. 1 EMRK ausdrücklich anerkannt.
(107 Ia 140 ff. = EuGRZ 1982, 61 = Pra 1982 Nr. 13 = SJIR 1982, 164; BGEr 24. August 1990, SZIER 1991, 425)

531. In der Annahme eines Tatverdachts (in casu Anordnung einer Blutentnahme) liegt noch keine Verletzung der Unschuldsvermutung.
(BGer 10. Dezember 1987, ZBl 1989, 424 = SJIR 1990, 242 f.)

532. Die Unschuldsvermutung schliesst nicht aus, dass (strafprozessuale) Eingriffe gegen Tatverdächtige erfolgen, die keine Schuldigen sind.
(Anklagekammer BE 28. April 1986, ZBJV 1988, 40 f. = SJIR 1988, 306 f.)

533. Es widerspricht nicht der Unschuldsvermutung, wenn die Untersuchungshaft bei Vorliegen eines dringenden Tatverdachts und eines speziellen Haftgrundes (Wiederholungsgefahr in casu) auch ohne strikten Schuldnachweis angeordnet wird.
(BGer 9. Mai 1989, SJIR 1990, 241 f.)

534. Die Unschuldsvermutung ist nicht verletzt, wenn Untersuchungshäftlinge die gleiche Kost wie die Strafgefangenen erhalten.
(118 Ia 79)

535. Die Unschuldsvermutung ist nicht verletzt, wenn bei Demonstrationen ein Vermummungsverbot besteht, da eine wegen Verletzung des Verbots ausgesprochen Bestrafung keine Verdachtsstrafe darstellt.
(117 Ia 489 f. = EuGRZ 1992, 142)

536. (Überprüfung einer Sicherheitsleistung bei provisorischer Entlassung aus der Untersuchungshaft) Die Unschuldsvermutung steht der Strafverfolgung ebensowenig entgegen wie der Verhaftung oder Haft, deren Zulässigkeit im Rahmen von Art. 5 Abs. 3 EMRK zu beurteilen ist.
(Unveröffentlichte Erw. 6 zu 105 Ia 186, SJIR 1980, 258)

537. Es verletzt die Unschuldsvermutung nicht, wenn im Zusammenhang mit einer früheren Strafuntersuchung gesammelte Daten aufbewahrt bzw. später verwendet werden.
(BGer 18. Dezember 1989, SJIR 1990, 242)

538. Die Unschuldsvermutung steht der Vollstreckung bzw. Bestätigung einer rechtskräftigen Busse nicht entgegen.
(BGer 1. Dezember 1989, SJIR 1990, 243)

539. Die Unschuldsvermutung steht einer Einziehung nach Art. 58 StGB nicht entgegen, da diese lediglich eine strafbare Handlung, aber kein Verschulden bedingt.
(117 IV 237 = SZIER 1992, 511 f.)

540. Es ist nach Art. 6 Abs. 2 EMRK zulässig, eine Strafuntersuchung einzustellen, wobei kein Anspruch besteht, dass die Einstellung von der Feststellung «mangels Tatbestandserfüllung» begleitet wird.
(BGer 10. April 1991, SZIER 1992, 512)

541. Die Bejahung des Vorliegens der Voraussetzungen für die Vorladung vor die Justizbehörde des ersuchenden Staates nach Art. 12 Ziff. 2 des Europäischen Übereinkommens über die Rechtshilfe in Strafsachen vermag allein für sich die Unschuldsvermutung nicht zu verletzen.
(BGer 30. Januar 1990, SJIR 1990, 244)

542. Die Unschuldsvermutung ist verletzt, wenn eine Strafsteuer zu entrichten ist, wenn die Voraussetzungen für die Erhebung einer Nachsteuer erfüllt sind, wobei die Strafsteuer dann entfällt, wenn der Pflichtige den Nachweis erbringen kann, dass ihn kein Verschulden trifft. Daran ändert nichts, dass es für die Aufdeckung, Abklärung und Beurteilung betrügerischer Machenschaften im Steuerrecht eines erheblichen Fachwissens an steuer- und strafrechtlichen Kenntnissen bedarf. Die Beweislastumkehr im Strafsteuerverfahren ist als Verletzung von Art. 6 Abs. 2 EMRK anzusehen.
(OGer LU 19. Oktober 1989, LGVE 1989 II Nr. 19 = SZIER 1991, 425; VGer LU, unveröffentlichtes Urteil vom 8. Juni 1989, A Nr. 4/1988 und A Nr. 5/1988; frühere Praxis: LGVE 1976 II Nr. 22)

543. Die Vornahme einer Ermessenseinschätzung i.S. von § 87 Abs. 2 StG im Steuerhinterziehungsverfahren ist mit der Unschuldsvermutung unvereinbar. Hingegen ist es im Rahmen der rechtsstaatlich vorgeschriebenen freien richterlichen Würdigung der Schuldbeweise zulässig, Einkommens- oder Vermögensteile, deren Verheimlichung als solche nachgewiesen ist, im Hinterziehungsverfahren zu schätzen, sofern sie anhand von Indizien oder geeigneten Hilfstatsachen auf diese Weise hinreichend sicher ermittelt werden können.
(VGer ZH 11. Dezember 1991, RB 1991 Nr. 33; RB 1990 Nr. 50 zur Nachsteuer als objektives Tatbestandsmerkmal der Steuerhinterziehung)

544. Unschuldsvermutung und Anrechnung von Untersuchungshaft nach Art. 69 StGB.
(102 IV 155 = SJIR 1978, 212)

545. Bei der Auslegung von Art. 173 StGB, insbesondere von Abs. 2, ist der Unschuldsvermutung Rechnung zu tragen.
(116 IV 40 = SZIER 1991, 383)

546. Die steuerstrafrechtliche Deliktsfähigkeit von juristischen Personen verstösst nicht gegen das Schuldprinzip, wenn für die Bestrafung die Schuld der in Organfunktion handelnden Meschen verlangt ist und die Strafbarkeit ausdrücklich im Gesetz vorgesehen ist.
(BGer 5. Juli 1990, SZIER 1991, 428; VGer ZH 21. Dezember 1989, RB 1989 Nr. 42 = SZIER 1991, 427 f.)

2. Geltungsbereich

Konventionsorgane

547. Die Unschuldsvermutung gilt für das ganze Strafverfahren und nicht nur für die Prüfung der Stichhaltigkeit einer strafrechtlichen Anklage.
(Gerichtshof 25. März 1983 [Minelli], VPB 1983 Nrn. 162 und 167)

548. Ein Privatstrafklageverfahren wegen Ehrverletzung ist strafrechtlicher Natur.
(Gerichtshof 25. März 1983 [Minelli], VPB 1983 Nr. 163)

549. Die Unschuldsvermutung gilt nicht im Bereich militärischer Disziplinarstrafen.
(Kommission 12. Juli 1984, VPB 1984 Nr. 85)

Innerstaatliche Organe

550. Dem Grundgedanken der Unschuldsvermutung ist bei Presseberichten über hängige Strafverfahren prinzipiell Rechnung zu tragen. Daraus folgt, dass eine identifizierende Berichterstattung unzulässig ist, solange dem jeweiligen legitimen Informationsbedürfnis auch mit einer Berichterstattung ohne Namensnennung Rechnung getragen werden kann. Weiter ist eine zurückhaltende Ausdrucksweise angebracht. Auf der anderen Seite ist aber auch der verfassungsrechtlichen Stellung der Presse Rechnung zu tragen.
(116 Ia 22 ff. = Pra 1991 Nr. 4; 116 IV 39 ff. = SZIER 1991, 427; BGer 23. April 1990, plädoyer 1990, 69 f.)

551. Die Unschuldsvermutung ist nicht verletzt, wenn gleichzeitig mit dem Schuldspruch und der Strafaussprechung festgestellt wird, dass eine Vollstreckung des Urteils wegen Verjährung nicht mehr in Betracht falle. Es verhält sich hierbei anders als im Fall Minelli, wo es um eine Verfahrenseinstellung wegen Verfolgungsverjährung ging. Die Unschuldsvermutung erfordert keine vollstreckbare Strafe.
(BGer 11. Juli 1988, SJIR 1989, 314)

552. In zeitlicher Hinsicht gilt die Unschuldsvermutung erst mit der Eröffnung des Strafverfahrens und endet mit dessen Einstellung, Niederschlagung, mit der Verurteilung oder dem Freispruch oder der Feststellung einer Verjährung.
(Bundesamt für Justiz, VPB 1983 Nr. 169)

553. Die Unschuldsvermutung ist nur in Strafsachen, und nicht bei der Frage der Benützung öffentlichen Grundes, anwendbar.
(108 Ia 305 E. 4a = Pra 1984 Nr. 3 = SJIR 1984, 231)

554. Bei Freispruch des Angeklagten ergibt sich aus Art. 6 Abs. 2 EMRK kein Anspruch, dass der Staat die Kosten dessen Wahlverteidigers übernimmt.
(BGer 21. Januar 1988, ZWR 1988, 255 f.)

555. Erweist sich die Haft infolge Einstellung des Verfahrens oder Freispruchs nachträglich als ungerechtfertigt, so kann aus der Unschuldsvermutung kein Anspruch auf Entschädigung abgeleitet werden.
(BGer 23. Juni 1982, SJIR 1984, 232; vgl. Art. 5 Ziff. 5 EMRK)

556. Die Unschuldsvermutung verlangt, dass auch derjenige, der infolge eines Irrtums in der Person zu Unrecht verhaftet wurde, auch bei Fehlen einer Einstellungsverfügung oder eines gerichtlichen Freispruchs eine Entschädigung verlangen darf.
(Anklagekammer NE 23. Dezember 1986, RJN 1986, 107 f. = SJIR 1988, 307)

557. Wo das kantonale Recht den vorzeitigen Strafvollzug vorsieht, ist er von der ausdrücklichen Zustimmung des Angeschuldigten abhängig; ohne diese Zustimmung ist die Unschuldsvermutung verletzt.
(106 Ia 407 f. = Pra 1981 Nr. 160 = SJIR 1982, 186; 104 Ib 27 = Pra 1978 Nr. 121 = SJIR 1979, 193)

558. Die Unschuldsvermutung findet unter bestimmten Umständen bereits im Untersuchungsverfahren Anwendung.
(BGer 1. Dezember 1987, SJIR 1988, 305)

559. Die Unschuldsvermutung, insbesondere die Festlegung der Beweislast, gilt auch für den Gesetzgeber.
(VGer LU 19. Oktober 1989, LGVE 1989 II Nr. 19; VGer LU, unveröffentlichtes Urteil vom 8. Juni 1989, A Nr. 4/1988 und A Nr. 5/1988)

560. Die Erbenhaftung für Steuerschulden verletzt die Unschuldsvermutung nicht, da sie primär den fehlbaren Steuerpflichtigen bzw. seinen Nachlass trifft.
(BGer 15. November 1991, StR 1992, 396 f.; BGer 5. Juli 1991, StE 1992 B 101.6 Nr. 3; anderer Meinung u.a. VGer LU 19. Oktober 1989, LGVE 1989 II Nr. 19; VGer LU, unveröffentlichtes Urteil vom 8. Juni 1989, A Nr. 4/1988 und A Nr. 5/1988; VGer Zürich 2. November 1989, StE 1990 B 101.6 Nr. 2)

561. Der Untersuchungshäftling, dem es freisteht ob und wann er im Gefängnis arbeiten oder nicht arbeiten will, kann nicht unter Berufung auf die Unschuldsvermutung einen Anspruch auf angemessene Entlöhnung geltend machen.
(106 Ia 360 f. = Pra 1981 Nr. 137 = SJIR 1982, 185)

562. Die Unschuldsvermutung ist verletzt, wenn der über ein Entschädigungsbegehren eines freigesprochenen Untersuchungshäftlings befindende Richter in seinem Entscheid die Frage aufwirft, dieser sei möglicherweise eines Vergehens schuldig.
(BGer 29. August 1990, SZIER 1991, 429 f.)

563. Die Unschuldsvermutung verbietet, dass die Auferlegung der Strafsteuer trotz Einstellung des Verfahrens damit begründet wird, der Betroffene habe einen Steuerbetrug begangen.
(BGer 5. Juli 1990, SZIER 1991, 428)

3. Untersuchungshaft

Konventionsorgane

Innerstaatliche Organe

564. Die Unschuldsvermutung steht der Anordnung der Untersuchungshaft nicht entgegen.
(BGer 10. Juni 1980, SJIR 1981, 318 f.)

565. Bei Freispruch darf eine Entschädigung für Untersuchungshaft nicht mit einer Begründung verweigert werden, welche das Gefühl einer Schuld des Inhaftierten widerspiegelt.
(BGer 4. August 1986, SJ 1986, 604 f. = SJIR 1987 219; BGer 6. Dezember 1988, SJIR 1990, 244 f.)

566. Es verstösst nicht gegen die Unschuldsvermutung, wenn Untersuchungsgefangene aufgrund einer Änderung der Haftverordnung gleich wie verurteilte Gefangene nur zu Weihnachten und Ostern Lebensmittelpakete empfangen dürfen. Der Verlust des Rechts, Nahrungsmittel zu erhalten, wurde diesen nicht wegen ihrer Schuld auferlegt, sondern einzig deshalb, weil es nicht möglich ist, gänzlich auszuschliessen, dass ihr Verhalten die Gefängnisordnung stören könnte.
(113 Ia 328 = Pra 1988 Nr. 30)

4. Kostenauflage und Verweigerung einer Entschädigung

Lit.: W. GRESSLY, Die Kostenauflage bei Freispruch oder Einstellung des Strafverfahrens, Mélanges Assista, Genf 1989, 479 ff.; TH. HANSJAKOB, Kostenarten, Kostenträger und Kostenhöhe im Strafprozess, St.Gallen 1988; G. JENNY, Einstellung und Freispruch mit Kosten, BJM 1985, 1 ff. ; C. ROUILLER, La condamnation aux frais de justice du prévenu libéré de toute peine en relation avec la présomption d'innocence, SJZ 1984, 205 ff.; C. WESTERDIEK, Die Strassburger Rechtsprechung zur Unschuldsvermutung bei der Einstellung von Strafverfahren, EuGRZ 1987, 393 ff.

Konventionsorgane

567. Die Kostenauflage bei Freispruch verletzt die Unschuldsvermutung, wenn die Begründung eines Gerichtsentscheids oder andere genaue und schlüssige Beweisstücke zeigen, dass die Aufteilung der Kosten auf der Würdigung der Schuld des Angeklagten beruht.
(Gerichtshof 25. März 1983, EuGRZ 1983, 475 = SJZ 1983, 197 = VPB 1983 Nr. 168)

568. Die Unschuldsvermutung ist nicht verletzt, wenn eine freigesprochene Person die Kosten des eigenen Anwalts und Einkommenseinbussen, die mit dem Verfahren in Verbindung stehen, selber tragen muss.
(Kommission 5. Mai 1981, VPB 1983 Nr. 165)

569. Die Unschuldsvermutung ist nicht verletzt, wenn die Kostenauflage damit begründet wird, der Betroffene habe sich leichtsinnig verhalten, ohne dass der Eindruck erweckt wird, er habe sich einer Straftat schuldig gemacht.
(Kommission 17. Mai 1984, VPB 1986 Nr. 102)

Innerstaatliche Organe

570. Aus Art. 6 (und 5) EMRK gibt es keinen Anspruch des freigesprochenen Angeschuldigten auf Erstattung der Anwaltskosten.
(BGer 3. April 1990, SZIER 1991, 424 f.)

571. Eine gegen Art. 6 Abs. 2 EMRK verstossende Kostenauflage ist nicht nichtig sondern nur anfechtbar. (Frage der Verletzung eines unverzichtbaren und unverjährbaren Grundrechts offengelassen).
(BGer 24. September 1985, EuGRZ 1985, 620 = SJIR 1986, 152 f.)

572. Für einen nichtverurteilenden Verfahrensabschluss bedeutet die Unschuldsvermutung, dass der verfahrensabschliessende Entscheid nicht den Eindruck des Bestehens strafrechtlicher Schuld erwecken darf. Schutzobjekt ist der gute Ruf des Angeschuldigten. Kostenauflagen sind demnach unzulässig, wenn sich bereits aus dem Text des Entscheids eine strafrechtliche Missbilligung ergibt, die in der Kostenauflage zum Ausdruck kommt.
(115 Ia 310 = SJIR 1990, 248; 114 Ia 302 E. 2b = Pra 1989 Nr. 50 = SJIR 1989, 318 ff.; 112 Ia 374 E. 2b = Pra 1987 Nr. 116 = SJIR 1988, 309 f.; 113 Ia 78 E. 1a; 109 Ia 237 f. E. 2a, 166 E. 4c = Pra 1984 Nr. 146; BGer 9. Juli 1984, SJIR 1985, 268 f.; OGer ZH 18. Dezember 1981, SJZ 1982, 62)

573. Die anhand der Unzulässigkeit der Kostenauflage entwickelten Grundsätze gelten auch hinsichtlich der Verweigerung einer Entschädigung bei nichtverurteilendem Verfahrensabschluss.
(115 Ia 310)

574. Ob die Kostenauflage eine verpönte strafrechtliche Missbilligung enthält, ist danach zu beurteilen, wie ihn das Publikum (und nicht der juristisch geschulte Leser) verstehen darf und muss.
(114 Ia 302 E. 2b)

575. Die Kostenauflage verstösst nicht nur dann gegen die Unschuldsvermutung, wenn der Text einer Entscheidung eine direkte strafrechtliche Missbilligung enthält, sondern wenn sich die Missbilligung sonstwie aus dem Text der Entscheidung ergibt, d.h. wenn darin ein strafrechtlich relevanter Vorwurf nur implizit zum Ausdruck gelangt.
(115 Ia 311)

576. Die Kosten dürfen nicht allein deswegen auferlegt werden, weil ein – allenfalls schwerer – Tatverdacht weiterbesteht; das liefe auf eine unzulässige Verdachtsstrafe hinaus.
(109 Ia 163 E. 4a = Pra 1984 Nr. 32 = EuGRZ 1984, 80 f. = SJIR 1984, 225 ff.; 107 Ia 166 = Pra 1984 Nr. 32)

577. Verboten ist die Kostenauflage im Sinne eines Strafsurrogats in den Fällen, wo der Richter zwar eine Strafe für angebracht hält, das Gesetz sie aber nicht vorsieht.
(BGer 10. Mai 1988, SJIR 1988, 316 f.)

578. Zulässigkeit der Kostenauferlegung bei Freispruch unter folgenden Voraussetzungen: Zwischen den entstandenen Kosten und dem vorwerfbaren Verhalten muss ein Kausalzusammenhang bestehen. Weiter muss dem Beschuldigten ein schuldhaftes Verhalten zur Last gelegt werden können. Es genügt nicht, dass er durch sein Verhalten objektiv zur Untersuchung oder Verlängerung des Verfahrens Anlass gegeben hat. Die Kosten können bloss aufgelegt werden, wenn das Verhalten aufgrund zivilrechtlicher Regeln vorwerfbar ist, und zwar unbekümmert darum, ob die kantonale Strafprozessordnung ausdrücklich ein schuldhaftes Verhalten verlangt. Es handelt sich um Haftung für zivilprozessuales Verschulden oder, besser ausgedrückt, um eine zivilrechtlichen Grundsätzen angenäherte Haftung für fehlerhaftes Verhalten. Dabei darf die Haftung nicht weiter gehen, als der Kausalzusammenhang zwischen dem fehlerhaften Verhalten und den die Kosten verursachenden behördlichen Handlungen reicht.
(114 Ia 303 f. E. 4a = Pra 1989 Nr. 50 = SJIR 1989, 318 ff., 112 Ib 455 f. E. 4b aa, 109 Ia 163 f. E. 4a und b, 167 E. 2a = Pra 1984 Nr. 32 = EuGRZ 1984, 80 f. = SJIR 1984, 225 ff.; BGer 30. Oktober 1985, SJIR 1987, 215 f.; KGer VS 30. April 1982, ZWR 1982, 144 ff.)

579. Nach einer Praxisänderung dürfen künftig Kostenauflagen bei Freisprüchen oder Verfahrenseinstellungen nicht mehr mit einem rein moralisch (ethisch) verwerflichen, im übrigen aber rechtlich zulässigen Verhalten begründet werden. Kosten dürfen demnach nur noch auferlegt werden, wenn jemand in zivilrechtlich vorwerfbarer Weise gegen eine geschriebene oder ungeschriebene Verhaltensnorm klar verstossen und dadurch die Einleitung des Strafverfahrens veranlasst oder deren Durchführung erschwert hat.
(116 Ia 167 f. = EuGRZ 1990, 322 ff. = Pra 1992 Nr. 2, OGer AG 13. September 1990, AGVE Nr. 29; vgl. auch Gunther Arzt/Danièle Chopard, Rechtsprechungsorientierung, recht 1989, 143)

580. Die Kostenauflage rechtfertigt sich nicht nur durch das Verhalten des Angeschuldigten im Verfahren, sondern auch dann, wenn dessen leichtfertiges oder verwerfliches Verhalten die Einleitung des Verfahrens verursacht hat.
(KassG ZH 8. Juli 1983, ZR 1984 Nr. 32 = SJZ 1983, 378)

581. Es besteht kein Kausalzusammenhang, wenn die Kosten auf die verspätete Urteilsausfertigung zurückzuführen sind.
(BGer 4. Dezember 1985, SJIR 1987, 217)

582. Als vorwerfbares Verhalten fallen nicht nur Verletzung zivilrechtlicher Pflichten in Betracht, sondern jede Verletzung allgemeiner gesetzlicher Pflichten, zu denen auch beamtenrechtliche Pflichten zählen.
(114 Ia 305 f. E. 5b = Pra 1989 Nr. 50 = SJIR 1989, 318 ff.; ferner 108 II 311)

583. Prozessuales Verschulden im engeren Sinn liegt etwa vor, wenn der Beschuldigte die Untersuchung durch wahrheitswidrige Angaben auf eine falsche Fährte führt oder das Verfahren erschwert und verlängert, indem er nicht zu Verhandlungen erscheint.
(109 Ia 163 f. E. 4b)

584. In tatsächlicher Hinsicht darf sich die Kostenauflage allerdings nur auf unbestrittene oder bereits klar nachgewiesene Umstände stützen.
(BGer 17. März 1986, SJIR 1987, 218)

585. Bei Aussageverweigerung darf dann keine Kostenauflage erfolgen, wenn die Rechtsprechung dem Angeklagten das Aussageverweigerungsrecht zubilligt. Vorbehalten bleibt der Fall, wo der Angeklagte das Verweigerungsrecht missbraucht, so etwa wenn er ein Alibi verschweigt, das zur sofortigen Freilassung führen könnte. Anders liegen die Dinge, wenn der Beschuldigte nicht die Aussage

verweigert, sondern durch lügenhaftes Verhalten die Durchführung der Untersuchung erschwert hat.
(109 Ia 167 f. E. 2b = Pra 1984 Nr. 31 = SJIR 1984, 230; 112 Ia 455 f. E.4b aa = Pra 77 Nr. 153 = SJIR 1988, 310)

586. Die Kostenauflage ist auch dann unzulässig, wenn der Angeklagte zum Vorwurf der Widerhandlung einvernommen wurde und er im Untersuchungsverfahren jederzeit die Vornahme bestimmter Untersuchungshandlungen zu seiner Verteidigung hätte beantragen können.
(BGer 21. Juni 1983, EuGRZ 1983, 499)

587. Die Unschuldsvermutung ist verletzt, wo den Erben des verstorbenen Beschuldigten die Kosten des eingestellten Verfahrens auferlegt werden, mit der Begründung, die Strafklage hätte zumindest zum Teil geschützt werden müssen.
(107 Ia 166 f. E. 4b)

588. Bei der Prüfung der Gründe für die Kostenauflage an einen nicht strafrechtlich verurteilten Beschuldigten ist stets darauf zu achten, dass nicht etwa Freiheitsrechte, namentlich die Meinungsäusserungsfreiheit, beeinträchtigt werden.
(107 Ia 166 f. E. 4b)

589. Die Verpflichtung zur Zahlung einer Parteientschädigung an den Strafkläger ist nach den gleichen Gesichtspunkten wie die Kostenauflage zu beurteilen.
(107 Ia 166 f. E. 4b)

590. Es ist nicht unhaltbar, wenn eine strafrechtlich nicht zurechnungsfähige Person mit den Prozesskosten – unter Heranziehung der in Art. 54 Abs. 1 OR festgehaltenen Gedanken der Billigkeitshaftung des Urteilsunfähigen – belastet wird.
(113 Ia 77 ff. = Pra 76 Nr. 231 = SJIR 1988, 308 f.)

591. Kostenauflage ist eine den zivilrechtlichen Grundsätzen angenäherte Haftung für ein fehlerhaftes Verhalten.
(OGer AG 20. Juni 1985, AGVE 1985 Nr. 29)

592. Die Unschuldsvermutung ist verletzt, wenn sich die für die Kostenauflage verwendete Begründung ebensogut für einen Schuldspruch heranziehen liesse.
(OGer ZH 4. September 1984, ZR 84 Nr. 135 = SJZ 1986, 213)

593. Bei Verletzungen einer Verkehrsregel bleibt kaum Raum für ein allein nach zivilrechtlichen oder ethischen Grundsätzen vorwerfbares Verhalten.
(OGer ZH 4. September 1984, ZR 84 Nr. 135 = SJZ 1986, 213 = SJIR 1987, 219)

594. Ein zivilrechtlich vorwerfbares Verhalten läge dann vor, wenn ein Ver-zeigter die Untersuchungsbehörde durch lügenhafte Angaben auf eine falsche Spur gelenkt und so das Verfahren erschwert hätte.
(OGer ZH 4. September 1984, ZR 84 Nr. 135 = SJZ 1986, 213)

595. Ein prozessuales Verschulden liegt dann vor, wenn sich der Angeschuldigte in vorwerfbarer Weise verdächtig benommen hat.
(KassG ZH 8. Juli 1983, ZR 83 Nr. 32 = SJZ 1983, 377 f.)

596. Dass der objektiv festgestellte Sachverhalt gleichzeitig Teil eines Straftat-bestandes bildet, kann nicht dazu führen, dass dem Beschwerdeführer keine Kosten auferlegt werden dürfen.
(KassG ZH 2. Dezember 1985, ZR 1986 Nr. 34)

597. Wer trotz des ihm bekannten Führerausweisentzuges über längere Zeit und wiederholt ein Motorfahrzeug lenkt, handelt in hohem Mass verwerflich, und zwar ohne Rücksicht darauf, ob letzten Endes eine Strafe gegen ihn verhängt wird.
(OGer AG 27. November 1984, AGVE 1984 Nr. 39)

598. Prozessuales Verschulden liegt nicht nur vor, wenn sich der Angeschuldigte dem Gang der Strafuntersuchung in den Weg gestellt hat, sondern auch dann, wenn er sich in vorwerfbarer Weise verdächtig benommen hat.
(KassG ZH 8. Juli 1983, ZR 1984 Nr. 32 = SJZ 1983, 378)

599. Die Kostenauflage kann auch erfolgen wegen des Verhaltens, das Gegen-stand des Verfahrens war, mit der Begründung, dieses Verhalten sei zwar nicht strafbar, aber unter zivilrechtlichen Gesichtspunkten vorwerfbar. Nach der neue-sten Praxisänderung ist eine Kostenauflage aus moralisch−ethischen Gründen nicht mehr erlaubt. Die folgenden Beispiele geben noch die bisherige, die ethi-sche Vorwerfbarkeit einschliessende Praxis wieder, weshalb *im einzelnen* zu untersuchen ist, auf welchen Motiven die Kostenauflage beruht.

600. Kostenauflage *bejaht*:

– Bei Freispruch des wegen Zurechnungsunfähigkeit Freigesprochenen in sinn-
gemässer Anwendung von Art. 54 Abs. 1 OR aus Billigkeitserwägungen.
(112 Ia 375 f.)

– Verletzung der Rechenschaftspflicht nach Art. 400 OR.
(BGer 29. Juni 1988, SJIR 1990, 246 f.)

– Verletzung der Buchführungspflicht nach Art. 857 OR.
(BGer 29. Juni 1988, SJIR 1990, 247)

–Missachtung der Bewilligungspflicht und einer behördlichen Verfügung.
(BGer 29. Juni 1988, SJIR 1990, 247)

– Teilnahme an mehreren, dem Erwerb von Betäubungsmitteln dienenden Reisen.
(BGer 29. Juni 1988, SJIR 1990, 247)

– Lügenhaftes Verhalten des Beschuldigten erschwert die Durchführung der
Untersuchung.
(109 Ia 167 f. E. 2b = Pra 1984 Nr. 31 = SJIR 1984, 230)

– Freispruch vom strafrechtlichen Vorwurf der Entwendung unter gleichzeitiger
Verletzung der sachenrechtlichen Regeln über Besitz und Eigentum.
(BGer 16. Oktober 1990, Neue Zürcher Zeitung 30. Januar 1991 [Nr. 24], 9)

– Massiv verspätete Stellungnahme zu einer strafrechtlichen Anzeige und un-
entschuldigte Abwesenheit bei einer polizeirichterlichen Einvernahme als prozessuales Verschulden.
(115 Ia 309 = SJIR 1990, 247)

– Leichtfertiges Verhalten, wer sich in der Nähe einer (am Rand einer bewilligten
Demonstration) gegen den Tramverkehr gerichteten Aktion befindet, und sich
weigert, den Polizeibeamten den Inhalt des mit sich führenden Plastiksackes zu
zeigen.
(BGer 3. August 1983, SJIR 1984, 230 f.)

– Erwirken eines Darlehens durch lügenhafte Angaben, wobei es aber an der für
einen Betrug notwendigen Arglist fehlt;
– Grobe Vernachlässigung der Buchführungspflicht;
– Bekleben von fremden Häuserfassaden mit Plakaten.
(107 Ia 166 f. E. 4b)

– Nachlässige Führung einer Buchhaltung als Anlass für die Eröffnung eines Strafverfahrens.
(BGer 29. September 1989, SJIR 1989, 320)

– Personenangriff mit Heugabel als Anlass für ein Strafverfahren.
(BGer 30. März 1988, SJIR 1989, 320)

– Nichtverlassen des Restaurants nach ergangener Aufforderung hierzu in einem Kanton, der keine Bewirtungspflicht kennt und nachfolgender Anzeige wegen Hausfriedensbruchs.
(BGer 6. Oktober 1988, SJIR 1989, 320 f.)

– Unvorsichtiges Hintereinanderfahren im Strassenverkehr, da Verstoss gegen zivilrechtliche Regeln.
(BGer 24. Februar 1987, SJIR 1988, 310)

– Widerrechtliche Persönlichkeitsverletzung nach Art. 28 ZGB.
(BGer 5. Dezember 1989, SJIR 1990, 248)

– Verdacht eines Verstosses gegen die Ursprungszeugnisverordnung durch falsche Angaben in einem Konnossement, was den Einbezug in das laufende Strafverfahren rechtfertigte.
(BGer 20. Januar 1989, SJIR 1988, 312)

– Mitführen von Jagdgewehr und Munition in einem Jagdgebiet und Verdacht des Wilderns.
(BGer 2. September 1985, SJIR 1987, 217)

– Vorbezug von Gehaltszulagen durch Gemeindekassier, obwohl er von der fehlenden (notwendigen) Zustimmung des Gemeinderats wusste.
(BGer 25. Januar 1985, SJIR 1986, 151 f.)

– Verbotene Selbsthilfe.
(BGer 10. März 1986, SJIR 1987, 218)

– Vorwerfbares Verhalten liegt vor, wenn der Beschuldigte die ausstehenden Unterhaltszahlungen erst im Lauf des Verfahrens an seine geschiedene Ehefrau zahlte.
(KGer GR 26. November 1984, PKG 1984 Nr. 44 = SJIR 1987, 218)

– Fehlende Notwehr i.S. von Art. 52 OR, wobei der Angeschuldigte den Strafantrag zurückziehenden Geschädigten mit beiden Händen und Armen zurückstiess, so dass dieser zu Boden fiel.
(BGer 12. Mai 1987, SJIR 1988, 311)

– Verabreichung eines Morphium–Präparats durch einen Notfallarzt, der anschliessend weder den Transport des Patienten überwachte noch den Spitalnotfalldienst alarmierte, wobei der Patient am Abend starb. Dem Arzt wurde ein ethisch nicht vertretbares Verhalten vorgeworfen.
(BGer 22. Mai 1987, SJIR 1988, 311)

– Verletzung einer moralischen Pflicht, wer nach der technischen Kontrolle einer Gasheizung deren Mangelhaftigkeit (wie vorgeschrieben) anzeigt, aber auf ein erneutes Einschreiten verzichtet.
(Trib. d'accusation VD 25. Mai 1987, SJIR 1988, 311)

– Nichterscheinen zur Gerichtsverhandlung und Abwesenheitsurteil. Wer danach das ordentliche Verfahren verlangt, in dem das Urteil aufgrund der Aussage des Angeklagten aufgehoben wird, ist zur Tragung der Kosten im ersten Verfahren verpflichtet, da er zu ersten Verhandlung, an der er die Aussage hätte machen können, unentschuldigt nicht erschienen war.
(BGer 2. Dezember 1987, SJIR 1988, 312)

– Entgegennahme von deliktisch erlangtem Geld (Freispruch vom Vorwurf der Hehlerei), da zivilrechtliche Verpflichtung besteht, das Geld dem rechtmässigen Eigentümer zurückzugeben (Art. 62 OR und Art. 936 ZGB).
(BGer 2. Dezember 1987, SJIR 1988, 312)

– Abgabe von Ausrüstungsgegenständen aus einem anvertrauten Lager an einen Altstoffhändler ohne von diesem ein angemessenes Entgelt zu verlangen, wobei der Verdacht des Amtsmissbrauchs bzw. der Veruntreuung aufkam. Die ausdrücklichen Hinweise der Mitarbeiter und deren Widerstand gegen die unentgeltliche Abgabe wurden nicht beachtet.
(Überweisungsbehörde BS 24. April 1985, BJM 1986, 116 ff.)

– Missachtung eines Fahrverbots.
(OGer AG 13. September 1990, AGVE 1990 Nr. 29)

601. Kostenauflage *verneint*:

– Allein aus dem Grunde ethisch, aber nicht rechtlich vorwerfbaren Verhaltens.
(BGE 116 Ia 167 f. = EuGRZ 1990, 322 ff. = Pra 1992 Nr. 2, vgl. bereits 114 Ia 305 = Pra 1989 Nr. 50 = SJIR 1989, 318 ff.; OGer AG 13. September 1990, AGVE 1990 Nr. 29)

– Hat der Beschuldigte ethisch vorwerfbar gehandelt, so können ihm die Kosten des erstinstanzlichen Verfahrens überbunden werden, nicht aber diejenigen für

das Verfahren vor dem Obergericht, da die definitive Aufhebung der Strafuntersuchung bereits zuvor rechtskräftig geworden war.
(BGer 22. Mai 1987, SJIR 1988, 311, z.T. überholt)

– Freispruch vom Vorwurf des unlauteren Wettbewerbs und wenn das Verhalten
ansonsten erlaubt und moralisch statthaft war.
(BGer 17. September 1985, SJIR 1987, 217)

– Freispruch vom Vorwurf der qualifizierten Veruntreuung, wobei sich der Angeschuldigte den ganzen Gegenwert eines Schuldbriefes hat gutschreiben lassen,
obwohl daran ein Nachpfandrecht bestand, das allerdings untergegangen war.
Dass der Angeschuldigte das Nachpfandrecht nicht mehr berücksichtigte, war
ihm deshalb nicht vorzuwerfen.
(BGer 25. Februar 1987, SJIR 1988, 310)

– Wer die Entführung einer Person objektiv erleichtert, indem er auf Bitte der
Entführer in seinem Namen Fahrzeuge und Wohnung mietet, aber bestreitet, von
den Entführungsabsichten gewusst zu haben.
(Trib. d'accusation VD 2. März 1987, SJIR 1988, 311)

– Kostenüberbindung bei einem Blutalkoholgehalt von 0,61 Gewichtspromille
bei Verfahrenseinstellung, mit der Begründung, dass sich jemand berits ab 0,5
Gewichtspromille strafbar machen könne.
(OGer–Kommission OW 16. Februar 1990, Amtsbericht Obwalden 1990/1991 Nr. 50)

5. Opportunitätsprinzip

Lit.: R. ROTH, Le principe de l'opportunité de la poursuite, ZSR 1989 II 169 ff.; J.
SOLLBERGER, Das Opportunitätsprinzip im Strafrecht, ZSR 1989 II 1 ff.

Konventionsorgane

Innerstaatliche Organe

602. Verzicht auf die Strafverfolgung unter Berufung auf das Opportunitätsprinzip verletzt die Unschuldsvermutung nicht, denn der Beschuldigte wird weder
verurteilt noch wird er als schuldig oder strafwürdig angesehen.
(BGer 21. Oktober 1985, SJIR 1987, 220)

VIII. Strafprozessuale Mindestgarantien

Lit.: G. ARZT, Verwirkung strafprozessualer Rechte durch den Angeklagten, recht 1991,
27 ff.; P. Bischofberger, Die Verfahrensgarantien der Europäischen Konvention zum
Schutze der Menschenrechte auf Grundfreiheiten (Art. 5 und 6) in ihrer Einwirkung auf
das schweizerische Strafprozessrecht, Zürich 1972; A. HAEFLIGER, Das Erfordernis einer
nationalen Beschwerde bei Verletzung der Europäischen Menschenrechtskonvention, in:
Die schweizerische Rechtsordnung in ihren internationalen Bezügen, Bern 1988, 27 ff.;
M. HOTTELIER, Vers une procédure pénale «eurocompatible», AJP 1992, 363 ff.; O.
JACOT-GUILLARMOD, Problèmes de législation pénale révélés par la jurisprudence de
Strasbourg: perspective de droit suisse et de droit comparé, ZStrR 1989, 242 ff.; L. A.
MINELLI, Strafverteidiger und EMRK, Schweizer Anwalt 1988, 19 ff.; M. PIETH, Der
Beweisantrag des Beschuldigten im Schweizer Strafprozessrecht, Basel 1984; D.
PONCET, La protection de l'accusé pa la Convention européenne des droits de l'homme.
Genève 1977; F. RIKLIN, Postulate zur Reform der Untersuchungshaft – unter besonderer
Berücksichtigung der Anforderungen der europäischen Menschenrechtskonvention und
des schweizerischen Verfassungsrechts, ZStrR 1987, 57 ff.; M. RUSCA, La procedura
penale ticinese alla luce della Convenzione europea die diritti dell'uomo, Rep 1984, 227
ff.; S. TRECHSEL, Die Verteidigungsrechte in der Praxis zur EMRK, ZStrR 1979, 337 ff.;

DERS., Der Einfluss der Europäischen Menschenrechtskonvention auf das Strafrecht und Strafverfahrensrecht der Schweiz, ZStW 1988, 667 ff.; DERS., Die Bedeutung der Europäischen Menschenrechtskonvention im Strafrecht, ZStW, 1989, 819 ff.; DERS., Die Europäische Menschenrechtskonvention, ihr Schutz der persönlichen Freiheit und die schweizerischen Strafprozessrechte, Bern 1974; H. UTZ, Die Kommunikation zwischen inhaftiertem Beschuldigten und Verteidiger, Basel 1984; H. WALDER, Rechtswidrig erlangte Beweismittel im Strafprozess, ZStrR 1966, 36 ff.; M. ZWEIFEL, Das rechtliche Gehör im Steuerhinterziehungsverfahren, ASA 1992, 449 ff.

1. Allgemeines

Konventionsorgane

603. Ob die Garantie eines fairen Verfahrens, wie sie in Art. 6 Ziff. 1 EMRK erwähnt ist, und in Abs. 3 für das Strafverfahren verdeutlicht wird, eingehalten wurde, beurteilt sich nicht nach einzelnen Ereignissen, sondern nach dem gesamten Verfahren.
(Kommission 13. Juli 1983, VPB 1983 Nr. 170 II)

Innerstaatliche Organe

604. Art. 6 Abs. 3 EMRK ist nur in der Strafgerichtsbarkeit, unter Ausschluss zivilrechtlicher Angelegenheiten, anwendbar.
(BGer 11. November 1981, SJ 1982, 452 = SJIR 1983, 294 f.)

605. Der Anspruch des Bedürftigen auf unentgeltliche Zivilrechtspflege kann nicht aus Art. 6 Abs. 3 lit. c EMRK abgeleitet werden.
(116 II 653)

606. Das Recht auf einen Beistand seiner Wahl bezieht sich nur auf das Strafverfahren und kann nicht auf zivil- oder verwaltungsrechtliche Angelegenheiten übertragen werden.
(BGer 7. November 1986, RJN 1986, 316 = SJIR 1988, 313 f.; BGer 15. August 1978, SJ 1979, 413 f. = SJIR 1979, 213)

607. Die strafprozessualen Parteirechte und die Verfahrensgarantien der Bundes-verfassung und der EMRK sind darauf zugeschnitten, dass der Angeschuldigte als Verfahrenssubjekt an der Strafuntersuchung teilnimmt und den Untersuchungsor-ganen zur Verfügung steht, nötigenfalls auch unfreiwillig als Adressat von Zwangsmassnahmen, die etwa zur Beweissicherung oder sonstwie zur Wahrung des Verfahrenszweckes nötig sind.
(113 Ia 216 f.)

608. Aus Art. 6 Abs. 3 lit. c EMRK ergibt sich kein Anspruch auf einen Of-fizialverteidiger, der über denjenigen nach Art. 4 BV hinausgehen würde.
(102 Ia 200; 104 Ia 18 = EuGRZ 1978, 519; 105 Ia 305 = SJIR 1981, 322; BGer 10. August 1983, SJ 1984, 52 = SJIR 1984, 239)

609. Es ist anzunehmen, der Angeschuldigte, der absichtlich darauf verzichtet, sich zur Verfügung der Untersuchungsbehörde zu halten, verzichte insoweit auch auf die ihm an sich zustehenden Mitwirkungsrechte. Diese Annahme lässt es auch zu, den Verteidiger von der gleichsam stellvertretenden Teilnahme an der Untersuchung ganz oder teilweise auszuschliessen. Die Stellung des Angeschul-digten kann insoweit als höchstpersönlich angesehen werden.
(113 Ia 216 f. E 2c und d = Pra 1987 Nr. 168 = SJIR 1988, 315 f.; ferner Überwei-sungsbehörde BS 21. März 1986, BJM 1988, 109 E. 2d)

610. Unterzieht sich der Beschuldigte der aufgrund einer summarischen Beurtei-lung von Tat und Täter in einem Strafbefehlsverfahren ergangenen Urteilsspruch, so wird angenommen, er habe rechtsgültig auf die Verfahrensrechte von Art. 6 EMRK verzichtet.
(OGer BL 30. Oktober 1990, BJM 1991, 314)

611. Ein allgemeiner Anspruch des Freigesprochenen auf eine Parteientschädi-gung oder der Übernahme der Kosten für den Wahlverteidiger lässt sich weder aus Art. 6 EMRK noch unmittelbar aus Art. 4 BV ableiten. Der Entscheid über den Zuspruch einer solchen Entschädigung hängt vielmehr allein von der Aus-legung des kantonalen Rechts ab, jedenfalls dann, wenn keine Verhaftung erfolgt war.
(105 Ia 127 = SJIR 1980, 255 und BGer 20. März 1984, SJIR 1985, 273; BGer 21. Ja-nuar 1988, ZWR 1988, 255 = SJIR 1989, 314 f.; Obergerichtskommission OW 28. April 1981, Amtsbericht über die Rechtspflege 1980/81 Nr. 38)

612. Ist ein Beweis erheblich, hat der Angeschuldigte grundsätzlich Anspruch darauf, dass er bei der Beweisabnahme wenigstens einmal mitwirken kann, wenn er es rechtzeitig verlangt.
(105 Ia 1 = Pra 1979 Nr. 129 = SJIR 1980, 266)

613. Aus dem Recht auf Beizug eines Verteidigers folgt nicht unmittelbar, dass der Staat den Angeschuldigten für die Kosten seiner Rechtsverbeiständung zu entschädigen hat, wenn sich die gegen ihn geführte Strafuntersuchung als ungerechtfertigt erweist. Der Anspruch des zu Unrecht Verfolgten darf aber nicht durch allzu hohe Anforderungen ausgehöhlt werden. Eine Anwaltskostenentschädigung ist namentlich dann zuzusprechen, wenn im Laufe des Strafverfahrens eine Strafverfolgungsbehörde unmissverständlich zu erkennen gibt, dass sie den Angeschuldigten für schuldig hält, eine übergeordnete Instanz den Tatvorwurf aber entkräftet.
(KantG GR 14. August 1986, PKG 1986 Nr. 37 = SJIR 1988, 320)

614. Aus Art. 6 Abs. 3 EMRK lässt sich kein Recht ableiten, wonach der Untersuchungshäftling schriftlich über die während dem Haftregime bestehenden Rechte und Pflichten zu unterrichten wäre.
(unveröffentlichte Erw. 3a) bb) zu 106 Ia 355 = SJIR 1982, 188)

615. Nicht auf Art. 6 Abs. 3 lit. c EMRK berufen kann sich der Verteidiger zur Stützung seiner eigenen Beschwerde (wegen Verletzung des Anwaltsgeheimnisses).
(Pra 1992 Nr. 178 = SJ 1992, 161)

2. Unterrichtung über die Anklage

Lit. A. HAEFLIGER, Die Sprachenfreiheit in der bundesgerichtlichen Rechtsprechung, Mélanges Henri Zwahlen, Lausanne 1977, 84 ff.

Konventionsorgane

616. Änderung der rechtlichen Beurteilung eines Sachverhalts im Lauf des Verfahrens. Diese ist zulässig, wenn der Angeklagte genügend Zeit hat, seine Verteidigung zu diesem Punkt vorzubereiten.
(Kommission 10. März 1988, VPB 1988 Nr. 70)

Innerstaatliche Organe

617. Wer von einem Strafverfahren erfasst wird, muss über dessen wesentlichen Teile in einer für ihn verständlichen Sprache unterrichtet werden. Allerdings hat er nur dann Anspruch auf die Übersetzung der Gerichtsakten, wenn er keine (finanziellen) Mittel besitzt, um die Übersetzung selbst zu besorgen.
(BGer 12. Juni 1979, SJIR 1980, 261)

618. Die blosse Aufzählung der dem Angeklagten vorgeworfenen Tatsachen ohne rechtliche Qualifikation ist ungenügend. Zulässig ist hingegen eine alternative Anklage.
(BGer 13. September 1988, SJIR 1990, 250)

619. Die EMRK verlangt nicht, dass zwischen der Anklage und der Verurteilung vollständige Identität herrscht. Verboten ist lediglich, dass dem Angeklagten im Zeitpunkt des Urteils neue Tatsachen angelastet werden oder auf eine verschärfte rechtliche Qualifikation geschlossen wird.
(BGer 3. Februar 1991, SZIER 1992, 512 f.)

620. Art. 163 StGB (betrügerischer Konkurs) gehört nicht zu den Gesetzesvorschriften, deren unbestimmte Fassung eine zusätzliche Spezifizierung nötig machen würde.
(BGer 10. Februar 1988, SJIR 1988, 312 f.)

621. Spätestens mit Einleitung des Nachsteuerverfahrens ist dem Pflichtigen auch mitzuteilen, dass gegen ihn auch ein Strafsteuerverfahren eingeleitet werde. Für die Gültigkeit der Eröffnung genügt der korrekt protokollierte mündliche oder aber empfangsbedürftige schriftliche Hinweis des Steuerkommissärs an den Steuerpflichtigen, es werde gegen ihn ein Nach– und Strafsteuerverfahren für bestimmt umschriebene Steuerjahre eingeleitet.
(VGer ZH 25. September 1990, RB 1990 Nr. 47)

622. Der Pflichtige ist im (Zürcher) Strafsteuerverfahren im einzelnen über die ihm zur Last gelegten Vorwürfe zu orientieren. Dazu gehört die Unterrichtung über die Voraussetzungen der Nachsteuer, insbesondere über die neuen Tatsachen und die Art und Weise der Berechnung der Nachsteuer. Das Recht zur Akteneinsicht entbindet die Strafverfolgungsbehörde nicht von der Unterrichtung über die Anklage.
(VGer ZH 21. Dezember 1989, RB 1989 Nr. 40 = StE 1990 B 101.5 Nr. 2 und B 101.8 Nr. 5 = SZIER 1991, 431 f.)

3.　Vorbereitung der Verteidigung

Lit.: V. DELNON/B. RÜDY, Untersuchungsführung und Strafverteidigung, ZStrR 1989, 43 ff.; T. EBELING–STIEFELMEIER, Die «eigenen» Rechte des Strafverteidigers in Theorie und Praxis, Zürich 1984; H.–R. MÜLLER, Verteidigung und Verteidiger im System des Strafverfahrens, Zürich 1975; DERS. Der Verteidiger in der zürcherischen Strafprozessordnung, ZStrR 1979, 167 ff; M. PIETH, Strafverteidigung – wozu, Basel 1986; H. UTZ, Die Kommunikation zwischen inhaftiertem Beschuldigten und Verteidiger, Basel 1984; F. WOLFFERS, Der Rechtsanwalt in der Schweiz, Bern 1986.

Konventionsorgane

623. Zum Anspruch auf Vorbereitung der Verteidigung gehört, dass sich der Angeklagte mit seinem Verteidiger frei und ausserhalb der Hörweite Dritter besprechen kann. Ungenügend für eine Beschränkung ist die Befürchtung, dadurch werde die Abstimmung der Verteidigungsstrategie mit den Verteidigern von Mitangeklagten ermöglicht.
(Gerichtshof 28. November 1991 [Fall S.], EuGRZ 1992, 298 f. = VPB 1991 Nr. 51 = plädoyer 1992, 57 ff.)

624. Das Verteidigungsrecht ist nicht verletzt, wenn die von der Verteidigung vorgelegten Verfahrensschriften gewisse Formerfordernisse erfüllen sollen.
(Kommission 10. März 1988, VPB 1988 Nr. 70 und 71)

625. Es liegt keine Verletzung der Vorbereitungsrechte vor, wenn die Verhandlung nicht vertagt wurde, um dem Beschwerdeführer Zeit für die Bestellung eines neuen Anwalts zu lassen, falls dieser vor der Verhandlung (etwa 5 Monate) genügend Zeit hatte, sich darum zu kümmern.
(Kommission 2. Dezember 1985, VPB 1986 Nr. 103)

626. Es ist zulässig, den Verkehr mit dem Verteidiger bei Anordnung einer strengen Einzelhaft für eine bestimmte Zeit einzuschränken.
(Kommission 12. Juli 1979, VPB 1983 Nr. 171)

Innerstaatliche Organe

627. Der Untersuchungsgefangene hat Anspruch auf unbeaufsichtigten Verkehr mit seinem Verteidiger. Dieser Anspruch darf unter ausserordentlichen Umständen ausnahmsweise eingeschränkt werden.
(111 Ia 349 E. 3. e und f = Pra 1986 Nr. 155 = EuGRZ 1986, 464 = SJIR 1987, 221 ff.; BGer 20. November 1986, ZWR 1987, 274 f. = SJIR 1988, 318 f.; ferner Chambre d'accusation du Trib. cant. FR 15. Dezember 1980, Extr. FR 1980, 82 = SJIR 1982, 189; frühere restriktivere Rechtsprechung: 103 Ia 293 = EuGRZ 1978, 19)

628. Die Einschränkung des freien Verkehrs zwischen Angeschuldigtem und Verteidiger kann keinesfalls während der gesamten Untersuchungsdauer aufrechterhalten werden. Da dem Untersuchungsrichter nach allen schweizerischen Strafprozessordnungen die Pflicht obliegt, einzig die Wahrheit zu erforschen und dabei sowohl den belastenden wie auch entlastenden Tatsachen mit gleicher Sorgfalt nachzugehen, steht er dem Angeschuldigten nicht als Gegenpartei gegenüber, weshalb der Grundsatz der Waffengleichheit während des Untersuchungsstadiums hier nicht dieselbe Tragweite zukommt wie im Parteiprozess nach angelsächsischem Muster, von der die EMRK offensichtlich stark beeinflusst ist.
(BGer 12. November 1980, Pra 1981 Nr. 37 = SJIR 1981, 314 f.)

629. Die Einschränkung des freien Verkehrs (hier Verkehr nur über eine mit Öffnungen versehene Trennscheibe) zwischen dem Angeschuldigten und seinem Verteidiger während der Untersuchung kann dann nicht beanstandet werden, wenn sie nicht willkürlich, d.h. nicht ohne sachlich vertretbaren Grund erfolgt und wenn sie so rechtzeitig aufgehoben wird, dass die Vorbereitung der Verteidigung an der Hauptverhandlung nicht beeinträchtigt wird.
(BGer 13. Januar 1981, SJIR 1981, 320 f.)

630. Ausserordentliche Umstände, welche die Beaufsichtigung des Verkehrs des Untersuchungsgefangenen mit seinem Verteidiger rechtfertigen, liegen etwa dann vor, wenn Anhaltspunkte dafür bestehen, dass der Verteidiger dem Gefangenen bei einem früheren Ausbruch behilflich war.
(BGer 20. November 1986, ZWR 1987, 275 = SJIR 1988, 318 f.)

631. Aus dem Anspruch auf Vorbereitung der Verteidigung folgt nicht, dass einzig die vor der Gerichtsverhandlung formell als beweiswürdig erklärten Be-

weisstücke berücksichtigt werden dürften, neue, erst während der Gerichtsverhandlung vorgebrachte Beweise dagegen ausgeschlossen wären.
(BGer 24. Mai 1983, SJ 1983, 632 f. = SJIR 1984, 232 f.)

632. Es gibt keinen Anspruch des verhafteten Angeschuldigten, wonach dieser die Aktenzustellung persönlich verlangen kann, wenn diese der Verteidigung zur Verfügung standen und kopiert werden durften.
(BGer 8. Juni 1984, SJIR 1985, 272)

633. Aus dem Recht auf Vorbereitung der Verteidigung folgt auch das Recht auf Akteneinsicht. Dieses bezieht sich jedoch nicht auf den gesamten Inhalt der Strafakten, sondern nur auf die als Grundlage des Urteils in Fragen kommenden Aktenstücke. Nicht dem Einsichtsrecht unterliegen demnach rein interne Notizen und Auskünfte, Entwürfe und Referate des Sachbearbeiters und dergleichen. Aber auch bezüglich der urteilserheblichen Aktenstücke besteht kein absolutes Einsichtsrecht. Dieses ist vielmehr Beschränkungen unterworfen, wie sie durch öffentliche Interessen des Staates oder berechtigte Geheimhaltungsinteressen privater Dritter – etwa einer Gewährsperson – bedingt sein können.
(103 Ia 492 f. = SJIR 1978, 216)

634. Das Recht auf Akteneinsicht besteht für den Angeschuldigten und seinen Verteidiger nicht zu jedem Zeitpunkt. Deren Ausschluss im Anfangsstadium der Erhebungen ist denn in den kantonalen Strafprozessordnungen denn auch die Regel.
(unveröffentlichte Erw. 5 zu 107 Ia 253 = Pra 1982 Nr. 12 = SJIR 1982, 190)

635. Das Recht auf Vorbereitung der Verteidigung, so das Recht auf Akteneinsicht und die Einreichung von Untersuchungsanträgen, kann nicht zu jeder Zeit ab Eröffnung des Strafverfahrens ausgeübt werden, soweit dieses zu bestimmten Verfahrensstadien geheim ist. Es genügt, wenn dem Angeschuldigten zur gegebenen Zeit Gelegenheit zur Vorbereitung der Verteidigung gegeben wird.
(Trib. d'accusation VD 12. Mai 1981, JdT 1982 III 28 = SJIR 1982, 188)

636. Die Verteidigungsrechte sind gewahrt, wenn im Auslieferungsverfahren eine wirksame Verteidigung ermöglicht wird. Diese liegt vor, wenn ein in Abwesenheit Verurteilter, dessen Verteidiger gegen das erstinstanzliche Abwesenheitsurteil Rechtsmittel einlegt, über eine ausländische Botschaft die Akten zur Einhaltung der Verfahrensgarantien erhält.
(BGer 31. August 1990, SZIER 1991, 435 f.)

637. Folgende Gründe rechtfertigen eine sehr kurze Vorbereitungsdauer (von einigen Stunden) für den Verteidiger: Die Gefahr, dass der sich in Untersuchungshaft befindliche Angeschuldigte angesichts der sehr kurzen zu erwartenden Freiheitsstrafe «übersitzen» werde; kleiner Umfang der Akten und vom Sachverhalt her klarer und unbestrittener Tatvorwurf. Zudem kann der Zeitmangel des Verteidigers, der das Mandat in Kenntnis dessen annimmt, dass mit sehr kurzfristigen Terminen zu rechnen ist, nicht als Verschiebungsgrund zählen.
(BGer 14. November 1990 und 14. Dezember 1990, SZIER 1991, 432 f.)

4. Verteidigungsrechte

Lit. S. TRECHSEL, Die Verteidigungsrechte in der Praxis zur Europäischen Menschenrechtskonvention, ZStrR 1979, 337 ff.

Konventionsorgane

638. Soweit Art. 6 Abs. 3 lit. c dem Angeklagten das Recht gibt, sich selber zu verteidigen oder den Beistand eines Verteidiger seiner Wahl zu erhalten, so heisst dies nicht, dass der Angeklagte in allen Fällen von einem Verteidiger Beistand erhält.
(Kommission 2. Dezember 1985, VPB 1986 Nr. 104)

639. Die Konvention gibt weder Anspruch auf freie Wahl des vom Gericht bestellten Pflichtverteidigers noch auf Anhörung bei dessen Auswahl. Das bestellende Gericht hat darüber zu wachen, dass der Pflichtverteidiger eine effektive Verteidigung gewährleisten kann.
(Kommission 9. Mai 1989, VPB 1989 Nr. 59)

Innerstaatliche Organe

640. Die Rechte nach Art. 6 Abs. 3 lit. c EMRK stehen nur dem Angeschuldigten und nicht dessen Verteidiger zu; dieser kann sich nicht auf die Konventionsgarantie berufen.
(117 Ia 344 = SZIER 1992, 514)

641. Anwendung auf das Rückversetzungsverfahren nach Art. 45 Ziff. 3 Abs. 1 StGB offen gelassen.
(117 Ia 279 = SZIER 1992, 514)

642. Bei notwendiger oder obligatorischer Verteidigung ist die Hauptverhandlung in jedem Fall in Anwesenheit des Verteidigers durchzuführen. Dies bedeutet aber nicht, dass der Anwalt der Verhandlung ohne zwingende Gründe einfach fernbleiben dürfte; zwar müsste das Gericht die Verhandlung vertagen, doch hätte der Anwalt unter Umständen entsprechende Massnahmen zu gewärtigen. Ob ein gleicher Anspruch bei bloss fakultativer Vertretung besteht, wurde (unter Hinweisen auf Literatur und Strassburger Praxis) offengelassen.
(113 Ia 223)

643. Erscheint ein Verteidiger ohne zwingende Gründe nicht zu einer Verhandlung vor Verwaltungsgericht (Nach- und Strafsteuerverfahren), so darf das Verfahren in seiner Abwesenheit durchgeführt werden, wenn der Beschuldigte in der Lage ist, sich selber wirksam zu verteidigen. In casu drohende Verjährung des Nach- und Strafsteueranspruchs.
(VGer ZH 11. Dezember 1991, RB 1991 Nr. 30)

644. Der Anspruch des Angeklagten auf Beistand eines Verteidigers beschränkt sich darauf, dass der Verteidiger dem Angeklagten zur Seite steht. Der abwesende Angeklagte hat keinen Anspruch, sich durch seinen Verteidiger vertreten zu lassen.
(113 Ia 216 f.; BGer 7. November 1986, RJN 1986, 316 = SJIR 1988, 313 f.; BGer 4. März 1982, SJ 1982, 545 = SJIR 1983, 295; Cour correctionnelle GE, 26. Februar 1976, SJ 1977, 126 = SJIR 1978, 217 f.)

645. Das Recht des Angeschuldigten auf Verbeiständung durch einen Anwalt darf nicht von einschränkenden Voraussetzungen abhängig gemacht werden.
(109 Ia 239 = SJIR 1984, 233; Überweisungsbehörde BS 31. August 1984, BJM 1984, 334)

646. Der Beizug eines Verteidigers unterliegt nicht der in Art. 6 Abs. 3 lit. c EMRK erwähnten Einschränkung «wenn dies im Interesse der Rechtspflege erforderlich ist». Diese bezieht sich ausschliesslich auf die Frage der unentgeltlichen Verteidigung.
(109 Ia 241 ff. E. 5a–c = Pra 1984 Nr. 76 = EuGRZ 1984, 160 ff. = SJIR 1984, 233 ff.)

647. Im Untersuchungsverfahren besteht kein Anspruch, sich durch eine unbeschränkte Anzahl von Verteidigern vertreten zu lassen. In casu wurde die Beschränkung auf zwei Verteidiger als konventionskonform angesehen.
(KantG VS 9. Oktober 1986, ZWR 1987, 352)

648. Im Ermittlungsverfahren hat der Angeschuldigte Anspruch auf eine Verbeiständung durch einen Anwalt, allerdings (der Angeschuldigte befand sich in Freiheit) nicht von Anfang an.
(104 Ia 18 E.2 = EuGRZ 1978, 519; BGer 3. Dezember 1985, SJIR 1987, 225)

649. Art. 6 Abs. 3 lit. c gewährt dem Angeklagten keinen Anspruch darauf, schon bei der ersten Einvernahme (im Untersuchungsverfahren) oder ab Beginn der Untersuchungshaft durch einen Verteidiger verbeiständet zu sein. Allerdings soll der Verteidiger die Handlungen des Untersuchungsrichters überprüfen können, besonders hinsichtlich der Haftbedingungen.
(Pra 1992 Nr. 1 = BGer 12. Juni 1990, SZIER 1992, 513; 104 Ia 18 = Pra 1978 Nr. 74 = EuGRZ 1978, 519 = SJIR 1978, 217)

650. Es liegt keine Verletzung der Verteidigungsrechte vor, wenn die Strafprozessordnung den obligatorischen Beizug eines Anwalts (Offizialverteidiger) vorsieht, sobald die Untersuchungshaft mehr als 30 Tage angedauert hat, sowie in Fällen, deren Schwierigkeit oder die Person des Angeschuldigten eine Verteidigung bedingen.
(116 Ia 303 ff. = SZIER 1991, 434 f.; Pra 1992 Nr. 1 = BGer 12. Juni 1990, SZIER 1992, 513; BGer 25. Juni 1990, SZIER 1991, 435)

651. Der im Abwesenheitsverfahren verurteilte Angeklagte hat keinen Anspruch, sich an der Verhandlung durch seinen Verteidiger vertreten zu lassen, wenn er die Möglichkeit besitzt, nachträglich ein kontradiktorisches Verfahren zu verlangen.
(BGer 6. Oktober 1982, SJIR 1984, 236 ff.)

652. Der in Abwesenheit und ohne Beistand eines Verteidigers Verurteilte hat keinen Anspruch darauf, dass er jederzeit und ohne Beachtung irgendwelcher Fristen die Aufhebung seiner Verurteilung fordern kann.
(104 Ia 179 = SJIR 1979, 204)

653. Im Strafuntersuchungsverfahren kann sich der Angeschuldigte mit unbekanntem Aufenthalt bei der Ausübung seiner Mitwirkungsrechte nicht durch einen Verteidiger vertreten lassen.
(113 Ia 216 f. E 2c und d = Pra 1987 Nr. 168 = SJIR 1988, 315 f.; ferner Überweisungsbehörde BS 21. März 1986, BJM 1988, 109 E. 2d)

654. Ein Anspruch auf Beizug des Verteidigers zu den Einvernahmen des Angeschuldigten steht aber in jedem Fall unter dem Vorbehalt, dass nicht triftige Gründe den Ausschluss des Verteidigers rechtfertigen, so namentlich dann, wenn durch den Beizug der Untersuchungszweck gefährdet würde. Dies ist namentlich dann der Fall, wenn es gilt, die persönliche Rolle des Verteidigers im Zusammenhang mit dem in der Strafuntersuchung gegen seinen Klienten abzuklärenden Sachverhalt näher zu überprüfen.
(BGer 18. Oktober 1985, SJIR 1987, 226)

655. Hat der Angeklagte einen – frei gewählten oder von Amtes wegen bestellten – Verteidiger, so ist es grundsätzlich dessen Aufgabe, die Verteidigungsrechte auszuüben und bei der mündlichen Verhandlung mitzuwirken. Liegt ein Fall der notwendigen oder obligatorischen Verteidigung vor – in welchem dem Angeklagten, sofern dieser nicht bereits einen Privatverteidiger beigezogen hat, von Amtes wegen ein Pflichtverteidiger beizuordnen ist – so stellt die Durchführung der Hauptverhandlung ohne Anwesenheit des Verteidigers in jedem Fall eine Verletzung von Art. 6 Abs. 3 lit. c EMRK dar.
(113 Ia 222 f. E. 3c = Pra 1987 Nr. 203 = EuGRZ 1987, 480 = SJIR 1988, 314 f.)

656. Es besteht kein absolutes Recht auf die Wahl des amtlichen Verteidigers. Der Staat kann das Auftreten von Anwälten vor Gerichten gesetzlich regeln bzw. den Anwälten die Beachtung gewisser Berufspflichten auferlegen. Die freie Wahl des Offizialverteidigers kann eingeschränkt werden, wenn eine Interessenkollision zwischen dem Angeklagten und dem Verteidiger vorliegt.
(AppGer BS, 30. März 1989, BJM 1991, 52 f.)

657. Es besteht kein Anspruch, dass bei jeder Haftfristerstreckung eine mündliche Verhandlung stattfinden muss.
(BGer 15. Oktober 1985, SJIR 1987, 228)

658. Es gibt keinen Anspruch, dass der Angeklagte in einer besonderen Verteidigungsschrift zur Anklageschrift Stellung nehmen kann.
(BGer 19. Juli 1989, SJIR 1990, 251)

659. Aus Art. 6 Abs. 3 lit. c EMRK lässt sich keine weitergehende Pflicht des Gerichts zur Sorge für die Verteidigung ableiten als aus dem zürcherischen Prozessrecht.
(KassG ZH 13. Mai 1983, ZR 1983 Nr. 74 = SJZ 1983, 287)

660. Die Kosten für einen frei gewählten Verteidiger sind von dessen Auftraggeber zu tragen, auch wenn dieser freigesprochen wird, wenn ihm die Gelegenheit zur Bestellung eines Pflichtverteidigers angeboten wurde und er diese ausgeschlagen hat.
(BGer 18. November 1981, ZWR 1981, 260 ff. = SJIR 1983, 295 ff.)

661. Dürfen weder der Verteidiger noch der Staatsanwalt in einem Prozess Handlungen vornehmen, wenn die auszufällende Strafe eine Busse von weniger als Fr. 500.– ist, so ist damit Art. 6 Abs. 3 lit. c EMRK nicht verletzt.
(Strafrekurskammer TI 31. Januar 1979, Rep 1980, 379 f. = SJIR 1981, 324 f.)

662. Die Verteidigungsrechte (hier die Konfrontation mit einem Zeugen) können auch schriftlich ausgeübt werden.
(KassG ZH 11. Dezember 1988, ZR 1989 Nr. 3 = SJIR 1990, 252 f.)

663. Das Verbot der anwaltschaftlichen Doppelvertretung im Strafverfahren aus Gründen der Verhinderung von Interessenkollisionen ist angesichts der freien Wahl des Verteidigers zurückhaltend anzuwenden. Ein Verbot ist erst bei konkreter Interessenkollision angebracht.
(OGer BL 17. September 1991, BJM 1992, 159 f.)

5.   Unentgeltliche Pflichtverteidigung

Lit.: CH. FAVRE, L'assistance judiciare gratuite en droit suisse, Lausanne 1989; M. FORSTER, Der Anspruch auf unentgeltliche Rechtsverbeiständung in der neueren bundesgerichtlichen Rechtsprechung, ZBl 1992, 457 ff.; DERS., Strassburger Rechtsprechung zum Anspruch auf Offizialverteidigung mit bundesgerichtlichen Vorbehalten, ZBJV

1992, 732 f.; A. HAEFLIGER, Der bundesrechtliche Anspruch auf unentgeltliche Verteidigung, FS H. Schultz, Bern 1977, 287 ff.; CH. HOENEN, Die notwendige Verteidigung im Basler Strafprozess, BJM 1988, 281 ff.; K. SPÜHLER, Zur verfassungsmässigen Stellung des amtlichen Verteidigers, in: Verfassungsrechtsprechung und Verwaltungsrechtsprechung. Sammlung von Beiträgen veröffentlicht von der I. öffentlich-rechtlichen Abteilung des schweizerischen Bundesgerichts, Zürich 1992, 251 ff.; P. WAMISTER, Die unentgeltliche Rechtspflege, die unentgeltliche Verteidigung und der unentgeltliche Dolmetscher unter dem Gesichtspunkt von Art. 4 BV und Art. 6 EMRK, Basel 1983; P. ZEN-RUFFINEN, Assistance judiciaire et administrative: Les règles minima imposées par l'art. 4 de la Constitution fédérale, JdT 1989, 57 ff.

Konventionsorgane

664. Die staatlichen, insbesondere die gerichtlichen, Organe haben dafür zu sorgen, dass dem Angeklagten (im vorgesehenen Fall) nicht nur ein amtlicher Verteidiger bestellt wird, sondern dass er auch wirksam verteidigt wird. Dabei haben die staatlichen Behörden (beispielsweise) einzuschreiten, wenn sie sehen, dass der Verteidiger untätig bleibt. Die Behörden sollen bereits im Untersuchungsverfahren tätig werden, und zwar auch ohne ein formelles Ersuchen des Angeklagten.
(Kommission 13. Juli 1983, VPB 1983 Nr. 172)

665. Ob der Beistand eines Pflichtverteidigers notwendig ist, beurteilt sich insbesondere nach der Schwere des Delikts und der möglichen Strafe, der Komplexität der Sache und der Persönlichkeit des Angeklagten. Im konkreten Fall eines Betäubungsmitteldeliktes hätte dem Angeklagten ein Pflichtverteidiger beigeordnet werden müssen. Der Mangel wird nicht geheilt, wenn der Beistand in einem Rechtsmittelverfahren angefordert wird, falls die Rechtsmittelinstanzen nur über eine eingeschränkte Kognition verfügen.
(Gerichtshof 24. Mai 1991 [Quaranta], VPB 1991 Nr. 52 = AJP 1992, 661 ff. Vgl. hier auch die kritischen Bemerkungen von F. Schürmann)

666. Aufgrund der Auslegenden Erklärung der Schweiz zu Art. 6 Abs. 3 lit. c EMRK ist es den Gerichten nicht verwehrt, dem verurteilten Angeklagten die Kosten der Pflichtverteidigung zu überbinden.
(Kommission 4. Juli 1983, VPB 1983 Nr. 173)

667. Der Anspruch auf unentgeltliche Pflichtverteidigung findet keine Anwendung in Zivilsachen.
(Kommission 6. Oktober 1976, VPB 1983 Nr. 174)

Innerstaatliche Organe

668. Der Anspruch auf den Beistand eines Verteidigers nach Art. 6 Abs. 3 lit. c EMRK besteht nur im Strafverfahren; ein Anspruch auf unentgeltliche Zivilrechtspflege kann daraus nicht abgeleitet werden.
(116 II 652 = SZIER 1992, 514; BGer 13. November 1990, Pra 1991 Nr. 60 = SZIER 1991, 433; BGer 15. August 1978, SJ 1979, 413 f. = SJIR 1979, 213)

669. Der Anspruch auf unentgeltliche Rechtspflege und Rechtsbeistand im Verwaltungsbeschwerde– und –gerichtsverfahren wird aus Art. 4 BV abgeleitet.
(112 Ia 14 E. 3a–b = EuGRZ 1986 326 = SJIR 1987 211, ferner BGer 8. März 1985, EuGRZ 1985, 487 = SJIR 1986, 154; 105 Ia 305 f. = Pra 1980 Nr. 85 = SJIR 1981, 323; AppGer BS 19. Oktober 1981, BJM 1981, 345 f. = SJIR 1982, 191 f.)

670. Zur Frage, ob einem unbemittelten Angeschuldigten ein auswärtiger, von diesem erwünschter oder (aus Kostengründen) ein ortsansässiger Verteidiger als Pflichtverteidiger zu bestellen sei: Die Stellung des unbemittelten Angeschuldigten soll derjenigen anderer Personen in der gleichen Lage angenähert werden, die über die Mittel verfügen, um nach freier Wahl einen Anwalt als erbetenen Verteidiger beizuziehen. Eine offensichtliche Schlechterstellung des unbemittelten Angeschuldigten würde den Anspruch auf unentgeltliche Rechtspflege selbst in Frage stellen.
(BGer 30. März 1977, SJIR 1978, 215)

671. Bei der Bestellung eines amtlichen Verteidigers besteht kein freies Wahlrecht des Angeschuldigten. Nach der Praxis der Strassburger Organe hat der Angeklagte nicht einmal Anspruch darauf, vor Ernennung eines amtlichen Verteidigers einen Wunsch äussern zu können.
(115 Ia 65 = SJIR 1990, 251 f.; 113 Ia 70 E. 5b = Pra 1987 Nr. 117 = SJIR 1988, 317 f.)

672. Nicht garantiert ist das Recht, den amtlichen Verteidiger zu wählen, ebensowenig wie auch in bezug auf die Wahl des amtlichen Verteidigers angehört zu werden. Schliesslich hat der Angeklagte auch nicht das Recht, selber zu bestimmen, auf welche Weise seine Verteidigung wirksam sei. Demnach lässt aus der

EMRK kein unbedingtes, von den Umständen unabhängiges Recht auf Bestellung eines neuen amtlichen Verteidigers ableiten, wenn der bisherige das Vertrauen des Angeklagten verloren hat.
(115 Ia 65 = SJIR 1990, 251 f.; 105 Ia 305 f. = Pra 1980 Nr. 85 = SJIR 1981, 323)

673. Die Bestellung eines amtlichen Verteidigers genügt noch nicht, um die Wirksamkeit der Verteidigung zu gewährleisten. Die gerichtlichen Behörden, welche Kenntnis davon erhalten, dass der Angeklagte nicht wirksam verteidigt wird, haben den Verteidiger zur Erfüllung seiner Aufgaben anzuhalten oder ihn zu ersetzen.
(BGer 21. März 1984, SJIR 1985, 271)

674. Es besteht kein Anspruch auf Bestellung eines amtlichen Verteidigers nach freier Wahl. Dennoch ist dem Vorschlag des Angeschuldigten bei der Bezeichnung des amtlichen Verteidigers nach Möglichkeit Rechnung zu tragen, um die Stellung des unbemittelten Angeschuldigten derjenigen des bemittelten möglichst anzunähern. Eine Auswechslung während des Verfahrens kann nur verlangt werden, wenn objektive Gründe hierfür vorliegen, die eine sachgemässe Vertretung der Interessen des Angeschuldigten als nicht mehr gewährleistet erscheinen lassen.
(115 Ia 65 = SJIR 1990, 251 f.; BGer 9. Januar 1986, SJIR 1987, 227, ferner 105 Ia 303 f. = SJIR 1981, 322 und OGer ZH 5. Januar 1984, SJZ 1985, 62 f. = SJIR 1985, 271 f.)

675. Im Jugendstrafverfahren muss dem Jugendlichen in schweren und komplizierten Fällen unter den gleichen Voraussetzungen wie einem erwachsenen Angeschuldigten ein Anspruch auf den Beistand eines unentgeltlichen Verteidigers zugebilligt werden, und zwar schon während der Untersuchung (Ableitung aus Art. 4 BV, wobei die Frage des Anspruchs nach Art. 6 Abs. 3 lit. c EMRK offen blieb).
(111 Ia 81 = Pra 1985 Nr. 227 = SJIR 1986, 154)

676. Es besteht kein Anspruch, dass der Offizialverteidiger in bestimmten Sinne tätig wird.
(106 IV 87 ff. = SJIR 1981, 310 f.)

677. Im Privatstrafklageverfahren besteht kein Anspruch auf unentgeltliche Verbeiständung, dies ohne Rücksicht auf die Prozessaussichten.
(BGer 9. Januar 1986, SJIR 1987, 228)

678. Im Auslieferungsverfahren besteht ein Anspruch auf die Bestellung eines unentgeltlichen Rechtsbeistands nur dann, wenn sich in Bezug auf das Rechts– hilfe– bzw. Auslieferungsverfahren schwierige Rechts– und Tatfragen stellen, die den Beizug eines Rechtsbeistandes notwendig machen, damit eine wirksame Wahrung der Rechte des Verfolgten gewährleistet ist. Der Entscheid ist demnach allein aufgrund der konkreten Umstände des Falles zu fällen.
(112 Ib 344 f. E. 2a = SJIR 1988, 316)

679. Es besteht nach Art. 6 Abs. 3 lit. c EMRK kein Anspruch auf ein unent– geltliches Gerichtsverfahren, sondern nur auf die Bestellung eines unentgeltlichen amtlichen Verteidigers. Die «ratio legis» der Konvention liegt in der Gleichstel– lung der Parteien. Die Auferlegung der Verfahrenskosten berührt diese keines– wegs.
(Cour de Justice GE 16. November 1987, SJIR 1989, 322; KantG GR 21. September 1987, PKG 1987, 114 = SJIR 1989, 322)

680. Die ungenügende Entschädigung des Pflichtverteidigers kann indirekt Art. 6 Abs. 3 lit. c EMRK verletzen.
(BGer 20. Februar 1991, SZIER 1992, 515)

6. Zeugen

Lit.: H. BAUMGARTNER, Zum V–Mann–Einsatz, Zürich 1990; A. DONATSCH, Die Anonymität des Tatzeugen und der Zeuge vom Hörensagen, ZStrR 1987, 397 ff.; M. FORSTER, Zum Recht des Angeschuldigten auf Befragung anonymer Gewährspersonen, insbesondere von «V–Männern», ZBJV 1992, 730 ff.; DERS., Die Verwertbarkeit der Zeugenaussagen von Drogensüchtigen, AJP 1992, 987 ff.; E.R. GNÄGI, Der V–Mann–Einsatz im Betäubungsmittelbereich, Bern 1992; R. HAUSER, Der Zeugenbeweis im Strafprozess mit Berücksichtigung des Zivilprozesses, Zürich 1974; G. HEINE, Der Schutz des gefährdeten Zeugen im schweizerischen Strafverfahren, ZStrR 1992, 53 ff.; R. REBMANN, Die Prüfung der Glaubwürdigkeit des Zeugen im schweizerischen Strafprozess, Basel 1981; J. REHBERG, Aussagen von Mitbeschuldigten als Beweismittel, Aktuelle Probleme der Kriminalitätsbekämpfung, FS zum 50jährigen Bestehen der Schweiz. Kriminal. Gesellschaft (ZStrR), Bern 1992, 186 ff.

Konventionsorgane

681. Die Nichtzulassung eines V–Mannes der Polizei als Zeuge in einem Strafverfahren verletzt die Konvention, wenn dessen Einvernahme und Konfrontation mit dem Angeklagten in einer Art und Weise möglich gewesen wäre, welche der Aufrechterhaltung von dessen Anonymität Rechnung getragen hätte.
(Gerichtshof 25. Juni 1992 [Lüdi], EuGRZ 1992, 300 ff.; vgl. auch in gleicher Sache Kommission 6. Dezember 1990, VPB 1991 Nr. 53 = plädoyer 1991, 69 ff.)

682. Das Recht auf Ladung von Zeugen ist nicht verletzt, wenn das entsprechende Gesuch im Untersuchungsverfahren abgelehnt wurde, aber für das Verfahren vor der entscheidenden Instanz ein Anspruch auf Anhörung von Entlastungszeugen besteht.
(Kommission 12. Juli 1979, VPB 1983 Nr. 176)

683. Vermag der Angeschuldigte nicht darzutun, inwiefern die Tatsachen, dass es sich erst bei der Hauptverhandlung herausstellt, dass ein Zeuge Polizist ist und dass seine Identität geheimgehalten wird, seine Verteidigungsrechte einschränkt, so liegt keine Verletzung von Art. 6 Ziff. 1 und Abs. 3 lit. b und d vor.
(Kommission 6. Mai 1989, VPB 1989 Nr. 58)

Innerstaatliche Organe

684. Art. 6 Abs. 3 lit. d EMRK konkretisiert die von Art. 4 BV gewährten Garantien und hat keine darüber hinaus gehende Bedeutung. Eine Beschwerde wegen Verletzung dieser Konventionsbestimmung gegen einen Zwischenentscheid ist demnach nur zulässig, wenn dieser einen nicht wiedergutzumachenden Nachteil bewirkt.
(114 Ia 180 f. = Pra 1988 Nr. 269 = EuGRZ 1989, 227)

685. Art. 6 Abs. 3 lit. d EMRK ist verletzt, wenn der Angeklagte mangels anwaltschaftlichen Beistands im Ermittlungsverfahren bei der Zeugenbefragung seine Verteidigungsrechte nicht gleich wirksam ausüben konnte, wie dies bei Anwesenheit eines Anwalts der Fall gewesen wäre, wobei die Offizialverteidigerin keine Möglichkeit hatte, die drei Belastungszeugen in der Hauptverhandlung zu befragen.
(116 Ia 292 ff. = Pra 1991 Nr. 3 = SZIER 1991, 436 = plädoyer 1991, 71 ff.)

686. Es besteht kein Anspruch auf mehrmalige Befragung der Belastungszeugen oder darauf, dass alle Zeugen in der Hauptverhandlung zu befragen sind.
(116 Ia 291; BGer 7. Juni 1991, SZIER 1992, 515)

687. Art. 6 Abs. 3 lit. d ist nicht verletzt, wenn der zur Befragung erschienene Zeuge die Aussage verweigert.
(BGer 23. Dezember 1991, SZIER 1992, 515)

688. Art. 6 Abs. 3 lit. d EMRK gibt keinen Anspruch auf Erscheinungs- und Zeugnispflicht von Zeugen, wenn für diese keine derartige Pflicht gesetzlich festgelegt ist.
(VGer ZH 11. Dezember 1991, RB 1991 Nr. 31)

689. Das Recht auf Befragung der Belastungszeugen gilt im Strafverfahren und nicht in einem als Verwaltungsverfahren anzusehenden Rechtshilfeverfahren.
(116 Ib 190 = SZIER 1992, 515)

690. *Zur früheren Praxis:*
(die nachfolgende Wiedergabe der unter Anrufung von Art. 6 Abs. 3 lit. d EMRK (aber nicht unter dem Blickwinkel von Art. 4 BV) überholten Praxis erscheint mir sinnvoll, da hier die Grundlage des neuen Auslegungsfeldes von Art. 4 BV liegt, und eine erneute Ausdehnung der Konventionsgarantie – vor dem Hintergrund

der bisherigen Rechtsprechung – über Art. 4 BV hinaus nicht auszuschliessen ist. Vgl. auch 116 Ia 291 = Pra 1991 Nr. 3 = SZIER 1991, 436 sowie BGer 14. August 1992, EuGRZ 1992, 513, wo sich das Bundesgericht neuerdings wiederum auf die Konventions– wie auch die Bundesverfassungsbestimmung stützt. Diese Praxis scheint auch in einer Reihe unveröffentlichter Entscheide ihre Bestätigung zu finden.)

691. Art. 6 Abs. 3 lit. d EMRK gewährt dem Angeschuldigten einen Schutz, der teilweise über denjenigen von Art. 4 BV hinausgeht.
(Grundlage für die nunmehr überholte Praxis: 105 Ia 396 = Pra 69 Nr. 57 = SJIR 1980, 266; 104 Ia 314 = Pra 1980 Nr. 57. Vgl. neuerdings aber 116 Ia 292 ff. = Pra 1991 Nr. 3 = SZIER 1991, 436)

692. Art. 6 Abs. 3 lit. d EMRK dient der Waffengleichheit der Parteien. Dazu gehört, dass die Parteien unter einheitlichen Voraussetzungen die Ladung und Einvernahme von Zeugen verlangen und unter gleichen Bedingungen Fragen an sie stellen können.
(104 Ia 314 = SJIR 1979, 214)

693. Das Prinzip der Waffengleichheit ist nicht verletzt, wenn der durch ein Auslieferungsbegehren Betroffene kein Recht erhält, der Vernehmung von Zeugen beizuwohnen.
(BGer 12. Dezember 1988, SJIR 1989, 323 f.)

694. Es ist dem Angeklagten unabhängig von der Ausgestaltung des kantonalen Prozessrechts mindestens einmal während des Verfahrens Gelegenheit zu geben, der Einvernahme von Belastungszeugen beizuwohnen und Ergänzungsfragen zu stellen, oder aber, sofern er dem Verhör nicht beiwohnen kann, nach Einsicht in das Einvernahmeprotokoll schriftlich ergänzende Fragen zu stellen. Die Kantone dürfen die Einhaltung gewisser Vorschriften bei der Ausübung des erwähnten Rechtes verlangen, so etwa, dass entsprechende Anträge frist– und formgerecht gestellt werden.
(116 Ia 291; 113 Ia 422 = Pra 1988 Nr. 187 = SJIR 1988, 299 ff.; 105 Ia 396 = Pra 69 Nr. 57 = SJIR 1980, 267; 104 Ia 316 = SJIR 1979, 215; BGer 14. August 1992, EuGRZ 1992, 513; BGer 5. Oktober 1990, SZIER 1991, 437; BGer 23. Juni 1986, SJIR 1987, 231; OGer LU 23. Oktober 1989, LGVE 1989 I Nr. 52, ferner KassG ZH 30. Juni 1987, ZR 1987 Nr. 87)

695. Auf das Recht auf Beiwohnung der Zeugeneinvernahme kann ausdrücklich oder stillschweigend verzichtet werden. Ein solcher Verzicht macht die Zeugenaussage weder nichtig noch lässt er einen Anspruch auf Wiederholung entstehen.
(104 Ia 319 = SJIR 1979, 213; 105 Ia 396 = Pra 69 Nr. 57 = SJIR 1980, 267; OGer LU 1. Juli 1987, LGVE 1987 I Nr. 64 = SJIR 1989, 324 f.)

696. Kann der Grundsatz der Beiwohnung der Zeugeneinvernahme in bestimmten Fällen, etwa Tod des Zeugen oder wenn ein Zeuge dauernd oder für lange Zeit (hier länger als ein halbes Jahr) einvernahmeunfähig wird, nicht eingehalten werden, so darf die Aussage des Zeugen verwertet werden, auch wenn der Angeklagte keine Gelegenheit hatte, Ergänzungsfragen zu stellen.
(105 Ia 396 = Pra 69 Nr. 57 = SJIR 1980, 267; AppGer BS 25. Januar 1984, BJM 1984, 285 f.)

697. Ist der Zeuge landesabwesend, so rechtfertigt sich eine Ausnahme von Art. 6 Abs. 3 lit. d EMRK dann nicht, wenn die Strafverfolgungsbehörden die Möglichkeit gehabt hätten, seinerzeit den Beschuldigten mit dem Zeugen und dessen Aussagen zu konfrontieren. Wenn sie dies unterlassen haben, so darf dies nicht zu Lasten der dem Beschuldigten zustehenden Verfahrensgarantien gehen.
(AppGer BS 25. Januar 1984, BJM 1984, 286)

698. Nicht gewährleistet ist das Recht, eine unbegrenzte Anzahl von Zeugen zu laden oder eine unbegrenzte Anzahl von Beweisen erheben zu lassen. Die Befragung oder die Ladung und Anhörung von Zeugen kann durch den Tatrichter abgelehnt werden, wenn er die zu erwartende Antwort bzw. Aussage nach seiner freien Ermessensentscheidung für die Wahrheitsfindung nicht beachtlich hält.
(BGer 1. Dezember 1987, SJIR 1988, 322 f. und BGer 21. April 1987, SJIR 1988, 323)

699. Ist ein Beweis erheblich, hat der Angeschuldigte grundsätzlich Anspruch darauf, dass er bei der Beweisabnahme wenigstens einmal mitwirken kann, wenn er es rechtzeitig verlangt. Das folgt für die Zeugeneinvernahme auch aus Art. 6 Abs. 3 lit. d EMRK.
(105 Ia 1 = Pra 1979 Nr. 129 = SJIR 1980, 266)

700. Das Recht auf Konfrontation (Beiwohnen der Zeugeneinvernahme und Stellen von Ergänzungsfragen) mit Belastungszeugen besteht einmal während des Verfahrens, spätestens aber anlässlich der Hauptverhandlung.
(104 Ia 319 = SJIR 1979, 213; 105 Ia 397 = SJIR 1980, 267; 113 Ia 422 = Pra 1988 Nr. 187 = SJIR 1988, 299 ff.; KGer SG 31. Mai 1988, SGGVP 1988 Nr. 81 = SJIR 1990, 253).

701. Insbesondere besteht kein Anspruch, dass alle Zeugeneinvernahmen in der Hauptverhandlung vor dem Strafgericht zu erfolgen haben.
(113 Ia 422 = Pra 1988 Nr. 187 = SJIR 1988, 299 ff.)

702. Das Recht Fragen an Belastungszeugen zu stellen ist nicht schon dann verletzt, wenn die Gelegenheit dazu in einem Verfahrensstadium fehlte, sondern erst dann, wenn während des ganzen Verfahrens überhaupt nie die Gelegenheit dazu bestand.
(KassG ZH 30. Juni 1987, ZR 1987 Nr. 87 = SJIR 1988, 323)

703. Die Wiederholung einzelner Passagen der protokollierten Aussagen der Mitangeschuldigten vermag die Mitteilungspflicht nicht zu ersetzen.
(KassG ZH 13. Juli 1989, ZR 1990 Nr. 39)

704. Unterblieb bei früheren Einvernahmen oder Befragungen der Hinweis auf das Zeugnisverweigerungsrecht und beruft sich der Zeuge hernach auf dieses, so wäre Art. 6 Abs. 1 i.V. mit Abs. 3 lit. d EMRK verletzt, wenn man die Verhörsperson und weitere die Aussagen wahrnehmende Personen als Zeugen befragt. Dies gilt auch schon deshalb, weil damit der Verteidigung die Möglichkeit genommen wäre, Zusatzfragen an den Zeugen zu stellen.
(KassG ZH 31. August 1992, plädoyer 1992, 63 f.)

705. Das Recht auf Konfrontation mit dem Belastungszeugen besteht unbekümmert um dessen Rolle im Prozess. Wird der Mitangeklagte aus der Schweiz ausgeschafft und an einen unbekannten Ort verbracht, darf sich das Strafurteil nicht auf dessen Aussage stützen.
(KGer SG, SGGVP 1988 Nr. 81)

706. Es gibt keinen Anspruch aus Art. 6 Abs. 3 lit. d auf Teilnahme an der Zeugeneinvernahme im Instruktionsverfahren. Diese Bestimmung ist respektiert, wenn die Zeugen schriftlich befragt werden können, sie ist jedoch verletzt, wenn ein Zeuge in Abwesenheit des Verteidigers befragt wird.
(KassG TI 10. Mai 1982, Rep. 1984, 195 ff. = SJIR 1985, 273 f.; ferner 104 Ia 314 = SJIR 1979, 213; 105 Ia 396 = SJIR 1980, 266)

707. In der Regel wird es geboten sein, eine Konfrontation zwischen dem Angeklagten und dem Belastungszeugen durchzuführen. Im Einzefall können Gründe vorliegen, die dem Recht des Angeklagten auf Konfrontation mit Belastungszeugen entgegen stehen, so u.a. wenn sich der Zeuge vor dem Angeklagten fürchtet, wie etwa bei Sexualdelikten oder wenn der Zeuge in erheblicher Entfernung vom Gerichtsort abgehört wird. In solchen Fällen kann es durchaus bei schriftlichen Ergänzungsfragen sein Bewenden haben, wobei nach allgemeinen Grundsätzen solche Fragen nur zuzulassen sind, wenn sie irgendwie erheblich sind.
(104 Ia 319; 105 Ia 397 = SJIR 1980, 267; AppGer BS 4. Mai 1988, BJM 1989, 79 = SJIR 1989, 325 f.; Strafgericht BS 26. September 1984, BJM 1985, 234 f. = SJIR 1986, 155; KGer GR, PKG 1988 Nr. 52 = SJIR 1990, 253)

708. Die Aussagen Mitbeschuldigter sind nur verwertbar, soweit sie dem Angeklagten im Zeitpunkt der Konfrontationseinvernahme bekannt waren. Bei einem deutschsprachigen Angeklagten mag es genügen, wenn ihm die Protokolle früherer Einvernahmen vorgelegt werden. Dem fremdsprachigen Angeschuldigten sind die massgeblichen Protokolle dagegen zu übersetzen. Die fehlende Kenntnis des Angeschuldigten kann nicht durch das Wissen des Verteidigers ersetzt werden.
(KassG ZH 13. Juli 1989, ZR 1990 Nr. 39 = SZIER 1991, 431)

709. Die Geheimhaltung sogenannter «V–Leute» verstösst an sich weder gegen strafprozessuale Garantie noch gegen verfassungsmässige Rechte. Es ist Sache der richterlichen Beweiswürdigung, festzustellen, welches Gewicht den schriftlichen Angaben eines nicht vor Gericht erscheinenden «V–Mannes» im konkreten Fall zukommen kann, soweit rechtlich relevante Tatsachen umstritten sind.
(Teilweise überholte Praxis: 112 Ia 24 E. 5 = Pra 1986 Nr. 137 = EuGRZ 1986, 433 = SJIR 1987, 230; BGer 25. Juni 1990, SZIER 1991, 435; ebenso OGer LU 4. Juli 1989, LGVE 1989 I Nr. 46 = SZIER 1991, 437 f.)

710. Anderer Ansicht ist die Mehrheit des Zürcher Kassationsgerichtes: Die Verwertung von Aussagen geheimgehaltener polizeilicher Gewährspersonen er-

weist sich als eine missbräuchliche Umgehung der Verfahrensgarantien, die mit dem Gedanken der Rechtsstaatlichkeit des Strafverfahrens nicht vereinbar ist. Zwar kann das öffentliche Interesse an der Geheimhaltung von Gewährspersonen im Strafprozess dem Wahrheitsermittlungsinteresse der Justiz, nicht aber den Verteidigungsinteressen des Angeschuldigten vorgehen.
(KassG ZH, 5. Mai 1986, ZR 1986 Nr. 55 = SJZ 1986, 284 f. = SJIR 1987, 229 f.)

711. Angesichts der Bedeutung, welche eine Konfrontationseinvernahme des «V-Mannes» für den Prozess haben könnte, und in Anbetracht dessen, dass man dem Beschwerdeführer und Dritten die wahre Identität des Agenten dabei vorenthalten kann, ist dieser als Zeuge einzuvernehmen, ohne dass er das Ausgesagte vor dem Gericht bestätigen müsste. Eine solche Anhörung kann derart arrangiert werden, dass das physische Erscheinungsbild unsichtbar und dessen Stimme unkenntlich bleiben.
(BGer 7. August 1992, AJP 1992, 1456; ferner BGer 14. August 1992, EuGRZ 1992, 513)

712. Das Abstellen auf die schriftlichen Angaben von Anzeigestellern, ohne dass dem Belasteten die Möglichkeit geboten wäre, deren Identität zu erfahren oder Ergänzungsfragen zu stellen, verletzt (in casu) die EMRK.
(BGer 14. August 1992, EuGRZ 1992, 513 f.)

713. Unter welchen Voraussetzungen kann die Aussage von im Ausland von Strafreduktionen und anderen Vorteilen profitierenden «Kronzeugen» in der Schweiz verwertet werden? Art. 6 EMRK regelt die Kriterien für die Beweismittelverwertung nicht. Es muss von Fall zu Fall geprüft werden, ob die Beweisaufnahme rechtmässig und unparteiisch erscheint, und ob – vor allem – die Verteidigungsrechte beachtet worden sind. Die bundesrechtlich vorgeschriebene freie richterliche Beweiswürdigung steht ebenso einem generellen Ausschluss solcher «Kronzeugen» entgegen. In casu war entscheidend, dass auch das Schweizer Recht Reue und Kooperationswilligkeit zugunsten des Betroffenen, wenn auch nicht im gleichen Umfang, berücksichtigt, die Richter und Geschworenen sich der Umstände der Aussagen bewusst waren und die «Kronzeugen» lediglich als blosse Auskunftspersonen (Mittäter) ohne Eidesablegung befragt wurden.
(117 Ia 401 ff. = Pra 1992 Nr. 177)

714. Welche Bedeutung hat die Aussage einer Drogensüchtigen unter Entzug, die zusätzlich unter starken Medikamenten stand? Dabei kann es weder auf die subjektive Sicht des einvernehmenden Untersuchungsbeamten ankommen, noch

auf den Umstand, ob sich die Einschränkung der Wahrnehmungs- oder Willens-
freiheit aus dem Einvernahmeprotokoll ergibt. Entscheidend für die Verlässlich-
keit und beweismässige Verwertbarkeit der Aussage ist vielmehr der damalige
objektive Gesundheitszustand und die tatsächliche Vernehmungsfähigkeit der
betreffenden Zeugin.
(118 Ia 32 f. = plädoyer 1992, 57 ff.)

715. Bei der Ausübung des Rechts auf Stellung von Ergänzungsfragen können
die Kantone gewisse Vorschriften aufstellen, so etwa, dass entsprechende Anträge
frist- und formgerecht gestellt werden. Auf das Fragerecht kann ausdrücklich
oder stillschweigend verzichtet werden, wobei der Verzicht die Zeugenaussagen
weder nichtig macht noch einen Anspruch auf Wiederholung entstehen lässt.
(BGer 23. Juni 1986, SJIR 1987, 231)

716. Der in Art. 6 Abs. 3 lit. d festgehalten Grundsatz der Waffengleichheit gilt
nicht nur bezüglich der Zeugen sondern auch hinsichtlich der Experten.
(BGer 1. Dezember 1987, SJIR 1988, 320)

717. Das Verwertungsverbot für Aussagen, welche ohne Beachtung der Verfahrensgarantien der EMRK zustandegekommen sind, muss auch für Auskunftspersonen gelten, da sonst die für die Zeugeneinvernahme geltenden Vorschriften durch die Einvernahme als Auskunftsperson umgangen werden können.
Die massgebliche Aussage als Auskunftsperson kann demnach nur als Indiz gewertet werden.
(AppGer BS 25. Januar 1984, BJM 1984, 286)

718. Zwangsmassnahmen gegen Entlastungszeugen sind unter den selben Bedingungen wie gegen Belastungszeugen zu erwirken, d.h. dann, wenn die Aussageverweigerung die Abklärung des Sachverhaltes ernstlich gefährdet und wenn
sie nicht gegen das Gebot der Verhältnismässigkeit verstossen.
(Justizkommission des Kantons Zug, 4. April 1985, SJZ 1986, 301 f. = SJIR 1987, 232)

719. Der Angeschuldigte, der auf eine Teilnahme an der Zeugeneinvernahme
verzichtet hat, besitzt kein uneingeschränktes Recht auf nochmalige Einvernahme
von Zeugen, die in seiner Abwesenheit einvernommen wurden.
*(104 Ia 319 = SJIR 1980, 266 und 1979, 216; 105 Ia 398; BGer 8. Dezember 1987, SJIR
1988, 321 f., ferner Strafgericht BS 26. September 1984, BJM 1985, 234 f. = SJIR 1986,
155)*

720. Das Recht, mindestens einmal während des Verfahrens Fragen an den Zeugen stellen zu können, untersteht kantonalen Verfahrensvorschriften, insbesondere solchen über Frist und Form der Ausübung des Fragerechts.
(OGer LU, 23. Oktober 1989, LGVE 1989 I Nr. 52)

721. Die Waffengleichheit ist auch bei der Zeugenvorladung und –befragung zu beachten. Dabei ist insbesondere die persönliche Teilnahme von Angeklagtem und dessen Verteidiger bei der Zeugeneinvernahme in der Untersuchung zu achten; nur in begründeten Fällen muss sich der Angeklagte mit der schriftlichen Stellung von Ergänzungsfragen begnügen.
(OGer LU, 23. Oktober 1989, LGVE 1989 I Nr. 52)

722. Weigert sich der Mitangeschuldigte seine Aussagen in Gegenwart des Angeschuldigten zu machen und dessen Ergänzungsfragen zu beantworten, so ist gegebenenfalls der Abschluss des Verfahrens abzuwarten und dieser alsdann als Zeuge zu befragen. Bleibt er auch hier bei seiner Weigerung, so sind seine Aussagen nicht zu berücksichtigen.
(KassG ZH 11. Dezember 1988, ZR 1989 Nr. 3)

723. Der Untersuchungsrichter und das Gericht können in einer vorweggenommenen Beweiswürdigung zum Schluss gelangen, dass eine Ergänzung der Beweise oder eine Vorladung der vom Angeschuldigten angerufenen Zeugen unnötig sind, da diese die gewonnene Überzeugung über die Schuld des Angeschuldigten nicht zu erschüttern vermögen.
(104 Ia 319 = SJIR 1980, 266 und 1979, 216; 105 Ia 398; BGer 8. Dezember 1987, SJIR 1988, 321 f., ferner Strafgericht BS 26. September 1984, BJM 1985, 234 f. = SJIR 1986, 155)

724. Im Berufungsverfahren, wo die Wiederholung der in der Untersuchung gemachten Einvernahmen nicht vorgeschrieben ist, muss eine nochmalige Befragung der früher einvernommenen Personen jedoch nur erfolgen, wenn die bisherigen Einvernahmen unklar oder widersprüchlich erscheinen und anzunehmen ist, dass durch deren Wiederholung eine bessere Abklärung der tatsächlichen Verhältnisse erreicht werden kann.
(KassG ZH 25. Juli 1983, SJZ 1984, 115 f. = SJIR 1985, 274 f.)

7. Unentgeltlicher Dolmetscher

Konventionsorgane

725. Zum schweizerischen Vorbehalt zu Art. 6 Ziff. 3 lit. e EMRK vgl. vorne, I. Vorbemerkungen sowie bei Art. 64 EMRK.

Innerstaatliche Organe

726. Aus Art. 6 Ziff. 1 und Ziff. 3 lit. a und e EMRK ergibt sich kein Anspruch des Verurteilten auf Übersetzung eines schriftlichen Strafurteils in die Sprache des Verurteilten. Es obliegt dem Strafverteidiger, das Strafurteil zu übersetzen und zu erläutern. Sollte er dazu nicht in der Lage sein und sollte der Beschwerdeführer auch nicht über die notwendigen Mittel zum Beizug eines privaten Übersetzers verfügen, kann dieser immer noch von den kantonalen Instanzen soweit nötig auf Gerichtskosten den Beizug eines solchen verlangen.
(115 Ia 65 = SJIR 1990, 251 f.)

727. Art. 6 Abs. 3 lit. e EMRK hat für die Schweiz lediglich die Bedeutung, dass einem Angeklagten der Beizug eines Dolmetschers zu bewilligen ist, ohne dass er die entsprechenden Kosten vorzuschiessen hat.
(AppGer BS 18. November 1983, BJM 1984, 287; OGer ZH 21. November 1977, ZR 1977 Nr. 115)

728. Benötigt der Angeklagte für die Akteneinsicht einen Dolmetscher, so ist es Sache des Offizialverteidigers, diesen aufzubieten.
(AppGer BS 3. März 1988, BJM 1990, 256 f.)

729. Aussagen von Mitangeschuldigten sind dem fremdsprachigen Angeschuldigten zu übersetzen, ansonsten sie nicht verwertbar sind.
(KassG ZH 13. Juli 1989, ZR 1990 Nr. 39)

730. Ob die Übersetzung durch den Richter ohne Anwesenheit des Dolmetschers genügt, hat das Bundesgericht offen gelassen.
(BGer 7. Januar 1983, SJIR 1984, 240)

Artikel 7

1. Niemand kann wegen einer Handlung oder Unterlassung verurteilt werden, die zur Zeit ihrer Begehung nach inländischem oder internationalem Recht nicht strafbar war. Ebenso darf keine höhere Strafe als die im Zeitpunkt der Begehung der strafbaren Handlung angedrohte Strafe verhängt werden.

2. Durch diesen Artikel darf die Verurteilung oder Bestrafung einer Person nicht ausgeschlossen werden, die sich einer Handlung oder Unterlassung schuldig gemacht hat, welche im Zeitpunkt ihrer Begehung nach den von den zivilisierten Völkern allgemein anerkannten Rechtsgrundsätzen strafbar war.

Konventionsorgane

731. Frage der Verletzung von Art. 7 EMRK durch eine Praxisänderung in Richtung strafverschärfende extensive Auslegung einer Strafbestimmung.
(Vgl. dazu Kommission 4. März 1985, VPB 1985 Nr. 76)

Innerstaatliche Organe

732. Art. 7 EMRK steht einer zeitgemässen Auslegung der Strafnormen (in casu Urkundenbegriff und elektromagnetische Speicherung und Bearbeitung von Daten) nicht entgegen.
(116 IV 350 = SZIER 1992, 515 f.)

733. Art. 7 ist nicht anwendbar auf Disziplinarstrafen (in casu Busse wegen unerlaubter Schulabwesenheit).
(BGer 29. Juni 1976, SJIR 1978, 220)

734. Art. 7 EMRK kann nicht angerufen werden, wenn sich die Rüge lediglich auf die Anklageschrift und nicht auf eine Verurteilung bezieht.
(Bundesamt für Justiz 22. Februar 1979, VPB 1983 Nr. 179)

Artikel 8

Inhaltsverzeichnis

1. Jedermann hat Anspruch auf Achtung seines Privat- und Familienlebens, seiner Wohnung und seines Briefverkehrs.

2. Der Eingriff einer öffentlichen Behörde in die Ausübung dieses Rechts ist nur statthaft, insoweit dieser Eingriff gesetzlich vorgesehen ist und eine Massnahme darstellt, die in einer demokratischen Gesellschaft für die nationale Sicherheit, die öffentliche Ruhe und Ordnung, das wirtschaftliche Wohl des Landes, die Verteidigung der Ordnung und zur Verhinderung von strafbaren Handlungen, zum Schutz der Gesundheit und der Moral oder zum Schutz der Rechte und Freiheiten anderer notwendig ist.

I.   Allgemeines und Einschränkungen

Lit.: A. KOLLER, Die Reneja–Praxis des Bundesgerichts, ZBl 1985, 513 ff.

Konventionsorgane

735. Aufgrund von Art. 8 EMRK kann der Staat verpflichtet sein, positive Massnahmen zum Schutz des Privatlebens unter Privaten selbst zu ergreifen (Drittwirkung).
(Gerichtshof 26. März 1985, VPB 1986 Nr. 105)

Innerstaatliche Organe

736. Zur Bestimmtheit und Voraussehbarkeit von Eingriffen in Art. 8 EMRK.
(Vgl. dazu 117 Ia 479 ff. = EuGRZ 1992, 139; Pra 1992 Nr. 178 = SJ 1992, 161 ff.)

737. Zur Frage der Legitimation zur Verwaltungsgerichtsbeschwerde bei der Nichtverlängerung der Aufenthaltsbewilligung eines ausländischen Ehegatten.
(vgl. 111 Ib 4 f. = SJIR 1986, 156 f.; 109 Ib 183 = SJIR 1984, 250; ; BGer 5. Juni 1984, SJIR 1985, 275 f.; 7. September 1984, SJIR 1984, 276 f.; für den Fall des Besuchsrechts eines ausländischen Vaters bei seinem Schweizer Kind: BGer 13. Oktober 1988, SJIR 1989, 330. Vgl. auch die Revision von Art. 7 Abs. 1 ANAG, AS 1991, 1042, wonach der ausländische Ehegatte eines Schweizer Bürgers bereits nach dem Landesrecht einen Anspruch besitzt. Vgl. dazu BGer 13. Mai 1992, ZBl 1992, 569)

738. Das betroffene Familienmitglied mit Anwesenheitsrecht in der Schweiz hat ebenfalls ein Beschwerderecht.
(109 Ib 185 ff. = SJIR 1984, 250; BGer 17. Mai 1989, SZIER 1991, 439)

739. Zur Verwaltungsgerichtsbeschwerde legitimiert ist auch ein Mann, wenn er zu seinem Kind mit Anwesenheitsrecht in der Schweiz eine intakte Beziehung pflegt, selbst wenn das Kind nicht unter seiner elterlichen Gewalt oder Obhut steht.
(115 Ib 97 ff. = Pra 1989 Nr. 226 = SJIR 1990, 258 f.; BGer 20. Juni 1990, SZIER 1991, 441; Polizeidirektion BE 20. Februar 1992, BVR 1992, 342 f.)

740. Gegen Verfügungen über die Einreisesperre ist aber die Verwaltungsgerichtsbeschwerde stets ausgeschlossen. Die für den Erlass einer Einreisesperre zuständigen Bundesbehörden haben bei ihrer Anordnung indessen Art. 8 EMRK zu beachten. Nötigenfalls steht die Verwaltungsbeschwerde an das EJPD offen (Art. 20 ANAG).
(BGer 13. Oktober 1988, SJIR 1989, 330; RR BE 24. April 1985, BVR 1985, 302 f. = SJIR 1986, 159)

741. Art. 8 EMRK gibt jedermann Anspruch auf Achtung seines Briefverkehrs, doch gewährt diese Garantie keinen weitergehenden Schutz als die verfassungsmässigen Rechte des Bundes.
(BGer 15. Juni 1976, SJIR 1978, 220 f.; BGer 21. April 1987 und 7. Mai 1987 = SJIR 1988, 330)

742. Die kantonale Verfassungsgarantie des Hausrechts geht nicht weiter als Art. 8 EMRK.
(BGer 31. August 1978, SJIR 1979, 217 f.)

743. Eine allgemeine Regelung kann das Familienleben Einschränkungen unterwerfen, die zur Durchführung rechtmässiger Strafverfolgungsmassnahmen erforderlich sind.
(106 Ia 140 = Pra 1980 Nr. 264 = SJIR 1981, 326 f.)

744. Art. 8 EMRK kann im Rahmen von dessen zweitem Absatz durch Strafuntersuchungsmassnahmen beschränkt werden.
(BGer 18. Februar 1985, SJIR 1986, 160)

745. Ausführungen zur Frage der gesetzlichen Grundlage, der Bestimmtheit der Art. 8 EMRK beschränkenden Normen und der Verhältnismässigkeit der Massnahmen anlässlich einer elektronischen Personenüberwachung.
(109 Ia 279 ff. = EuGRZ 1984, 223 ff. = SJIR 1984, 242 ff.)

746. Der Schutz des Kindesinteresses gestattet die Einschränkung des Besuchsrechts des Vaters mit seinem Sohn.
(107 II 304 f. = EuGRZ 1981, 579 = Pra 1981 Nr. 244 = SJIR 1982, 192 f.)

747. Es besteht ein genügenden öffentliche Interesse im Sinn der Volksgesundheit an einer Trinkwasserfluoridierung, wodurch eine Einschränkung von Art. 8 EMRK möglich wird.
(BGer 29. Juni 1990, ZBl 1991, 32 f. = SZIER 1991, 444)

748. Die auswärtige Verpflegung von Untersuchungs- und Sicherheitshäftlingen kann aus Gründen der Gewährleistung des Haftzwecks eingeschränkt werden. *(118 Ia 78)*

II. Achtung des Privatlebens

Lit.: S. BREITENMOSER, Der Schutz der Privatsphäre gemäss Art. 8 EMRK, Basel 1986; T. SCHREPFER, Datenschutz und Verfassung, Bern 1985; R. SCHWOB, Probleme der Telefonüberwachung im Lichter der Europäischen Menschenrechtskonvention, FG Alfred Rötheli, Solothurn 1990, 559 ff.; M.E. VILLIGER, Expulsion and the right to respect for private and family life (Article 8 of the Convention). An introduction to the Commission's case-law, in: Protection des droits de l'homme: The European Dimension, Mélanges en l'honneur de J. Wiarda (hrsg. von Matscher Franz/Petzold Herbert), Köln 1988, 657 ff.

Konventionsorgane

749. Im Interesse der inneren und äusseren Landessicherheit ist es gestattet, die Telefonabhörung gesetzlich einer geheimen gerichtlichen Kontrolle zu unterstellen, und zwar auch gegenüber dem Betroffenen.
(Kommission [Schwander und Spillmann] 14. Oktober 1985, VPB 1986 Nr. 107 A)

750. Die Frage, ob die Wahl des Mädchennamens bei einer Parlamentskandidatur (Listenwahl) zum geschützten Bereich des Privatlebens gehört, wurde offengelassen.
(Kommission [Hagmann–Hüsler] 15. Dezember 1977, VPB 1983 Nr. 180)

751. Nicht zum geschützten Bereich des sexuellen Privatlebens gehört die Prostitution.
(Kommission 10. März 1988, VPB 1988 Nr. 73)

752. Zulässig ist die Übermittlung von Informationen über die finanziellen Aktivitäten einer Person im Rahmen der internationalen Rechtshilfe, selbst wenn keine Anklage vorliegt und die Behörde die Verhinderung von Straftaten bezweckt.
(Kommission 1. Dezember 1986, VPB 1987 Nr. 82)

Innerstaatliche Organe

753. Es entspricht der Konventionsgarantie von Art. 8 (und 10) EMRK, dass jemand, der von der Polizei angehalten wurde, das Recht hat, unverzüglich mit seinen Angehörigen auf angemessene Weise Kontakt aufzunehmen.
(109 Ia 146 ff. E. 5 d = Pra 1983 Nr. 281 = EuGRZ 1984, 107 ff.)

754. Erkennungsdienstliche Massnahmen wie Fingerabdrücke oder Fotografien sind nur zur Feststellung einer zweifelhaften Identität erlaubt und wenn diese nicht anderswie festgestellt werden kann. Diese Massnahmen stellen also eine "ultima ratio" dar, die nur zur Anwendung gelangt, wenn das ordentliche Vorgehen kein befriedigendes Ergebnis zeigt.
(109 Ia 146 ff. E. 6 a = Pra 1983 Nr. 281 = EuGRZ 1984, 107 ff. = SJIR 1984, 248 ff.)

755. Offengelassen wurde die Frage, ob das gesammelte erkennungsdienstliche Material nach Abschluss des Verfahrens vernichtet werden muss.
(109 Ia 146 ff. E. 6 b = Pra 1983 Nr. 281 = EuGRZ 1984, 107 ff. = SJIR 1984, 249 f.)

756. Die (staatliche) geheime Erhebung und Speicherung von personenbezogenen Daten, wie auch das verfassungskonforme Sammeln persönlicher Daten können einen Eingriff in das durch Art. 8 EMRK garantierte Recht darstellen. (Vgl. hier auch die Ausführungen zum Akteneinsichtsrecht ausserhalb eines laufenden Verfahrens nach Art. 4 BV)
(BGer 12. Januar 1990, Pra 1990 Nr. 243; 113 Ia 7 = EuGRZ 1987, 113 f. = SJIR 1987, 235)

757. Soweit öffentliches Interesse besteht, kann das Einsichtsrecht in ein polizeiliches Dossier eingeschränkt werden.
(113 Ia 262 = SJIR 1989, 327)

758. Art. 8 EMRK verleiht keinen Anspruch auf Kenntnisnahme von der Person des Vaters und von den Umständen der Feststellung der Vaterschaft ohne jede Rücksicht auf den Zeitablauf.
(112 Ia 106 f. = Pra 1986 Nr. 184 = EuGRZ 1986, 430 = SJIR 1987, 236 f.)

759. Aus Art. 8 EMRK lässt sich kein Schutz des Delinquenten vor verdeckter Fahndung ableiten. Nach geltendem Recht ist der V–Mann–Einsatz im Rahmen allgemeiner rechtsstaatlicher Schranken zulässig, ohne dass es einer ausdrücklichen gesetzlichen Grundlage bedürfte.
(112 Ia 21 ff. = Pra 1986 Nr. 137 = EuGRZ 1986, 433 = SJIR 1987, 233 f.)

760. Die Vorladung und Einvernahme einer Person als Zeuge bildet einen Eingriff in das konventionsrechtlich geschützte Privatleben. Ein derartiger, allenfalls zwangsweiser Eingriff wäre jedoch gemäss Art. 8 Abs. 2 EMRK nur aufgrund einer gesetzlichen Grundlage zulässig.
(VGer ZH 11. Dezember 1991, RB 1991 Nr. 31)

761. Art. 8 EMRK ist nicht verletzt, wenn aufgrund des Territorialitätsprinzips in gemischt–sprachlichen Gebieten für die Eingabe einer Rechtsschrift deren Abfassung in der Sprache der Bezirksmehrheit verlangt wird.
(BGer 25. April 1980, SJIR 1981, 325 f.)

762. Bei der Frage, ob etwas geheim ist und somit als Geheimnis zu betrachten ist, bzw. etwas der Privat– und Geheimsphäre zuzurechnen ist, muss der Geheimhaltungswille des Geheimnisherrn oder, wenn dieser Wille fehlt oder unbekannt ist, das objektiv festzustellende Geheimnisinteresse des Geheimnisherrn massgebend sein.
(Bundesamt für Justiz, Gutachten vom 13. März 1980, VPB 1980, 618 ff. = SJIR 1981, 327 ff.)

763. Die Verpflichtung der Lehrlinge, eine persönliche Buchhaltung zu führen und diese dem Lehrmeister und der Prüfungsbehörde vorzulegen, ist ein unverhältnismässiger Eingriff in die Privat– und Geheimsphäre.
(Bundesamt für Justiz, Gutachten vom 13. März 1980, VPB 1980, 618 ff. = SJIR 1981, 327 ff.)

764. Beim Entscheid über die Verwertung eines unerlaubt aufgenommenen Telefongespräches ist zwischen den persönlichen Interessen des Angeklagten an der Wahrung seiner Geheimsphäre und dem öffentlichen Interesse an der strafrechtlichen Klärung abzuwägen.
(109 Ia 247 f. = SJ 1984, 157 f. = SJIR 1984, 247 f.)

765. Die Verwertung von Fotokopien der Privatkorrespondenz zum Zweck einer Schriftexpertise im Rahmen eines strafgerichtlichen Verfahrens verstösst nicht gegen Art. 8 EMRK.
(BGer 5. Mai 1988, SJIR 1989, 326)

766. Die Publikation von Verlustscheinen im Kantonsblatt ist angesichts der Möglichkeit der Einsichtnahme in die Betreibungsprotokolle nach Art. 8 Abs. 2 SchKG nicht notwendig und bildet einen schweren Eingriff in die Privatsphäre.
(Rundschreiben des OGer LU 6. Dezember 1979, EuGRZ 1980, 339 = SJIR 1981, 330 f.; ferner 107 Ia 58 f. = Pra 1981 Nr. 188 = EuGRZ 1981, 402 = SJIR 1982, 194 f.)

767. Aus Art. 8 EMRK folgt nicht die Gleichstellung eines in zivilrechtlichen Angelegenheiten des Untersuchungsgefangenen tätigen Anwalts mit dem Verteidiger, der nach Art. 4 BV und Art. 6 Abs. 3 lit. c EMRK gewisse Privilegien geniesst.
(BGer 8. April 1982, SJIR 1984, 252)

768. In einer nicht allzu wichtigen Strafsache sollen Tagebücher nicht gegen den Willen des Angeschuldigten als Beweismittel herangezogen werden. Unverwertbar ist das allein darauf gestützte Schriftgutachten.
(KGer SG 31. Mai 1988, SGGVP 1988 Nr. 79 = SJIR 1990, 253)

769. Eine Haarvorschrift kann das Privatleben verletzen. Eine Einschränkung nach Art. 8 Abs. 2 ist aus Gründen der Hygiene oder Unfallverhütung zulässig.
(MilitärappG 2A 4. November 1988, SJZ 1989, 72 = SJIR 1990, 254)

770. Vereinbarkeit von Nachtflügen mit dem Privatleben von Anliegern.
(Vgl. zu den Voraussetzungen EVED 7. Februar 1989, VPB 1989 Nr. 43 = SJIR 1989, 260 f.)

771. Die Beweisabnahme von bestimmten, die Privatsphäre des Betroffenen berührenden Tatsachen ist zum Zweck des Wahrheitsbeweises zulässig. Allerdings kann nach Art. 6 Abs. 1 EMRK zum Schutz der Privatsphäre die Öffentlichkeit vom Prozess ausgeschlossen werden.
(OGer SH 17. August 1990, ABSH 1990, 194 f. = SZIER 1991, 424)

III. Achtung des Familienlebens

Lit. M. HUG, Der Ausländer als Grundrechtsträger, Zürich 1990 (insb. S. 312 ff.); O. JACOT-GUILLARMOD, Les liens familiaux dans la jurisprudence de Strasbourg, in: Problèmes de droit de la famille, Neuchâtel 1987, 79 ff.; P. KOTTUSCH, Das Ermessen der kantonalen Fremdenpolizei und seine Schranken, ZBl 1990, 145 ff.; D. THÜRER, Familientrennung durch Staatsgrenzen? Zur Stellung ausländischer und ausländisch-schweizerisch gemischter Familien im schweizerischen Ausländerrecht und Verfassungsrecht sowie im Völkerrecht, in: FS Cyril Hegnauer, Zürich 1986, 573 ff.; DERS., Die Rechtsstellung des Ausländers in der Schweiz, in: J.A. Frowein/T. Stein (Hrsg.), Die Rechtsstellung von Ausländern nach staatlichem Recht und Völkerrecht, Berlin/Heidelberg/New York/London/Paris/Tokyo 1986, 1341 ff., 1374 ff., 1389 f., 1434 ff.; M. E. VILLIGER, Expulsion and the right to respect for private and family life (Article 8 of the Convention). An introduction to the Commission's case-law, in: Mélanges en l'honneur de J. Wiarda (hrsg. von F. Matscher/H. Petzold), Köln 1988, 657 ff.; B. WAGNER, Ehegattenbesteuerung – Auslegungsfragen zu Art. 13 des Beschlusses über die direkte Bundessteuer (BdBSt) im Lichte der Bundesverfassung und der Europ. Menschenrechtskonvention, EuGRZ 1986, 417 ff.

Konventionsorgane

772. Es rechtfertigt sich unter dem Gesichtspunkt von Art. 8 Abs. 2 EMRK, einen ausländischen Ehegatten einer Schweizerin und Vater zweier Schweizer Kinder des Landes zu verweisen, wenn er eines schweren Rauschgiftdeliktes schuldig gesprochen wurde.
(Kommission 14. Juli 1987, VPB 1988 Nr. 73)

773. In einer demokratischen Gesellschaft soll das Gesetz die Kinder vor den nachteiligen Folgen einer Scheidung oder einer ausserehelichen Geburt schützen.

Aufgrund der Umstände des Einzelfalles rechtfertigt sich unter diesem Gesichtspunkt der Entzug des elterlichen Besuchsrechts eines Elternteils bei seinem ausserehelichen Kind, wie ihn Art. 274 Abs. 2 ZGB vorsieht.
(Kommission [Garcia] 14. März 1985, VPB 1985 Nr. 77; vgl. zum Fall der Beachtung des Kindeswohls bei einem Konflikt zwischen leiblichen Eltern und Pflegemutter Kommission 10. Juli 1978, VPB 1983 Nr. 185)

774. Zulässigkeit der Einweisung von Jugendlichen in ein Erziehungsheim bzw. in ein geschlossenes Heim aufgrund der Verfolgung des Kindeswohls im Einzelfall bejaht.
(Kommission 14. Dezember 1979 und 10. März 1981, VPB 1983 Nr. 186 und 187)

775. Art. 8 EMRK macht keinen Unterschied zwischen der gesetzlichen und der tatsächlichen Familie («famille naturelle»). Demnach kann auch die Beziehung einer Grossmutter zu ihrem Enkelkind unter dem Schutz des Familienlebens stehen.
(Kommission 10. März 1981, VPB 1983 Nr. 182)

776. Der verheiratete Strafgefangene hat keinen Anspruch auf unüberwachten Besuch durch seinen Ehegatten im Gefängnis. Daran ändert nichts, dass beide Ehegatten im selben Gefängnis inhaftiert sind.
(Kommission 3. Oktober 1978, VPB 1983 Nr. 184)

Innerstaatliche Organe

777. Art. 8 Abs. 1 EMRK geht insoweit über das in Art. 54 BV gewährleistete Recht auf Ehe hinaus, indem die Bestimmung nicht nur die Freiheit der Ehebeziehung als solche, sondern darüber hinaus auch die Beziehungen zu weiteren Familienmitgliedern schützt. Die Konvention gewährt zwar kein Recht auf Anwesenheit in einem Staat, doch kann Art. 8 EMRK verletzt sein, wenn dadurch die Familie getrennt wird, was allerdings nur möglich ist, wenn eines der Familienmitglieder ein Anwesenheitsrecht (Schweizerbürgerrecht, aus fremdenpolizeilicher Bewilligung oder Staatsvertrag) in der Schweiz besitzt und die familiäre Beziehung tatsächlich gelebt wird.
(116 Ib 355 = SZIER 1992, 516; 109 Ib 183 = EuGRZ 1984, 82 ff. = SJIR 1984, 250 f.; EJPD 16. Juni 1989, VPB 1990 Nr. 20; ARK (4. Kammer) 4. Mai 1992, Asyl 1992/2+3, 47; VGer BE 22. August 1991, BVR 1992, 138; VGer NE 14. März 1991, RJN 1991, 96)

778. Art. 8 Abs. 1 EMRK beschränkt das der zuständigen Behörde in Art. 4 ANAG grundsätzlich eingeräumte freie Ermessen bei der Erneuerung von Anwesenheitsbewilligungen.
(109 Ib 183 = EuGRZ 1984, 82 ff. = SJIR 1984, 250 f.; ferner 115 Ib 4 ff. und 99 ff. ; VGer BE 22. August 1991, BVR 1992, 138)

779. Kein gefestigtes Anwesenheitsrecht i.S. der bundesgerichtlichen Rechtsprechung besitzt, wer bloss über eine befristete Aufenthaltsbewilligung verfügt.
(115 Ib 100; BGer 25. September 1989, SJIR 1990, 258; VGer BE 22. August 1991, BVR 1992, 139; RR ZH 2. September 1987, ZR 1989 Nr. 11)

780. Kein Nachzugsrecht besteht für den unter Vormundschaft seines aufenthaltsberechtigten Bruders (Bewilligung B) stehenden Ausländer. Bei Übertragung der elterlichen Gewalt auf den Bruder haben die ausländischen Behörden gewusst, dass dieser in der Schweiz lebt und ein dauerndes Zusammenleben nicht gewährleistet ist.
(RRat BE 14. November 1990, BVR 1991, 215 = SZIER 1991, 441)

781. Ein nach Internierungsverordnung vorläufig aufgenommener Ausländer kann daraus keinen Anspruch auf Familienzusammenführung ableiten.
(BGer 27. Februar 1990, SJIR 1990, 256 = Asyl 1990/2, 13)

782. Die Achtung des Familienlebens schützt den aus der Schweiz strafrechtlich Ausgewiesenen nicht, wenn dessen in der Schweiz wohnhaften Familienangehörigen keine Aufenthaltsbewilligung besitzen. Dies gilt umso mehr dann, wenn den Angehörigen zuzumuten ist, dem Vater ins Ausland zu folgen.
(EJPD 16. Juni 1989, VPB 1990 Nr. 20; vgl. auch 109 Ib 187; 110 Ib 205; 111 Ib 5)

783. Die Nichtverlängerung einer Aufenthaltsbewilligung an den wegen eines Verbrechens oder Vergehens verurteilten ausländischen Ehegatten eines Schweizer Bürgers setzt eine Interessenabwägung voraus.
(BGer 13. Mai 1992, ZBl 1992, 570)

784. Die schweizerische Ehefrau eines (des Landes verwiesenen) Ausländers kann sich auf Art. 8 Abs. 1 EMRK nur berufen, wenn die Beziehung zu ihrem Mann tatsächlich gelebt wird und es ihr nicht zuzumuten ist, ihrem Ehemann ins Ausland zu folgen. Dabei beurteilt sich die Frage der Zumutbarkeit der Ausreise nicht nach den persönlichen Wünschen der Betroffenen, sondern ist unter Berücksichtigung ihrer persönlichen Verhältnisse objektiv zu beurteilen.
(116 Ib 355 ff. = SZIER 1992, 516 f.; 111 Ib 4 f. = SJIR 1986, 156 f.; 110 Ib 205 = Pra 1985 Nr. 38 = EuGRZ 1985, 39 = SJIR 1985, 279; BGer 31. Mai 1985, SJIR 1987, 240; BGer 20. Januar 1989, SJIR 1990, 256 f.)

785. Ist die Ausreise für den anwesenheitsberechtigten Ehegatten nicht gerade unzumutbar, aber mit Schwierigkeiten verbunden, so ist bei Vorliegen von Ausweisungsgründen gegenüber dem ausländischen Ehegatten der Schwere der sich gegen ihn richtenden Vorwürfe und den Umständen des Eheschlusses Rechnung zu tragen.
(116 Ib 355 ff. = SZIER 1992, 516 f.)

786. Die Frage der Zumutbarkeit der Ausreise des Ehegatten ist vorweg zu prüfen, da das durch die Konvention geschützte Familienleben nur verletzt wird, wenn dem in der Schweiz aufenthaltsberechtigten Ehegatten das eheliche Zusammenleben erschwert wird und ihm nicht zuzumuten ist, mit dem landesverwiesenen Gatten auszureisen.
(BGer 19. Juni 1987, SJIR 1988, 324)

787. Eine Unzumutbarkeit (der Ausreise ins Ausland mit dem Ehegatten) bedeutet lediglich, dass die Sache nunmehr unter dem Gesichtswinkel von Art. 8 Abs. 2 EMRK geprüft wird. Eine Aufenthaltsbewilligung muss nur gewährt werden, wenn die hier vorgesehene Rechtsgüterabwägung zugunsten des privaten Interesses der Beschwerdeführer am Aufenthalt des ausländischen Ehegatten in der Schweiz ausfällt.
(110 Ib 206 = SJIR 1985, 279; BGer 16. Dezember 1985, SJIR 1987, 238 f.; EJPD 16. Juni 1989, VPB 1990 Nr. 20)

788. Die Prüfung der Zumutbarkeit kann nicht mit dem Argument umgangen werden, die schweizerische Ehefrau habe im Zeitpunkt der Heirat die Gefahr der Ausreise in ein ihr nicht zumutbares Land in Kauf genommen.
(BGer 16. Dezember 1985, SJIR 1987, 238)

789. Die Zumutbarkeit der Ausreise in die Türkei wurde für eine seit ihrer Kindheit in der Schweiz wohnhafte und assimilierte Türkin, welche türkisch

spricht, mohammedanischen Glaubens ist und einen türkischen Bekanntenkreis
hat, bejaht.
*(BGer 19. Juni 1987, SJIR 1988, 325; zur Vorgeschichte: RR FR 25. November 1986,
Extr. 1986, 188 f. = SJIR 1989, 328 f.)*

790. Die Zumutbarkeit der Ausreise in die Bundesrepublik Deutschland wurde
bejaht für eine in Deutschland aufgewachsene und mit den dortigen Verhältnissen
vertraute Schweizerin. Keine Rolle spielt es, wenn sich die beiden Ehegatten in
Deutschland der Strafverfolgung aussetzen, da der gemäss EMRK gewährte
Schutz des Familienlebens nicht vor einer rechtmässigen Strafverfolgung schützt.
(RR ZH 9. Juli 1986 [bestätigt durch BGer 19. Juni 1987], ZR 1989 Nr. 12)

791. Aus der Kasuistik zur Landesverweisung: Überwiegendes Interesse an der
Landesverweisung *bejaht*:

– bei einem mit 7 Jahren Gefängnis bestraften Drogenhändler.
(BGer 7. September 1984)

– bei einem rückfälligen Drogenhändler, der zu 7 1/2 Jahren Zuchthaus verurteilt
worden ist.
(BGer 7. Januar 1986, SJIR 1987, 241)

– bei Zumutbarkeit der Fortsetzung des Familienlebens in Grossbritannien, da die
privaten Gründe für den Verbleib in der Schweiz hauptsächlich wirtschaftlicher
Natur sind.
(BGer 14. Mai 1984, SJIR 1984, 278)

– bei Wegweisung des Ehemannes aus Genf nach Frankreich, da der Ehefrau das
soziale und berufliche Umfeld in der Schweiz nicht verloren geht.
(BGer 5. Juni 1984, SJIR 1984, 279)

– bei fehlender Assimilation einer niedergelassenen Türkin.
(111 Ib 4 f. = SJIR 1986, 157)

– bei Heirat eines Ausländers während dessen Strafvollzug, ausser das Zusammenleben wurde bereits vor der Straftat aufgenommen und eine Heirat war
aufgrund nicht beibringbarer Ausweisschriften verhindert worden.
(BGer 17. Mai 1989, SZIER 1991, 439)

– bei schwerer und häufiger Delinquenz, Aggressivität und Hang zu Gewaltan-
wendung sowie Drohung. Durch eine Ausweisung nach Frankreich wurde das
Besuchsrecht zwar erschwert, aber nicht verunmöglicht.
(BGer 9. März 1990, SZIER 1991, 441)

– wenn weder die Kinder noch die Ehefrau selbst eine fremdenpolizeiliche Bewilligung oder einen staatsvertraglichen Anspruch besitzen.
(EJPD 16. Juni 1989, VPB 1990, 127 f. = SZIER 1991, 442)

792. *verneint*:

– bei Ausweisung des Ehemannes einer fremdsprachlich unbeholfenen, in einem Gebirgsdorf aufgewachsenen Schweizerin katholischen Glaubens nach Marokko.
(110 Ib 206 f. = Pra 1985 Nr. 38 = EuGRZ 1985, 39 = SJIR 1985, 280)

– bei Aussicht auf Stabilisierung der Lebensverhältnisse und gesichertem Einkommen der (schweizerischen) Ehefrau.
(BGer 16. Dezember 1985, SJIR 1987, 239)

– bei Rücksichtnahme auf ein bald schulpflichtiges Kind.
(RRat BE 22. Februar 1989, BVR 1989, 235 = SJIR 1990, 258)

– drei Kindern der schweizerischen Ehefrau, wovon eines geistig und körperlich behindert ist bei Ausweisung nach Sri Lanka.
(BGer 17. Mai 1989, SZIER 1991, 439 f.)

– starke Bindung zwischen (Stief–) Vater und dessen (Stief–) Kindern.
(BRat 18. September 1989, VPB 1990 Nr. 19 = SZIER 1991, 440)

– lange Aufenthaltsdauer in der Schweiz, starke Beziehung zum sich in der Schweiz aufhaltenden Kind und erstmalige Verurteilung zu einer längeren Gefängnisstrafe.
(Polizeidirektion BE 20. Februar 1992, BVR 1992, 344 ff.)

– wenn das einzige öffentliche Interesse in der Aufrechterhaltung einer restriktiven Praxis liegt.
(BGer 1. Dezember 1989, SJIR 1990, 258)

793. Aus Art. 8 EMRK kann kein Anspruch auf Erteilung einer Niederlassungsbewilligung abgeleitet werden. Vielmehr genügt bereits die Erteilung einer Aufenthaltsbewilligung den Anforderungen von Art. 8 EMRK.
(BGer 3. Oktober 1990, SZIER 1991, 442 f.)

794. Der Schutz der Familie erfasst nur die Familie in einem engeren Sinn, d.h. die Ehegatten und die minderjährigen Kinder. Das Besuchsrecht des Vaters mit seinem minderjährigen, unter der elterlichen Gewalt der Mutter stehenden Kind berührt Art. 8 Abs. 1 EMRK nur unter ausserordentlichen Umständen. Dies ist der Fall, wenn die Landesverweisung aufgrund der geographischen Entfernung

des Vaters die Ausübung des Besuchsrechts verunmöglichen oder wenigstens ausserordentlich erschweren würde.
(BGer 22. November 1985, SJIR 1987, 242; BGer 14. Oktober 1987, SJIR 1988, 327; BGer 12. November 1986, SJIR 1988, 328; Polizeidirektion BE 20. Februar 1992, BVR 1992, 343, betreffend Chile)

795. Kann der Ausländer, der ein Besuchsrecht gegenüber seinem minderjährigen Kind hat, aus dieser familiären Beziehung üblicherweise kein Recht auf Erteilung der Aufenthaltsbewilligung ableiten, kann ein solches Recht noch viel weniger den über zwanzigjährigen Beschwerdeführern zustehen, die regelmässig ihre Mutter besuchen, nicht aber bei ihr wohnen wollen.
(BGer 12. November 1986, SJIR 1988, 328; VGer NE 15. Januar 1991, RJN 1991, 97 hinsichtlich volljähriger Kinder, ausser es würden spezielle Umstände vorliegen)

796. Anspruch auf Erteilung einer Ausnahmebewilligung für ein volljähriges Kind bejaht, da dieses gehörlos und nach wie vor von den Eltern abhängig sei.
(115 Ib 1 = EuGRZ 1990, 183 = Pra 1989 Nr. 165 = SJIR 1990, 257 f.; ferner Verneinung des Anspruchs durch VGer NE 14. November 1991, RJN 1991, 97 zu einem 23-jährigen, seit 10 Jahren von der Mutter getrennt lebenden Kind)

797. Ein bereits verheirateter Mann und die mit ihm im Konkubinat lebende Frau sind keine Familie i.S. der Konvention. Dagegen bilden eine unverheiratete Mutter und ihr Kind einerseits sowie dieses und der es anerkennende Vater anderseits eine Familie.
(BGer 7. September 1984, SJIR 1985, 282)

798. Die Achtung des Familienlebens erfasst auch das Recht eines Elternteils auf Zugang zu seinem Kind und auf Kontakt mit diesem.
(107 II 304 f. = EuGRZ 1981, 579 = Pra 1981 Nr. 244 = SJIR 1982, 192 f.)

799. Der Schutz der Familie erstreckt sich nicht über mehrere Familiengemeinschaften. Dies gilt insbesondere dann, wenn die Kinder bereits eine eigene Familie gegründet haben.
(BGer 27. Juli 1990, SZIER 1991, 441)

800. Ob der Schutz der Familie auch die Beziehungen zu Geschwistern erfasst, ist fraglich.
(VGer BE 22. August 1991, BVR 1992, 139)

801. Eine ausserhalb der Formen des Zivilrechts geführte Gemeinschaft kann nicht den Schutz des Familienlebens im Sinne von Art. 8 EMRK beanspruchen. *(BGer 13. August 1985, SJIR 1985, 243)*

802. Zum geschützten Familienleben gehören auch die Beziehungen des Vaters zum ausserehelichen Kind. *(Bundesamt für Justiz, 20. Januar 1977, VPB 1983 Nr. 181)*

803. Der Widerruf der Zustimmung zur Adoption kann die inzwischen entstandene und unter dem Schutz von Art. 8 EMRK stehende Beziehung zu den Pflegeeltern gefährden. *(BGer 25. April 1991, SZIER 1992, 517 f.)*

804. Unter Konventionsschutz fällt nur eine intakte Ehe. Zu diesen zählt eine von einem Scheidungsverfahren betroffene Ehe nicht, auch wenn sich der Ehemann der Scheidung widersetzt. Ausschlaggebend ist allein das Fehlen gemeinsamen Willens, die Beziehung tatsächlich zu leben. *(RR AG 1. Dezember 1986, AGVE 1986 Nr. 16 = SJIR 1988, 326)*

805. Ein mit einer Schweizerin verheirateter Ausländer hat kein aus Art. 8 EMRK fliessendes Recht auf Aufenthalt in der Schweiz, solange sich die Ehefrau im Ausland aufhält. *(114 Ib 9 f. = SJIR 1989, 327)*

806. Aus Art. 8 EMRK ergibt sich kein Anspruch auf Niederlassungsfreiheit oder ein Verbot der Residenzpflicht der Beamten, tangiert doch die Verpflichtung eines Beamten zu einem bestimmten Wohnsitz weder die Integrität seiner Wohnung, noch wird dadurch sein Anspruch auf Achtung seines Privat- oder Familienlebens verletzt. *(115 Ia 209 = SJ 1990, 289 f. = SJIR 1990, 261 f.; 106 Ia 31 = SJIR 1981, 326; 103 Ia 458 = ZBl 1978, 28 = SJIR 1978, 222)*

807. Es widerspricht Art. 8 EMRK nicht, wenn ein kantonaler Polizeibeamte in der Nähe seiner Polizeistation Wohnsitz nehmen soll, damit er die Umgebung besser kennt und rasch einsatzbereit sein kann. *(VGer NE 8. Dezember 1986 (bestätigt durch BGer 11. Mai 1987), SJIR 1988, 329 f.)*

808. Die Achtung des Familienlebens gestattet (notwendige) Kontrollen bei Familienbesuchen im Gefängnis. *(BGer 2. Februar 1988, SJIR 1988, 329)*

809. Der Anspruch auf Achtung des Familienlebens im Sinn der Konvention schliesst nicht aus, dass der Aufnahmestaat die Übersiedlung der Familie in eine fremde Umgebung davon abhängig macht, dass begründete Aussicht auf eine Eingliederung im neuen Lebensbereich besteht.
(Bundesrat, Botschaft über die «Mitenand–Initiative» für eine neue Ausländerpolitik vom 5. Oktober 1979, BBL 1979 III, 616 = SJIR 1979, 268 ff.)

810. Art. 8 EMRK bietet keinen steuerrechtlichen Schutz für die Familie oder das Familienleben.
(BGer 10. März 1989, SJIR 1990, 255)

IV. Achtung der Wohnung

Konventionsorgane

Innerstaatliche Organe

811. Art. 8 EMRK enthält im Zusammenhang mit der Gewährleistung des Hausrechts keine Art. 5 Ziff. 3 EMRK ähnliche Vorschrift, welche eine sofortige richterliche Überprüfung der Beschlagnahme fordern würde.
(BGer 9. September 1981, SJIR 1982, 195 f.)

812. Art. 8 EMRK bietet nur Schutz der Wohnung vor ungesetzlichen Eingriffen der öffentlichen Gewalt. Da die Residenzpflicht des Beamten weder die Integrität seiner Wohnung noch seine Anspruch auf Achtung seines Privat– und Familienlebens verletzt, kann aus Art. 8 EMRK kein Recht abgeleitet werden, das dieser Verpflichtung entgegenstünde.
(BGE 103 Ia 458; 115 Ia 209 = Pra 1990 Nr. 135)

813. Die Räumung einer Wohnung aus hygienischen Gründen verletzt das Privatleben und den Anspruch auf Achtung der Wohnung nicht.
(BGer 27. Dezember 1990, SZIER 1992, 519)

814. Zum Hausrecht vgl. vorne N. 6.

V. Achtung des Briefverkehrs

Lit. G. MALINVERNI, Le droit des personnes privées de liberté au respect de leur correspondance, in: Etudes en l'honneur de Jean Pictet, Genève/La Haye 1984, 90 ff.

Konventionsorgane

815. Der Briefverkehr zwischen zwei Strafgefangengen kann (durch Gesetz) unterbunden werden, falls es sich um eine notwendige Massnahme zur Aufrechterhaltung der Gefängnisordnung handelt oder Straftaten verhindert werden sollen.
(Kommission 9. Mai 1977, VPB 1983 Nr. 188)

816. Durch Art. 8 Abs. 2 EMRK nicht gedeckt ist das Abfangen eines Schreibens, in welchem ein Rechtsanwalt einem Untersuchungshäftling (auf Anfrage durch dessen Ehegattin) seine Verteidigung anbietet, und ihm die Geltendmachung des Aussageverweigerungsrechts empfiehlt. Von Bedeutung war, dass es sich um den mutmasslich künftigen Verteidiger des Häftlings handelte. Bedeutungslos ist, ob der Häftling den Anwalt formell zu seinem Verteidiger bestellte oder nicht.
(Kommission 12. Dezember 1986, VPB 1987 Nr. 83; Gerichtshof 20. Juni 1988 [Schönenberger und Durmaz], VPB 1988 Nr. 74)

817. Der Einsatz eines V–Mannes und die geheime Telefonüberwachung im Zusammenhang mit Drogenhandel verletzt Art. 8 EMRK nach den konkreten Umständen des Falles nicht.
(Gerichtshof 25. Juni 1992 [Lüdi], EuGRZ 1992, 300 f., a.A. Kommission 6. Dezember 1990, VPB 1991 Nr. 53 = plädoyer 1991, 69 ff.)

Innerstaatliche Organe

818. Die geheime Kontrolle des Post- und Telefonverkehrs soll normalerweise durch einen Richter kontrolliert werden.
(109 Ia 295 = EuGRZ 1984, 223 ff. = SJIR 1984, 242 ff.)

819. Elektronische Überwachungsmassnahmen sind dem Betroffenen nachträglich bekanntzugeben.
(109 Ia 299 = EuGRZ 1984, 223 ff. = SJIR 1984, 242 ff.)

820. Der Briefverkehr darf nur soweit beschränkt werden, als dies der Zweck der Untersuchung oder die Anstaltsordnung erfordern.
(117 Ia 466 f.; 107 Ia 149 = EuGRZ 1982, 32 = SJIR 1982, 193; BGer 21. April und 7. Mai 1987 = SJIR 1988, 330; ferner 118 Ia 87)

821. Wird dem Untersuchungshäftling der Brief eines Anwalts mit Vollmachtsformularen und der Empfehlung zu deren Unterzeichnung nicht weitergeleitet, so verletzt dies das Recht auf freien Briefverkehr.
(BGer 20. Juni 1984, SJIR 1985, 283)

822. Der Zweck der Briefkontrolle bei Untersuchungshäftlingen erfordert es nicht, dass der Untersuchungsbeamte diese durch Weitergabe an Polizeiorgane unverschlossen an den Häftling weiterleitet.
(107 Ia 149 ff. = Pra 1982 Nr. 38 = SJIR 1982, 193 f.)

823. Art. 8 EMRK ist nicht verletzt, wenn der an eine verhaftete Mitangeklagte gerichtete Brief mit Heiratsantrag aus Gründen der Kollusions- und Beeinflussungsgefahr nicht weitergeleitet wird.
(117 Ia 466 =EuGRZ 1992, 142 ff. = AJP 1992, 529 ff.)

824. Konventionskonforme Auslegung der Pflicht des Häftlings, die Kosten für die Übersetzung seiner Korrespondenz vorzuschiessen.
(118 Ia 87 f.)

825. Auch der Absender eines Briefes ist durch Art. 8 EMRK geschützt.
(BGer 9. März 1977, SJIR 1978, 221)

Artikel 9

1. Jedermann hat Anspruch auf Gedanken-, Gewissens- und Religionsfreiheit; dieses Recht umfasst die Freiheit des einzelnen zum Wechsel der Religion oder Weltanschauung sowie die Freiheit, seine Religion oder der Weltanschauung einzeln oder in Gemeinschaft mit anderen öffentlich oder privat, durch Gottesdienst, Unterricht, Andachten und Beachtung religiöser Gebräuche auszuüben.

2. Die Religions- und Bekenntnisfreiheit darf nicht Gegenstand anderer als vom Gesetz vorgesehener Beschränkungen sein, die in einer demokratischen Gesellschaft notwendige Massnahmen im Interesse der öffentlichen Sicherheit, der öffentlichen Ordnung, Gesundheit und Moral oder für den Schutz der Rechte und Freiheiten anderer sind.

Lit.: P. KARLEN, Das Grundrecht der Religionsfreiheit in der Schweiz, Zürich 1988; P.C. RAGAZ, Die Meinungsäusserungsfreiheit in der Europäischen Menschenrechtskonvention, Bern 1979.

Konventionsorgane

826. Eine juristische Person mit wirtschaftlichem Geschäftszweck ist durch Art. 9 EMRK nicht geschützt und kann sich auf diese Bestimmung auch nicht berufen. *(Kommission 27. Februar 1979, VPB 1983 Nr.190)*

827. Eine Vereinigung mit religiösen und philosophischen Zielen kann sich persönlich wie auch in Vertretung ihrer Anhänger auf Art. 9 EMRK berufen. *(Kommission 19. März 1981, VPB 1983 Nr. 191)*

828. Art. 9 EMRK gibt keinen Anspruch auf Aufenthalt in einem bestimmten Staat. Bedeutung weiterer Umstände im Einzelfall.
(Vgl. Kommission 19. März 1981, VPB 1983 Nr. 192)

829. Kein Anspruch auf Befreiung vom Militärdienst oder den bedingten Aufschub des Vollzuges für den Dienstverweigerer aus Gewissensgründen.
(Kommission 9. Mai 1984, VPB 1985 Nr. 78)

830. Die Aufteilung von Strafsanktionen gegen Dienstverweigerer nach der Art der Motivation (religiöse bzw. ethische und andere Gründe) verletzt Art. 9 EMRK nicht.
(Kommission 1. Dezember 1986, VPB 1987 Nr. 84)

831. Art. 9 EMRK wird nicht durch die Pflicht zur Entrichtung einer Kirchensteuer verletzt. Den innerstaatlichen Behörden steht gemäss Konvention ein gewisser Ermessensspielraum zu hinsichtlich der für einen Austritt notwendigen Formerfordernisse.
(Kommission 4. Dezember 1984, VPB 1985 Nr. 79)

Innerstaatliche Organe

832. Verhältnis von Art. 9 EMRK zu Art. 49 und 50 BV. Nach der neuesten Rechtsprechung scheint das BGer aus der Konvention einen weitergehenderen Schutz ableiten zu wollen, insbesondere hinsichtlich des Erfordernisses überwiegender öffentlicher Interessen.
(Vgl. dazu 117 Ia 314 f. = SZIER 1992, 520; in Frage gestellt 116 Ia 258 = EuGRZ 1991, 93 f. = ZBl 1991, 75 ff. = SZIER 1991, 445)

833. Unter dem Gesichtspunkt von Art. 9 Abs. 2 EMRK ist die Entrichtung einer Militärpflichtersatzabgabe eine notwendige Massnahme und verletzt die Bestrafung eines Dienstverweigerers aus Gewissensgründen, der ihre Entrichtung verweigert, Art. 9 EMRK nicht.
(Pra 1992 Nr. 44)

834. Beschwerden wegen Verletzung von Art. 27 Abs. 2 und 3 BV fallen in die Zuständigkeit des Bundesrates, selbst wenn sie sich inhaltlich auf eine Verletzung von Art. 9 EMRK stützen.
(107 Ia 264 f. = Pra 1982 Nr. 30 = SJIR 1982, 162 f.)

835. Art. 9 EMRK verbietet es den Gemeinwesen nicht, Beiträge für Kultuszwecke aus den allgemeinen Steuereinnahmen auszurichten.
(BGer 25. November 1982, ZBl 1983, 511 = SJIR 1984, 253 f.)

836. Die Zulässigkeit der Schuldispensation aus religiösen Gründen ist nach Verhältnismässigkeitsüberlegungen zu beurteilen.
(114 Ia 136 ff. = Pra 1988 Nr. 245 = EuGRZ 1988, 547 = ZBl 1989, 25 = SJIR 1989, 332 f.)

837. Die Kündigung eines Arbeitsverhältnisses wegen Tragens einer Kopfbedeckung aus religiösen Gründen ist i.S. von Art. 336 Abs. 1 lit. b OR unter Beizug von Art. 9 EMRK missbräuchlich.
(Bezirksgericht Arbon 17. Dezember 1990, SJZ 1990, 177 = SZIER 1991, 445)

838. Verletzung von Art. 9 EMRK durch die Vorschrift, eine muslimische Frau habe zur Ausstellung eines Führerausweises ein Passfoto vorzulegen, das sie ohne Kopftuch zeigt.
(VGer AG 21. Januar 1992, plädoyer 1992, 70 f.)

Artikel 10

1. Jedermann hat Anspruch auf freie Meinungsäusserung. Dieses Recht schliesst die Freiheit der Meinung und die Freiheit zum Empfang und zur Mitteilung von Nachrichten oder Ideen ohne Eingriffe öffentlicher Behörden und ohne Rücksicht auf Landesgrenzen ein. Dieser Artikel schliesst nicht aus, dass die Staaten Rundfunk-, Lichtspiel- oder Fernsehunternehmen einem Genehmigungsverfahren unterwerfen.

2. Da die Ausübung dieser Freiheiten Pflichten und Verantwortung mit sich bringt, kann sie bestimmten, vom Gesetz vorgesehenen Formvorschriften, Bedingungen, Einschränkungen oder Strafdrohungen unterworfen werden, wie sie in einer demokratischen Gesellschaft im Interesse der nationalen Sicherheit, der territorialen Unversehrtheit oder der öffentlichen Sicherheit, der Aufrechterhaltung der Ordnung und der Verbrechensverhütung, des Schutzes der Gesundheit und der Moral, des Schutzes des guten Rufes oder der Rechte anderer notwendig sind, um die Verbreitung von vertraulichen Nachrichten zu verhindern oder das Ansehen und die Unparteilichkeit der Rechtsprechung zu gewährleisten.

Lit.: S. ASTHEIMER, Rundfunkfreiheit, ein europäisches Grundrecht, Baden–Baden 1990; D. BARRELET, Droit suisse des mass media, Bern 1987; H. HEMPEL, Freiheit der Kunst, Zürich 1991; I. LAEUCHLI BOSSHARD, Die Meinungsäusserungsfreiheit gemäss Art. 10 EMRK unter Berücksichtigung der neueren Entscheide und der neueren Medien, Bern 1990; G. MALINVERNI, La liberté de l'information dans la Convention Européenne des Droits de l'Homme et dans le Pacte Internationale Relatif aux Droits Civils et Politiques, in: Aspects du Droit des Médias, Fribourg 1984, Bd. II, 181 ff.; L. A. MINELLI, La liberté d'expression selon l'article 10 CEDH, plädoyer 1991, 49 ff.; DERS., Das Recht auf Zugang zu Pornographie, SJZ 1987, 182 f.; J.P. MÜLLER, Kommentar BV, Art. 55 und Art. 55bis BV; DERS., Art. 10 EMRK und das nationale Medienrecht aus schweizerischer Sicht, Zeitschrift für Urheber- und Medienrecht (Baden–Baden) 1987, 1 ff.; P.C. RAGAZ, Die Meinungsäusserungsfreiheit in der Europäischen Menschenrechtskonvention, Bern 1979; H. RANNER, Informationsfreiheit und Auskunftpflicht der Behörden, EuGRZ 1976, 447 ff.; L. SCHÜRMANN, Medienrecht, Bern 1985; J. TOTH, Le droit à l'information devant le Conseil de l'Europe, in: Aspects du Droit des Medias, Bd. II, Fribourg 1984, 287 ff.; R.H. WEBER, Der Journalist in der Verfassungsordnung, ZBl 1988, 93 ff., insb. 99 f.

Konventionsorgane

839. Art. 10 EMRK umfasst auch den künstlerischen Ausdruck.
(Gerichtshof 24. Mai 1988 [Müller], VPB 1988 Nr 76; Kommission 8. Oktober 1986 [Müller], VPB 1986 Nr. 108)

840. Die Freiheit der Meinungsäusserung umfasst auch den Staat oder einen Teil der Bevölkerung verletzende, schockierende und beunruhigende Meinungen.
(Gerichtshof 24. Mai 1988 [Müller], VPB 1988 Nr 76)

841. Bei der Gesetzesredaktion ist es unmöglich, die Gesetze mit absoluter Genauigkeit zu verfassen, insbesondere dort, wo die Vorgaben sich aufgrund gesellschaftlicher Entwicklungen verändern können. Um unnötige Strengen zu vermeiden und die Anpassungsfähigkeit zu gewährleisten, gebrauchen viele Gesetze vage Bestimmungen. So verhält es sich mit den strafrechtlichen Bestimmungen im Bereich der Unzucht.
(Gerichtshof 24. Mai 1988 [Müller], VPB 1988 Nr 77)

842. Auf Art. 10 EMRK kann sich auch eine Handel treibende Aktiengesellschaft berufen.
(Gerichtshof 22. Mai 1990 [Autronic], VPB 1990 Nr. 58)

843. Die Rundfunkübertragung von Programmen und deren Weiterverbreitung über Kabel fällt unter den Schutzbereich von Art. 10 Abs. 1 EMRK ungeachtet des Programminhalts.
(Gerichtshof 28. März 1990 [Groppera Radio AG], VPB 1990 Nr. 57)

844. Der Anspruch auf Ausstrahlung von Rundfunkprogrammen beinhaltet auch den Anspruch darauf, dass der Empfang behördlicherseits nicht gestört wird. Zulässig sind jedoch Massnahmen, die eine Umgehung des (zulässigen) Bewilligungssystems verhindern sollen.
(Kommission 17. Mai 1984 [Radio 24], VPB 1986 Nr. 109)

845. Die Informationsfreiheit bezieht sich nicht nur auf den Inhalt, sondern auch auf die Empfangs– und Übertragungsmittel, wie etwa Empfang von Fernsehprogrammen über Antenne. Ohne Belang ist, aus welchem Grund und zu welchem Zweck der Empfang erfolgt.
(Gerichtshof 22. Mai 1990 [Autronic], VPB 1990 Nr. 58; vgl. ferner Kommission 5. März 1985, VPB 1985 Nr. 81)

846. Das Bewilligungssystem für die Rundfunkübertragungen ist zulässig, doch muss es den Anforderungen von Abs. 2 des Art. 10 EMRK entsprechen.
(Gerichtshof 28. März 1990 [Groppera Radio AG], VPB 1990 Nr. 57)

847. Nicht willkürlich ist die Auswahl unter mehreren, alle die festgelegten Voraussetzungen erfüllenden Bewerbern um Teilnahme am lokalen Rundfunkversuch, wenn sie aufgrund von politischen Erwägungen getroffen wird.
(Kommission 16. Oktober 1986, VPB 1987 Nr. 85)

848. Die Voraussehbarkeit und Zugänglichkeit des die Übertragung von Rundfunkprogrammen regelnden Gesetzes beurteilt sich nach dem Inhalt des betreffenden Textes, seinem Wirkungsbereich und der Eigenart seiner Adressaten. Die Bestimmungen des internationalen Fernmelderechts sind technischer und komplexer Natur, wenden sich an Fachleute und umfassen mehr als 1000 Seiten. Sie sind aus dieser Sicht genügend klar und genau. Es genügt, wenn in der Amtlichen Sammlung des Bundesrechts ein Bezugsquellennachweis und nicht alle Erlasse publiziert sind.
(Gerichtshof 28. März 1990 [Groppera Radio AG], VPB 1990 Nr. 57)

849. Zulässig ist ein Weiterverbreitungsverbot für aus dem Ausland unter Umgehung des schweizerischen Fernmeldesystems ausgestrahlte Rundfunksendungen.
(Gerichtshof 28. März 1990 [Groppera Radio AG], VPB 1990 Nr. 57)

850. Zur Aufrechterhaltung der Fernmeldeordnung nicht erforderlich ist die Zustimmung des Sendestaates als Voraussetzung zur Erteilung einer (schweizerischen) Bewilligung zum Empfang von unverschlüsselten, für die Öffentlichkeit bestimmten und durch eine ausländischen Fernmeldesatelliten gesendeten Sendungen über eine private Parabolantenne.
(Gerichtshof 22. Mai 1990 [Autronic], VPB 1990 Nr. 58)

851. Das Verbot der Verbreitung von Lokalradios über Kabelanlagen ist keine unverhältnismässige Beschränkung von Art. 10 EMRK, da die Sendungen über spezielle Antennen empfangen werden können.
(Kommission 6. Juni 1991 [Ebner], VPB 1991 Nr. 54)

852. Der Vertrieb von pornographischen Videofilmen fällt in den Schutzbereich von Art. 10 Abs. 1 EMRK. Die Verurteilung wegen Vermietung und Verkauf solcher Filme nach Art. 204 StGB ist eine gesetzlich vorgesehene und zum Schutz der Moral notwendige Massnahme.
(Kommission 8. April 1991, VPB 1991 Nr. 55)

853. Ist eine Tatsache der Untersuchung der Öffentlichkeit schon lange bekannt, so kann eine nicht als Druckversuch auf die Justiz zu verstehende Erklärung darüber das Ansehen und die Unparteilichkeit der Rechtsprechung nicht berühren. Eine im Anschluss darauf verhängte Busse ist konventionswidrig.
(Gerichtshof [Weber] 22. Mai 1990, VPB 1990 Nr. 56 = EuGRZ 1990, 266)

854. Der Anwalt, der Kritiken äussert, die geeignet sind, dem Ruf der Justiz zu schaden, kann hierfür mit einer Disziplinarstrafe belegt werden.
(Kommission 14. April 1989, VPB 1989 Nr. 61)

855. Kein Anspruch auf Grundbucheinsicht ohne schutzwürdiges Interesse aus der Informationsfreiheit.
(Kommission 15. Oktober 1987, VPB 1988 Nr. 75)

856. Ob eine Massnahme oder Beschränkung nach Art. 10 Abs. 2 EMRK notwendig ist, können die staatlichen Organe besser beurteilen als der internationale Richter. Die Konfiskation von unzüchtigen Bildern kann als notwendige Massnahme zum Schutz der Moral angesehen werden.
(Gerichtshof 24. Mai 1988 [Müller], VPB 1988 Nr 76; zur Vorgeschichte Bericht der Kommission vom 8. Oktober 1986, VPB 1986 Nr. 113)

857. Art. 10 EMRK ist bei der polizeilichen Festnahme eines Journalisten für 19 Stunden nicht verletzt, da ihm die Möglichkeit zum Verfassen und Redigieren eines Artikels gegeben wurde.
(Kommission 4. Dezember 1984, VPB 1985 Nr. 80)

858. Im gegebenen Fall kann ein zeitlich beschränktes Berufsverbot für einen Anwalt notwendig sein, um das Ansehen und die Unparteilichkeit der Rechtsprechung zu gewährleisten.
(Kommission 1. Oktober 1984, VPB 1985 Nr. 82)

859. Wird eine parlamentarische Motion durch das Parlament abgelehnt, so gibt Art. 10 EMRK keine Anspruch darauf, dass sie auf die Tagesliste genommen wird.
(Kommission 11. Juli 1977, VPB 1983 Nr. 193)

Innerstaatliche Organe

860. Die Einschränkungen von Art. 10 EMRK sollen auf gesetzlicher Grundlage beruhen, wobei hierfür auch ein Gesetz im materiellen Sinn, dh. eine verfassungs– und gesetzeskonforme Verordnung genügt.
(105 Ia 183 = EuGRZ 1979, 596 = SJIR 1980, 270)

861. An die gesetzliche Grundlage als Einschränkung von Art. 10 EMRK hinsichtlich der Umschreibung der beamtenrechtlichen Treuepflicht dürfen keine übertriebenen inhaltlichen Anforderungen gestellt werden.
(BGer 22. Dezember 1983, ZBl 1984, 311 ff. = SJIR 1985, 285 f.)

862. Zum Bestimmtheitsgebot hinsichtlich des Vermummungsverbotes bei bewilligten Versammlungen.
(Vgl. 117 Ia 479 ff. = EuGRZ 1992, 139)

863. Nicht jede einzelne die Informationsfreiheit beschränkende Massnahme braucht eine besondere gesetzliche Grundlage. Es genügt, wenn die wesentlichen Punkte in einem Erlass geregelt sind.
(BGer 10. März 1982, SJIR 1982, 200)

864. Der Begriff der Meinung nach Art. 10 Abs. 1 EMRK hat keine weitergehende Bedeutung als die vom Bundesverfassungsrecht gewährleistete Meinungsäusserungsfreiheit.
(108 Ia 61 ff. = Pra 1983 Nr. 51 = SJIR 1983, 299 f.)

865. Geht es um die blosse Weitergabe von Meinungen, so gewährt Art. 10 EMRK keinen weitergehenden Schutz als das Grundrecht der Meinungs-äusserungsfreiheit.
(BGer 17. Februar 1987, SJIR 1988, 335)

866. Die Einschränkungen nach Art. 10 Abs. 2 EMRK und die bundesgerichtli-che Rechtsprechung hinsichtlich der materiellen Voraussetzungen solcher Einschränkungen decken sich.
(BGer 22. Dezember 1983, ZBl 1984, 311 ff. = SJIR 1985, 285 f.)

867. Die Informationsfreiheit nach Art. 10 EMRK gibt nur Anspruch, sich aktiv aus allgemein zugänglichen Quellen zu informieren. Diese Schranke liegt in Abs. 1 begründet und bedarf demnach keiner gesetzlichen Grundlage i.S. von Abs. 2.
(108 Ia 50 ff. = Pra 1982 Nr. 263 = EuGRZ 1983, 40 = SJIR 1983, 301 f.)

868. Art. 10 Abs. 1 EMRK begründet keine Informationspflicht der Behörden. Es ist demnach nicht zu beanstanden, wenn in einem Erlass zwar die Information der Öffentlichkeit vorgesehen ist, sie aber bestimmten Einschränkungen unterworfen ist.
(107 IV 193 = SJIR 1983, 302)

869. Der Zugang der Journalisten zu den grundsätzlich als öffentlich zugängliche Quelle anerkannten Bundesarchiven kann aus überwiegenden öffentlichen und privaten Interessen an der Geheimhaltung beschränkt werden (konkret ging es um journalistische Recherchen betreffend die Internierung von sowjetischen Soldaten in der Schweiz während des 2. Weltkrieges als Begleitinformation im Zusam-menhang mit der Internierung sowjetischer Soldaten anlässlich des Afghanistan-konfliktes).
(BRat 23. November 1983, VPB 1983 Nr. 49 = SJIR 1985, 288 f.)

870. Art. 10 EMRK begründet keine behördliche Pflicht zur Information. Deshalb ist es zulässig, die Zahl der für die Information zuständigen Beamten einzuschränken, da davon alle Empfänger gleichermassen betroffen sind. Die regierungsrätlichen «Richtlinien für die Information der Öffentlichkeit durch Regierung und Verwaltung» (Kt. Graubünden) erfüllen die Voraussetzungen an eine gesetzliche Grundlage nach Art. 10 Abs. 2 EMRK.
(104 Ia 94 f. = EuGRZ 1979, 3 = SJIR 1979, 220)

871. Die dem Anwalt auferlegten geschriebenen und ungeschriebenen Regeln sowie die Wahrung der Standeswürde im Interesse des rechtssuchenden Publikums und des geordneten Ganges der Rechtspflege sowie des Vertrauens in die Person des Anwalts bzw. in die ganze Anwaltschaft sowie die sich daraus ergebenden Einschränkungen der Meinungsäusserungsfreiheit verstossen nicht gegen Art. 10 Abs. 2 EMRK.
(108 Ia 319 = Pra 1983 Nr. 51 = SJIR 1983, 299 f.; BGer 2. Februar 1990, SJIR 1990, 262 f.; BGer 13. November 1987, SJIR 1988, 334 f.; BGer 6. Februar 1987, SJ 1987, 359; BGer 18. Juni 1986, SJIR 1987, 244 f.)

872. Die aufgrund einer in kränkendem Ton vorgebrachten anwaltschaftlichen Kritik ausgefällte Disziplinarstrafe verletzt Art. 10 EMRK nicht.
(BGer 25. Juli 1985, SJIR 1987, 245 f.)

873. Die Pflicht von Gerichtsberichterstattern zur sachlichen Berichterstattung, zur Veröffentlichung von gerichtlichen formulierten und angeordneten Berichtigungen und die Möglichkeit des Ausschlusses von den gerichtlichen Verhandlungen, wie im Gerichtsorganisationsrecht des Kt. Aargau vorgesehen, hält vor Art. 10 EMRK stand.
(113 Ia 319 ff. = Pra 1987 Nr. 256 = EuGRZ 1987, 430 = SJIR 1988, 330 ff.)

874. Art. 10 EMRK verwehrt es dem Bund, sich selbständig im Bereich des Rundfunk- und Fernsehwesens zu betätigen. Allerdings kann die SRG zur Objektivität verpflichtet werden.
(BGer 17. Oktober 1980, ZBl 1982, 221 ff. = SJ 1982, 366 ff. = SJIR 1982, 196 f.)

875. Das Verbot von Aussenantennen ist konventionswidrig, wenn die Kabelantennenanlage nur eine beschränkte Anzahl von Sendungen anbietet. (Vgl. dazu nun auch die bundesrechtliche Regelung in Art. 53 RTVG betreffend kantonale Antennenverbote)
(VGer ZH 17. Januar 1984, SJIR 1984, 254 ff.; vgl. auch SGGVP 1984 Nr. 68 = SJIR 1986, 160 f.)

876. Aus der Informationsfreiheit kann kein Anspruch abgeleitet werden, über Geschäfte in der Zuständigkeit des Parlaments neben dessen Mitgliedern gleichzeitig auch die einzelnen Bürger oder politische Gruppen zu informieren.
(BGer 14. Oktober 1981, ZBl 1981, 523 = SJIR 1982, 198)

877. Die Aufzählung der Gründe für eine mögliche Einschränkung in Art. 10 Abs. 2 EMRK ist nicht abschliessend. Nicht ausgeschlossen ist die Beschränkung

der Information zur Gewährleistung der unabhängigen Meinungsbildung von Angehörigen der (nebst der richterlichen Staatsgewalt) übrigen Staatsgewalten.
(OGer ZH 12. März 1981, SJZ 1981, 269 = SJIR 1982, 199)

878. Aus dem Resozialisierungszweck des Strafvollzugs heraus kann die Informationsfreiheit (Lektüre einer Zeitschrift) eingeschränkt werden.
(BGer 10. März 1982, SJIR 1982, 200)

879. Es liegt kein besonders schwerer, durch Vermeidung von administrativen Umtrieben und der Kollusions– und Verdunkelungsgefahr gerechtfertigter Eingriff in Art. 10 EMRK vor, wenn Untersuchungshäftlingen während der ersten Haftwoche keine Zeitungen oder Zeitschriften zugestellt werden.
(118 Ia 83 f.)

880. Mit Art. 10 EMRK vereinbar ist die Beschränkung von Fernsehkonsum von Gefangenen auf Gemeinschaftsräume der Anstalt.
(118 Ia 84 f.)

881. Mit Art. 10 (und 8) EMRK vereinbar ist eine Sperrfrist für Untersuchungshäftlinge während der ersten Woche. Konventionskonforme Auslegung des Kreises der besuchsberechtigten Personen.
(118 Ia 85 f.)

882. Art. 10 EMRK ist nicht verletzt, wenn dem Häftling als Disziplinarmassnahme eine Mediensperre (Bücher, Zeitungen, Radio und Fernsehen) auferlegt wird. Allerdings kann eine mehrwöchige Einzelmassnahme nur bei schweren oder wiederholten Disziplinarvergehen in Frage kommen.
(118 Ia 88 f.)

883. Der Grundsatz der richterlichen Unabhängigkeit sowie die Wahrung des Ansehens und der Unparteilichkeit der Rechtsprechung nach Art. 10 Abs. 2 EMRK verlangt vom Richter, dass er sich politischer Meinungsäusserungen enthält, die das gesellschaftliche Umfeld von Vorgängen betreffen, die die Rechtspflegeorgane zum Einschreiten veranlassen, wie z.B. Stellungnahmen zu politischen Fragen im Zusammenhang mit strafbaren Handlungen.
(108 Ia 175 ff. = EuGRZ 1982, 427 f. = SJIR 1983, 298 f.)

884. Zum Zweck der Gewährleistung des Respekts und der Unabhängigkeit der Gerichte kann die Meinungsäusserungsfreiheit einer Prozesspartei eingeschränkt werden.
(BGer 16. November 1983, SJIR 1985, 286 f., Weber. Vgl. dazu auch die vorne dargelegte Rechtsprechung der Konventionsorgane)

885. Die Bestrafung wegen unzüchtiger Veröffentlichungen i.S. von Art. 204 StGB verstösst nicht gegen die Meinungsäusserungsfreiheit.
(114 IV 120 ff. = SJIR 1989, 334 f. Vgl. auch das vorinstanzliche Urteil des KassG ZH 2 . Mai 1988, SJZ 1988, 232 ff. sowie AGVE 1988, 85 ff.)

886. Die Bestrafung wegen Verbreitung nachgewiesenermassen falscher Tatsachen in einem Leserbrief berührt die Grundrechte nicht, sondern die Wahrheitspflicht. Die Kostenübernahme für ein daraus entstehendes Strafverfahren verletzt Art. 10 EMRK nicht.
(BGer 5. Dezember 1989, SJIR 1990, 262)

887. Ein mit einer Ausnahmeklausel versehenes Vermummungsverbot bei Demonstrationen ist mit Art. 10 (und 11) EMRK vereinbar.
(117 Ia 479 ff. = EuGRZ 1992, 141)

888. Art. 10 EMRK ist nicht verletzt, wenn innert Nachfrist nicht verbesserte Teile der Rechtsschrift aus dem Recht gewiesen werden.
(OGer SH 17. Mai 1991, ABSH 1991, 91 f.)

Artikel 11

1. Alle Menschen haben das Recht, sich friedlich zu versammeln und sich frei mit anderen zusammenzuschliessen, einschliesslich des Rechts, zum Schutze ihrer Interessen Gewerkschaften zu bilden und diesen beizutreten.

2. Die Ausübung dieser Rechte darf keinen anderen Einschränkungen unterworfen werden als den vom Gesetz vorgesehenen, die in einer demokratischen Gesellschaft im Interesse der nationalen und öffentlichen Sicherheit, der Aufrechterhaltung der Ordnung und der Verbrechensverhütung, des Schutzes der Gesundheit und der Moral oder des Schutzes der Rechte und Freiheiten anderer notwendig sind. Dieser Artikel verbietet nicht, dass die Ausübung dieser Rechte durch Mitglieder der Streitkräfte, der Polizei oder der Staatsverwaltung gesetzlichen Einschränkungen unterworfen wird.

Lit.: L. WILDHABER, Die Koalitionsfreiheit gemäss Art. 11 EMRK, Jahrbuch für Internationales Recht (Berlin) 1976, 238 ff.; DERS., Zum Fall des "Syndicat national de la police belge". Die Koalitionsfreiheit nach Art. 11 EMRK vor dem Europäischen Gerichtshof für Menschenrechte, in: Gedächtnisschrift Peter Jäggi, Freiburg 1977, 365 ff.

Konventionsorgane

889. Art. 11 EMRK ist nicht verletzt, wenn die Versammlung auf öffentlichem Grund einer Bewilligungspflicht unterstellt wird.
(Kommission 10. Oktober 1979, VPB 1983 Nr. 195)

890. Verbot von Versammlungen auf dem Gebiet einer jurassischen Gemeinde. Polizeiliche Generalklausel, Notwendigkeit der Massnahme und Ermessen der Behörden im Einzelfall.
(Vgl. dazu Kommission 10. Oktober 1979, VPB 1983 Nr. 196 B)

Innerstaatliche Organe

891. Art. 11 EMRK verlangt nur, dass die nationale Gesetzgebung den Gewerk–
schaften erlaube, zum Schutz der Interessen ihrer Mitglieder zu kämpfen,
gewährleistet aber nicht bestimmte Formen der kollektiven Interessenwahrung.
(111 II 251 = EuGRZ 1985, 736 = SJIR 1986, 161)

892. Im Rahmen des prospektiven Ermessens bei der Bewilligungserteilung zu
einer Demonstration können das Thema einer Versammlung wie auch die
bisherigen Ausschreitungen anlässlich anderer Versammlungen berücksichtigt
werden. Entscheidend ist die hohe Wahrscheinlichkeit einer Rechtsgüterver–
letzung.
(BGer 17. Februar 1987, SJIR 1988, 335 ff.)

893. Verbot von Versammlungen auf dem Gebiet einer jurassischen Gemeinde.
Polizeiliche Generalklausel, Notwendigkeit der Massnahme und Ermessen der
Behörden im Einzelfall.
(Vgl. dazu Bundesamt für Justiz 1. März 1979, VPB 1983 Nr. 196 A)

Artikel 12

Mit Erreichung des heiratsfähigen Alters haben Männer und Frauen gemäss den einschlägigen nationalen Gesetzen das Recht, eine Ehe einzugehen und eine Familie zu gründen.

Lit.: K.E. HEINZ, Inhalt und Tragweite des Art. 12 der europäischen Konvention zum Schutz der Menschenrechte und Grundfreiheiten – am Beispiel der Rechtssache "F. contre Suisse", SJZ 1991, 201 ff.

Konventionsorgane

894. Art. 12 EMRK spricht sich in keiner Weise über die Voraussetzungen noch die Ausübung des Ehescheidungs oder –trennungsrechts aus.
(Kommission 12. Mai 1989, VPB 1989 Nr. 63)

895. Eine im Anschluss an eine Scheidung ausgesprochene Wartefrist für die Eingehung einer neuen Ehe verstösst gegen Art. 12 EMRK.
(Gerichtshof 18. Dezember 1987 [Fall F.], VPB 1987 Nr. 86; zur Vorgeschichte Bericht der Kommission vom 14. Juli 1986, VPB 1986 Nr. 114)

896. Rechtfertigt sich nach Art. 8 Abs. 2 EMRK ein Eingriff, so kann auch Art. 12 EMRK nicht verletzt sein.
(Kommission 3. Oktober 1978, VPB 1983 Nr. 184 und 198)

897. Art. 12 EMRK verbietet es nicht, die Heirat eines Ausländers seinem Heimatrecht zu unterstellen, selbst wenn dieses die Scheidung nicht kennt und eine vorausgehende Ehe deshalb nicht aufgelöst werden kann.
(Kommission 5. Mai 1981, VPB 1983 Nr. 199)

Innerstaatliche Organe

898. Zur Bewilligung der Heirat eines Ausländers in der Schweiz ist erforderlich, dass dieser minimale Nachweise seiner Ehefähigkeit erbringt. Asylbewerbern dürfen in dieser Hinsicht jedoch keine übertriebenen Auflagen gemacht werden.
(113 II 3 f. = SJIR 1988, 337 f.; RRat GR 9. März 1987, SJZ 1990, 45 f.; LGVE 1987, 370)

899. Die ungleiche Besteuerung von Verheirateten und Konkubinatspaaren nach Art. 13 BdBSt verletzt Art. 12 EMRK nicht.
(BGer 10. März 1989, SJIR 1990, 264)

900. Art. 12 EMRK ist nicht verletzt, wenn der an eine verhaftete Mitangeklagte gerichtete Brief mit Heiratsantrag aus Gründen der Kollusions- und Beeinflussungsgefahr nicht weitergeleitet wird.
(117 Ia 466 = EuGRZ 1992, 143 = AJP 1992, 529 ff.)

Artikel 13

Sind die in der vorliegenden Konvention festgelegten Rechte und Freiheiten verletzt worden, so hat der Verletzte das Recht, eine wirksame Beschwerde bei einer nationalen Instanz einzulegen, selbst wenn die Verletzung von Personen begangen worden ist, die in amtlicher Eigenschaft gehandelt haben.

Lit.: A. HAEFLIGER, Das Erfordernis einer nationalen Beschwerde bei Verletzung der Europäischen Menschenrechtskonvention, FG zum Schweizerischen Juristentag 1988, 27 ff.; W. SPIRIG, Das Beschwerdeverfahren unter dem Aspekt von Art. 13 EMRK, am Beispiel der Wegweisung der Tamilen, Asyl 1987, 9 ff.; T. A. WETZEL, Das Recht auf eine wirksame Beschwerde bei einer nationalen Instanz (Art. 13 EMRK) und seine Ausgestaltung in der Schweiz, Basel 1983.

Konventionsorgane

901. Die staatsrechtliche Beschwerde ist eine wirksame Beschwerde bei einer nationalen Instanz.
(Kommission 4. Oktober 1982, VPB 1985 Nr. 84)

902. Die Konvention gibt keinen Anspruch auf abstrakte Kontrolle der Vereinbarkeit eines Gesetzes mit der Konvention.
(Kommission 17. Mai 1984, VPB 1986 Nr. 115)

903. Kein Recht darauf, völlig haltlose Vorbringen vor einer nationalen Beschwerdeinstanz anführen zu können.
(Kommission 14. April 1989, VPB 1989 Nr. 62)

904. Das Recht auf wirksame Beschwerde besteht nur im Umfang der durch die EMRK geschützten Rechte. Dies ist durch den Verletzten glaubhaft zu machen. Das trifft nicht für die Prostitution zu.
(Kommission 10. März 1988, VPB 1988 Nr. 79; Kommission 16. Oktober 1986, VPB 1987 Nr. 87)

905. Im Bereich der Telefonabhörung besteht auf Bundesebene die Möglichkeit zur Ergreifung einer wirksamen Beschwerde.
(Kommission 8. März 1988, VPB 1988 Nr. 78)

906. Im Asylbereich ist die Beschwerde ans EJPD eine wirksame Beschwerde i.S. von Art. 13 EMRK.
(Kommission 6. März 1987, VPB 1987 Nr. 88)

Innerstaatliche Organe

907. Art. 13 EMRK gibt dem Bürger kein Recht zu jeder Zeit und unabhängig von den innerstaatlichen prozessualen Regeln Beschwerde zu führen. Nicht geregelt wird das Verfahren vor der Beschwerdeinstanz. Die Bestimmung schreibt bloss vor, dass das rechtliche Gehör zu gewähren und die Argumente des Beschwerdeführers zu berücksichtigen sind und verlangt die Unabhängigkeit der Beschwerdeinstanz gegenüber der Entscheidungsinstanz. Die Abhängigmachung der Beschwerde von der Fristeinhaltung ist nicht verboten.
(BGer 21. November 1990, SZIER 1991, 384 und 446 f.)

908. Die Frage, ob im Sinne von Art. 13 EMRK eine wirksame Beschwerde bei einer nationalen Instanz eingelegt werden kann, beurteilt sich nach der generell–abstrakten Regelung der Beschwerdemöglichkeit und nicht danach, ob sich die Beschwerdeinstanz im Einzelfall an die Verfahrensvorschriften hielt.
(BGer 20. Januar 1988, SJIR 1988, 338 f.)

909. Eine Beschwerde an eine Verwaltungsbehörde kann genügen, wenn der Beschwerdeführer Anspruch auf Prüfung seiner Vorbringen hat und die Behörde den angefochtenen Akt allenfalls aufheben kann. Weiter müssen die minimalen Verfahrensrechte, insbesondere rechtliches Gehör und Begründungspflicht, gewährleistet sein. Der Ausschluss der Verwaltungsgerichtsbeschwerde gegen die Asylverweigerung und die Wegweisung nach Art. 100 lit. b Ziff. 2 und 4 OG ist aufgrund der Prüfungsbefugnis des EJPD zulässig.
(111 Ib 71 ff. = Pra 1985 Nr. 169 = SJIR 1986, 163 ff.; BGer 12. Mai 1989, SJIR 1990, 266 ff.; BGer 30. September 1988, SJIR 1989, 336 f.)

910. Besteht gegen Verfügungen betr. Vollzug der Landesverweisung die Weiterzugsmöglichkeit an eine obere kantonale Verwaltungsbehörde und von

dort die staatsrechtliche Beschwerde ans Bundesgericht, so hält diese Regelung vor Art. 13 EMRK stand.
(116 IV 105 = SZIER 1991, 446)

911. Art. 13 EMRK ist nicht verletzt, wenn das rechtliche Gehör im Beschwerdeverfahren durch eine schriftliche und nicht eine mündliche Anhörung gewährleistet wird (in casu Asylverfahren).
(BGer 20. Januar 1988, SJIR 1988, 339 f.)

912. Gibt das kantonale Recht keine Rekursmöglichkeit gegen eine Verfügung des Staatsanwaltes, so ist die Konventionsgarantie nicht verletzt, wenn eine gerichtliche Instanz des Bundes angerufen werden (in casu staatsrechtliche Beschwerde ans Bundesgericht). Umgekehrt genügt es, wenn eine kantonale Beschwerdeinstanz über die Sache entscheidet
(105 Ia 105 f. = SJIR 1980, 271 f.; BGer 9. Januar 1991, SZIER 1991, 446; BGer 25. September 1989 = SJIR 1990, 265; ferner BGer 31. Mai 1988, SJIR 1989, 337 f.)

913. Ein genereller Ausschluss der nachträglichen Mitteilung der Überwachung des PTT-Verkehrs verunmöglicht eine wirksame Beschwerde schon im Ansatz. Es ist von daher zu fordern, dass die Betroffenen von den Überwachungsmassnahmen benachrichtigt werden.
(BGer 9. November 1983, EuGRZ 1984, 232 = SJIR 1984, 256 f.)

914. Das vereinfachte wie auch das Annahmeverfahren vor Bundesgericht halten den Anforderungen von Art. 13 EMRK stand.
(EJPD 12. Juli/7. Spetember 1984, VPB 1985 Nr. 36 = SJIR 1986, 162 f.)

915. Auch wenn das kantonale Recht keinen Feststellunganspruch im strafrechtlichen Nichtigkeitsverfahren kennt, kann sich ein solcher aus Art. 13 i.V. mit 25 EMRK ergeben. Art. 13 EMRK setzt nicht voraus, dass die angerufene Instanz den Akt unter allem Umständen aufheben kann. In casu Feststellung der Rechtswidrigkeit der Untersuchungshaft im Dispositiv, auch wenn diese nicht mehr andauert und sich nicht auf das angefochtene Urteil ausgewirkt hat.
(KassG ZH 3. Dezember 1990, SJZ 1992, 89)

916. Dass das Kassationsgericht bestimmte Sachen nur mit beschränkter Kognition überprüft. verletzt Art. 13 EMRK nicht. Es genügt in einem mehrstufigen innerstaatlichen Instanzenzug, wenn zumindest eine Instanz (in casu Obergericht als Revisionsinstanz) mit umfassender Kognition ausgestattet ist.
(KassG ZH 17. September 1991, ZR 1991 Nr. 73)

Artikel 14

Der Genuss der in der vorliegenden Konvention festgelegten Rechte und Freiheiten ist ohne Benachteiligung zu gewährleisten, die insbesondere im Geschlecht, in der Rasse, Hautfarbe, Sprache, Religion, in den politischen oder sonstigen Anschauungen, in nationaler oder sozialer Herkunft, in der Zugehörigkeit zu einer nationalen Minderheit, im Vermögen, in der Geburt oder im sonstigen Status begründet ist.

Konventionsorgane

917. Art. 14 EMRK verbietet nur eine Diskriminierung im Umfang der durch die EMRK geschützten Rechte. Dies trifft nicht zu, wenn der Beamte das Recht auf Erhebung einer Beschwerde bei einer verwaltungsunabhängigen Beschwerdeinstanz geltend macht, wenn es um die Erledigung beamtenrechtlicher Streitigkeiten geht.
(Kommission 14. April 1989, VPB 1989 Nr. 62)

918. Art. 14 EMRK in Verbindung mit Art. 8 EMRK verbietet es nicht, dass das Strafrecht homosexuelle und heterosexuelle Prostitution unterscheidet, da diese Bereiche nicht unter den Schutz der EMRK fallen.
(Kommission 10. März 1988, VPB 1988 Nr. 80)

919. Nicht diskriminierend ist die Pflicht von Familienmitgliedern, alle den Namen des Ehemannes zu tragen.
(Kommission 15. Dezember 1977, VPB 1983 Nr. 201)

920. Nicht diskminierend sind die Unterscheidungen, die im Hinblick auf das Eheleben von Gefangenen in der Untersuchungshaft oder im Vollzug gemacht werden.
(Kommission 3. Oktober 1978, VPB 1983 Nr. 202)

921. Nicht diskriminierend ist der Umstand, dass der zur Beobachtung eingewiesene minderjährige Delinquent (aus Gründen der Beobachtung) zur Arbeit

angehalten werden kann, währenddem für erwachsene Untersuchungshäftlinge keine derartige Pflicht besteht.
(Kommission 14. Dezember 1979, VPB 1983 Nr. 203)

922. Art. 14 EMRK in Verbindung mit Art. 6 Abs. 1 verbietet es nicht, dass eine Person zur Zahlung der Gerichtskosten oder der Kosten den Gegenpartei verurteilt wird.
(Kommission 4. Oktober 1990, VPB 1990 Nr. 55)

923. Keine Diskrimination bei der je nach Motiv der Dienstverweigerung unterschiedlichen Bestrafung.
(Kommission 1. Dezember 1986, VPB 1987 Nrn. 84 und 89)

924. Wird bei der Verteilung von Rundfunksendekonzession nicht ein erheblicher Teil der Bevölkerung vom Empfang von Sendungen in ihrer Muttersprache ausgeschlossen, so liegt keine Diskrimination vor.
(Kommission 16. Oktober 1986, VPB 1987 Nr. 90)

925. Es ist nicht diskriminierend, wenn im Zivilverfahren von der Parteien verlangt wird, dass sie sich einzig der Sprache des Gerichts bedienen.
(Kommission 4. Oktober 1983, VPB 1986 Nr. 117)

926. Nicht diskrimierend ist es, der Schweizerischen Depeschenagentur das Dispositiv eines Urteils zu übermitteln, bevor den übrigen Presseagenturen und Journalisten erlaubt wird, davon Kenntnis zu nehmen, falls alle das Dispostiv erst am selben Tag verbreiten dürfen.
(Kommission 4. Oktober 1982, VPB 1985 Nr. 85)

927. Es bedeutet keine Diskriminierung der Geschlechter, wenn die Behörden unter Berücksichtigung der Kindesinteressen dem Verbleiben der Kinder bei der Mutter zustimmen, ohne dem Vater weitere Kontakte zu gestatten.
(Kommission 3. Oktober 1984, VPB 1984 Nr. 97)

928. Wird beim Vollzug von Arreststrafen zwischen Offizieren und Soldaten unterschieden, so liegt keine unzulässige Diskriminierung vor.
(Kommission 11. Dezember 1976 [Eggs], VPB 1983 Nr. 78)

Innerstaatliche Organe

929. Das Diskriminierungsverbot enthält keinen selbständigen und allgemeinen Gleichheitssatz, sondern bezieht sich nur auf die in der Konvention ausdrücklich genannten Rechte und Freiheiten. Die Diskriminierung in Gebieten, die durch die Konvention bzw. deren Zusatzprotokolle nicht geschützt sind, kann nicht als Konventionsverletzung gerügt werden.
(Eidg. VG 15. Januar 1979, EuGRZ 1979, 294 f. = SJIR 1979, 221 f.)

930. Die EMRK verlangt keine rechtsgleiche Behandlung von Mann und Frau und eine gleiche Altersgrenzen von Mann und Frau beim Anspruch auf Sozialversicherungsbeiträge bzw. bei der Verpflichtung zu entsprechenden Beiträgen.
(Eidg. VG 15. Januar 1979, EuGRZ 1979, 294 f. = SJIR 1979, 221 f.)

Artikel 17

Keine Bestimmung dieser Konvention darf dahin ausgelegt werden, dass sie für einen Staat, eine Gruppe oder eine Person das Recht begründet, eine Tätigkeit auszuüben oder eine Handlung zu begehen, die auf die Abschaffung der in der vorliegenden Konvention festgelegten Rechte und Freiheiten oder auf weitergehende Beschränkungen dieser Rechte und Freiheiten, als in der Konvention vorgesehen, hinzielt.

Innerstaatliche Organe

931. Fällt ein Revisionsprozess nicht unter den Anwendungsbereich von Art. 6 EMRK, so kann auch nicht auf Art. 17 EMRK verwiesen werden.
(BGer 31. Mai 1988, SJIR 1989, 338)

Artikel 19

Um die Einhaltung der Verpflichtungen, welche die Hohen Vertrags-schliessenden Teile in dieser Konvention übernommen haben, sicher-zustellen, werden errichtet:

a. eine Europäische Kommission für Menschenrechte, im folgenden «Kommission» genannt;

b. ein Europäischer Gerichtshof für Menschenrechte, im folgenden «Gerichtshof» genannt.

Lit.: G. PERRIN, La Commission européenne des droits de l'homme, ZSR 1975 I 431 ff.; S. TRECHSEL, Das Verfahren vor der Europäischen Menschenrechtskommission, ZSR 1975 I 407 ff.

Konventionsorgane

932. Es ist nicht Aufgabe der Konventionsorgane, über Beschwerden betreffend Rechts- oder Tatsachenirrtümer von innerstaatlichen Rechtsprechungsorganen zu wachen, ausser sie berührten die durch die Konvention garantierten Rechte und Freiheiten.
(Kommission 4. Oktober 1983, VPB 1986 Nr. 118)

Artikel 25

1. Die Kommission kann durch ein an den Generalsekretär des Europarates gerichtetes Gesuch jeder natürlichen Person, nichtstaatlichen Organisation oder Personenvereinigung angegangen werden, die sich durch eine Verletzung der in dieser Konvention anerkannten Rechte durch eine der Hohen Vertragsschliessenden Teile beschwert fühlt, vorausgesetzt, dass der betreffende Hohe Vertragsschliessende Teil eine Erklärung abgegeben hat, wonach er die Zuständigkeit der Kommission zur Entgegennahme solcher Gesuche anerkannt hat. Die Hohen Vertragsschliessenden Teile, die eine solche Erklärung abgegeben haben, verpflichten sich, die wirksame Ausübung dieses Rechts in keiner Weise zu behindern.

2. Diese Erklärungen können auch für einen bestimmten Zeitabschnitt abgegeben werden.

3. Sie sind dem Generalsekretär des Europarates zu übermitteln, der den Hohen Vertragsschliessenden Teilen Abschriften davon zuleitet und für die Veröffentlichung der Erklärungen sorgt.

4. Die Kommission wird die ihr durch diesen Artikel übertragenen Befugnisse nur ausüben, wenn mindestens sechs Hohe Vertragsschliessende Teile durch die in den vorstehenden Absätzen vorgesehenen Erklärungen gebunden sind.

Konventionsorgane

933. Opfer ist jede natürliche oder juristische Person, welche durch eine (staatliche) Handlung oder Unterlassung betroffen ist, wobei das Bestehen einer Verletzung keinen Schaden voraussetzt. Ein Schaden ist nur im Bereich von Art. 50 EMRK von Bedeutung.
(Gerichtshof 28. März 1990 [Groppera Radio AG], VPB 1990 Nr. 57)

934. Der Beschwerdeführer verliert die Opfereigenschaft, wenn die geltend gemachte Verletzung durch eine angemessene innerstaatliche Wiedergutmachung ausgeglichen wird. In casu übermässige Dauer eines Strafverfahrens und Berücksichtigung mildernder Umstände bzw. Entschädigung für zu lange Polizeihaft.
(Bericht der Kommission 12. Juli 1985, VPB 1986 Nr. 119; Kommission 4. Dezember 1984, VPB 1985 Nr. 88; ferner Gerichtshof 25. Juni 1992 [Lüdi], EuGRZ 1992, 300)

935. Kann der Beschwerdeführer seine Opfereigenschaft nicht beweisen, so kann unter besonderen Umständen dennoch anerkannt werden. Vorliegend bei geheimer Telefonüberwachung ohne Benachrichtigung bejaht.
(Kommission 14. Oktober 1985, VPB 1986 Nr. 120)

936. Opfer sind auch Personen, die nicht durch einen konkreten Entscheid betroffen werden, sondern durch die direkte Auswirkung eines Gesetzes. In casu Verbot der Weiterverbreitung von Lokalradiostationen über Kabelnetze.
(Kommission 17. Mai 1984, VPB 1986 Nr. 121)

937. Die EMRK kennt keine Möglichkeit der Popularbeschwerde.
(Kommission 8. Juli 1980, VPB 1983 Nr. 206)

Artikel 26

Die Kommission kann sich mit einer Angelegenheit erst nach Erschöpfung des innerstaatlichen Rechtszuges in Übereinstimmung mit
den allgemein anerkannten Grundsätzen des Völkerrechts und
innerhalb einer Frist von sechs Monaten nach dem Ergehen der
endgültigen innerstaatlichen Entscheidung befassen.

Lit.: M. HOTTELIER, L'article 26 CEDH et l'épuisement des voies de recours en droit
fédéral suisse, Basel/Frankfurt a.M. 1990; D.SULLIGER, L'épuisement des voies de
recours internes en droit international général et dans la Convention européenne des
droits de l'homme, Lausanne 1979.

Konventionsorgane

938. Der nationale Instanzenzug ist nicht ausgeschöpft, wenn das Bundesgericht
aus formellen Gründen nicht auf eine Beschwerde eingetreten ist. Unbeachtlich
ist die Unkenntnis des innerstaatlichen Instanzenweges.
(Kommission 4. Juli 1990, VPB 1991 Nr. 56; Kommission 13. Juli 1983, VPB 1983 Nr.
214; Kommission 10. Dezember 1975, VPB 1983 Nr. 215 bei Ergreifung einer
unzulässigen Rechtsmittelmöglichkeit)

939. Bestehen Zweifel an der Wirksamkeit einer Beschwerde, so muss sie
dennoch zur Erschöpfung des innerstaatlichen Instanzenzuges eingereicht
werden.
(Kommission 14. März 1985, VPB 1985 Nr. 89; anders, wenn der Rechtsweg nur noch
der Theorie nach besteht, praktisch aber ohne Wirksamkeit ist, vgl. dazu Kommission 13.
Dezember 1977, VPB 1983 Nr. 212)

940. Der innerstaatliche Rechtsweg ist in Zivilsachen nicht erschöpft, wenn die Verletzung von Art. 6 Abs. 1 EMRK nicht mittels staatsrechtlicher Beschwerde gerügt wurde.
(Kommission 14. März 1985, VPB 1985 Nr. 89; ebenso Kommission 5. Dezember 1978, VPB 1983 Nr. 213)

941. Keine Erschöpfung des nationalen Instanzenzuges, wenn die durch kantonale Organe begangene angebliche Verletzung von Art. 8, 11 und 14 EMRK nicht mittels staatsrechtlicher Beschwerde gerügt wird.
(Kommission 8. Juli 1980, VPB 1983 Nr. 216)

942. Keine Ausschöpfung des nationalen Instanzenzuges, wenn das Bundesgericht die vorgebrachte Konventionsverletzung mangels genügender Begründung nicht überprüft.
(Kommission 2. März 1987, VPB 1987 Nr. 91)

943. Keine Erschöpfung des nationalen Instanzenzuges, wenn bei der Rüge der Dauer der Haft kein Gesuch um Haftentlassung gestellt oder nicht erneuert wurde.
(Kommission 6. Oktober 1976, VPB 1983 Nr. 218)

944. Hat das Gericht die Wahl zwischen öffentlichem und nicht–öffentlichem Verfahren, so muss der Beschwerdeführer die Öffentlichkeit des Verfahrens verlangen, ansonsten der den innerstaatlichen Instanzenzug nicht ausschöpft.
(Kommission 8. Oktober 1979, VPB 1983 Nr. 219)

945. Der Fristenlauf beginnt nicht mit der Zustellung des bundesgerichtlichen Dispositivs, sondern erst mit der Zustellung des motivierten Entscheides.
(Kommission 13. März 1984, VPB 1984 Nr. 100)

946. Als Zeitpunkt der Beschwerdeeinreichung gilt das Datum, an dem der Beschwerdeführer zum erstenmal schriftlich die Rügen mitteilt, die er zu erheben gedenkt. Allerdings kann der Beschwerdeführer hernach nicht inaktiv verbleiben. Nur aufgrund von einzelnen Umständen sind Verspätungen in der Fortführung der Beschwerde annehmbar.
(Kommission 7. Dezember 1987, VPB 1988 Nr. 83)

947. Das Revisionsgesuch (ans Bundesgericht) ist kein Rechtsmittel, das zur Ausschöpfung des innerstaatlichen Instanzenzuges notwendig wäre.
(Kommission 6. Mai 1985, VPB 1986 Nr. 123; zur Unbeachtlichkeit des Zeitpunkts der Ablehnung des Revisionsgesuchs als Fristbeginn, Kommission 7. Oktober 1980, VPB 1983 Nr. 220)

948. Der innerstaatliche Rechtsweg ist nicht ausgeschöpft, wenn gegen die Ablehnung eines Gesuchs um Wiederherstellung der Frist zur Wiedereinsetzung keine staatsrechtliche Beschwerde ergriffen worden ist.
(Kommission 14. Mai 1984, VPB 1984 Nr. 99)

Artikel 27

1. Die Kommission befasst sich nicht mit einem gemäss Artikel 25 eingereichten Gesuch, wenn es

a. anonym ist;

b. mit einem schon vorher von der Kommission geprüften Gesuch übereinstimmt oder einer anderen internationalen Untersuchungs- oder Vergleichsinstanz unterbreitet worden ist, und wenn es keine neuen Tatsachen enthält.

2. Die Kommission erklärt jedes gemäss Artikel 25 unterbreitete Gesuch als unzulässig, wenn sie es für unvereinbar mit den Bestimmungen dieser Konvention, für offensichtlich unbegründet oder für einen Missbrauch des Beschwerderechts hält.

3. Die Kommission weist jedes Gesuch zurück, das sie gemäss Artikel 26 für unzulässig hält.

Konventionsorgane

949. Die EMRK gibt keinen Anspruch auf Einbürgerung. Das Gesuch ist demnach nach Art. 27 Abs. 2 EMRK offensichtlich unbegründet.
(Kommission 6. Juli 1987, VPB 1988 Nr. 82)

950. Die Kommission befasst sich nicht mit einer Beschwerde, welche mit einem schon vorher mit der Kommission überprüften Gesuch übereinstimmt und keine neuen Tatsachen enthält.
(Kommission [ohne Datumsangabe], VPB 1987 Nr. 92)

951. Der Staat muss nicht für Akte eines amtlichen Verteidigers einstehen.
(Kommission 13. Juli 1983, VPB 1983 Nr. 222 II)

Artikel 28

Falls die Kommission das Gesuch annimmt,

a. hat sie zum Zweck der Tatsachenfeststellung mit den Vertretern der Parteien eine kontradiktorische Prüfung und, falls erforderlich, eine Untersuchung der Angelegenheit vorzunehmen; die betreffenden Staaten haben, nachdem ein Meinungsaustausch mit der Kommission stattgefunden hat, alle Erleichterungen, die zur wirksamen Durchführung der Untersuchung erforderlich sind, zu gewähren;

b. hat sie sich zur Verfügung der beteiligten Parteien zu halten, damit eine gütliche Regelung der Angelegenheit auf der Grundlage der Achtung der Menschenrechte, wie sie in dieser Konvention niedergelegt sind, erreicht werden kann.

Konventionsorgane

952. Gütliche Einigung im Fall Peyer vom 8. März 1979.
(VPB 1983 Nr. 225)

953. Gütliche Einigung im Fall Geerk vom 4.Mai 1979.
(VPB 1983 Nr. 226)

954. Gütliche Einigung im Fall Eggs vom 5. März 1985.
(VPB 1985 Nr. 90)

Artikel 32

1. Wird die Frage nicht innerhalb eines Zeitraumes von drei Mona-ten, vom Datum der Vorlage des Berichts an das Ministerkomitee an gerechnet, gemäss Artikel 48 dieser Konvention, dem Gerichtshof vorgelegt, so entscheidet das Ministerkomitee mit Zweidrittelmehr-heit der zur Teilnahme an den Sitzungen des Komitees berechtigten Mitglieder, ob die Konvention verletzt worden ist.

2. Wird eine Verletzung der Konvention bejaht, so hat das Minister-komitee einen Zeitraum festzusetzen, innerhalb dessen der betref-fende Hohe Vertragsschliessende Teil die in der Entscheidung des Ministerkomitees vorgesehenen Massnahmen durchzuführen hat.

3. Trifft der betreffende Hohe Vertragsschliessende Teil innerhalb des vorgeschriebenen Zeitraumes keine befriedigenden Massnahmen, so beschliesst das Ministerkomitee mit der in vorstehendem Absatz 1 vorgeschriebenen Mehrheit, auf welche Weise seine ursprüngliche Entscheidung durchgesetzt werden soll, und veröffentlicht den Be-richt.

4. Die Hohen Vertragsschliessenden Teile verpflichten sich, jede Entscheidung des Ministerkomitees, die in Anwendung der vorste-henden Absätze ergeht, für sich als bindend anzuerkennen.

Lit.: PH. ROSSY, La Comité des Ministres du Conseil de l'Europe et la mise en oeuvre de la Convention européenne des droits de l'homme. Les articles 32 et 54 de la Convention, Zürich 1982; W. SCHMID, Die Wirkungen der Entscheidungen der europäischen Menschenrechtsorgane, Zürich 1974.

Konventionsorgane

955. Überblick über die Resolutionen des Ministerkomitees:

– Resolution DH (79) 7, vom 19. Oktober 1979 (Eggs)
– Resolution DH (79) 9, vom 29. November 1979 (Christinet)
– Resolution DH (80) 1, vom 27. Juni 1980 (Bonnechaux)
– Resolution DH (81) 9, vom 1. Juli 1981 (Schertenleib)
– Resolution DH (83) 5, vom 24. März 1983 (Santschi)
– Resolution DH (83) 6, vom 24. März 1983 (Temeltasch)
– Resolution DH (83) 15, vom 10. November 1983 (Kröcher/Möller)
(VPB 1983 Nrn. 227 bis 233)

– Resolution DH (86) 3, vom 30. Mai 1986 (Pannetier)
– Resolution DH (86) 4, vom 26. Juni 1986 (Adler)
– Resolution DH (86) 11, vom 23. Oktober 1986 (Fall I. und C.)
(VPB 1986 Nrn. 124 bis 126)

Artikel 50

Erklärt die Entscheidung des Gerichtshofes, dass eine Entscheidung oder Massnahme einer gerichtlichen oder sonstigen Behörde eines der Hohen Vertragsschliessenden Teile ganz oder teilweise mit den Verpflichtungen aus dieser Konvention in Widerspruch steht, und gestatten die innerstaatlichen Gesetze des erwähnten Hohen Vertragsschliessenden Teils nur eine unvollkommene Wiedergutmachung für die Folgen dieser Entscheidung oder Massnahme, so hat die Entscheidung des Gerichtshofes der verletzten Partei gegebenenfalls eine gerechte Entschädigung zuzubilligen.

Konventionsorgane

956. Für den Schaden, der aus einer Haftanordnung folgt, die durch einen den Garantien von Art. 5 Abs. 3 EMRK nicht entsprechenden Richter ausgesprochen wurde, ist erforderlich, dass nachgewiesen wird, dass die Haft durch einen den Konventionsgarantien entsprechenden Richter nicht angeordnet worden wäre.
(Gerichtshof 23. Oktober 1990 [Huber], VPB 1990 Nr. 54; ähnlich für den Fall der Nichtbestellung eines Pflichtverteidigers, Gerichtshof 24. Mai 1991 [Quaranta], VPB 1991 N. 52)

957. Als Genugtuung kann es genügen, wenn der Entscheid des Gerichtshofs die Konventionsverletzung feststellt.
(Gerichtshof 23. Oktober 1990 [Huber], VPB 1990 Nr. 54; Gerichtshof 25. März 1983 [Minelli], VPB 1983 Nr. 235; Gerichtshof 13. Juli 1983 [Zimmermann/Steiner], VPB 1983 Nr. 236)

958. Der Gerichtshof ist nicht zuständig, um vom beklagten Staat die Aufhebung einer Verurteilung und die Änderung seiner Gesetzgebung zu verlangen. Das Urteil überlässt es dem Staat, die innerstaatlichen Mittel zu wählen, um die aus Art. 53 EMRK fliessenden Verpflichtungen zu erfüllen.
(Gerichtshof 29. April 1988 [Belilos], VPB 1988 Nr. 84)

Artikel 53

Die Hohen Vertragsschliessenden Teile übernehmen die Verpflichtung, in allen Fällen, an denen sie beteiligt sind, sich nach der
Entscheidung des Gerichtshofs zu richten.

Lit.: J. POLAKIEWICZ, Innerstaatliche Durchsetzung der Urteile der EGMR, ZaöRV 1992,
149 ff.

Innerstaatliche Organe

959. Die Entscheide des Gerichtshofes haben in bezug auf innerstaatliche
Entscheide weder suspensive noch kassatorische Wirkung. Die Entscheide binden
den Vertragsstaat nur im betreffenden Streitfall.
*(Bundesamt für Justiz 1. März 1979 und 8. Juni 1979, VPB 1983 Nrn. 237 und 238. Vgl.
nunmehr Art. 139a OG)*

A r t i k e l   5 4

Das Urteil des Gerichtshofes ist dem Ministerkomitee zuzuleiten; dieses überwacht seinen Vollzug.

Lit.: PH. ROSSY, La Comité des Ministres du Conseil de l'Europe et la mise en oeuvre de la Convention européenne des droits de l'homme. Les articles 32 et 54 de la Convention, Zürich 1982.

Konventionsorgane

960. Überwachung des Vollzugs der Urteile des Gerichtshofes durch das Ministerkomitee: Überblick über Resolutionen und Anhänge

– Resolution DH (83) 10, vom 23. Juni 1983 (Minelli)
– Resolution DH (83) 17, vom 9. Dezember 1983 (Zimmermann/Steiner)
(VPB 1983 Nrn. 239 und 240)

– Resolution DH (87) 12, vom 25. September 1987 (Sanchez–Reisse)
– Zwischen–Resolution DH (89), vom 2. März 1989 (Fall. F.)
– Resolution DH (89) 12, vom 27. April 1989 (Schönenberger/Durmaz)
– Resolution DH (89) 24, vom 19. September 1989 (Belilos)
(VPB 1989 Nr. 64 A bis D)

– Resolution DH (90) 39, vom 13. Dezember 1990 (Weber)
– Resolution DH (91) 26, vom 18. Oktober 1991 (Autronic AG)
– Resolution DH (91) 32, vom 18. Oktober 1991 (Quaranta)
– Resolution DH (91) 40, vom 13. Dezember 1991 (Huber)
(VPB 1991 Nr. 57 A bis D)

Artikel 64

1. Jeder Staat kann bei Unterzeichnung dieser Konvention oder bei Hinterlegung seiner Ratifikationsurkunde bezüglich bestimmter Vorschriften der Konvention einen Vorbehalt machen, soweit ein zu dieser Zeit in seinem Gebiet geltendes Gesetz nicht mit der betreffenden Vorschrift übereinstimmt. Vorbehalte allgemeiner Art sind nach diesem Artikel nicht zulässig.

2. Jeder nach diesem Artikel gemachte Vorbehalt muss mit einer kurzen Inhaltsangabe des betreffenden Gesetzes verbunden sein.

Lit.: D. BRÄNDLE, Vorbehalte und auslegende Erklärungen zur europäischen Menschenrechtskonvention, Zürich 1978; C.H. BRUNSCHWILER, Kann die Schweiz beim angestrebten Standard des Verfahrensschutzes nach der EMRK mithalten?, EuGRZ 1988, 588 ff.; G. COHEN-JONATHAN, Les réserves à la Convention européenne des droits de l'homme, RGDIP 1989, 271 ff.; R. KÜHNER, Die «auslegende Erklärung» der Schweiz zu Art. 6 Abs. 3 lit. e der Europäischen Menschenrechtskonvention. Anmerkungen zum Bericht der Europäischen Menschenrechtskommission im Fall Temeltasch vom 5. Mai 1982, ZaöRV 1983, 828 ff.; DERS., Vorbehalte und auslegende Erklärungen zur Europäischen Menschenrechtskonvention. Die Problematik des Art. 64 MRK am Beispiel der schweizerischen «auslegenden Erklärung» zu Art. 6 Abs. 3 lit. e MRK, ZaöRV 1982, 58 ff.; A. KUTTLER, Notiz (zur Frage: Kann die Schweiz beim angestrebten Standard des Verfahrensschutzes nach der EMRK mithalten?), EuGRZ 1988, 589 ff.; S. OETER, Die «auslegende Erklärung» der Schweiz zu Art. 6 Abs. 1 EMRK und die Unzulässigkeit von Vorbehalten nach Art. 64 EMRK. Anmerkungen zum Urteil des Europäischen Gerichtshofes für Menschenrechte im Fall Belilos vom 29. April 1988, ZaöRV 1988, 514 ff.; M. E. VILLIGER, Das Urteil des Europäischen Gerichtshofs für Menschenrechte im Fall Belilos gegen die Schweiz: Urteilsanmerkung EMRK, EuGRZ 1989, 21 ff.; B. WAGNER/L. WILDHABER, Der Fall Temeltasch und die auslegenden Erklärungen der Schweiz, EuGRZ 1983, 145 ff.

Konventionsorgane

961. Die auslegende Erklärung zu Art. 6 Abs. 1 ist als verbotener Vorbehalt all–
gemeiner Art zu verstehen.
*(Gerichtshof 29. April 1988 [Belilos], EuGRZ 1989, 31 ff. mit Hinweisen = VPB 1988
Nr. 85; vgl. auch Kommission 7. Mai 1986, VPB 1986 Nr. 128 und 8. Juli 1985, VPB
1985 Nr. 91)*

962. Die kurze Inhaltsangabe der betreffenden Gesetze bildet ein Beweiselement
und dient der Rechtssicherheit. Praktische Schwierigkeiten bei der Zusammenstellung der betreffenden Bestimmungen gestatten es nicht, von einer ausdrücklichen Bestimmungen der EMRK abzusehen.
*(Gerichtshof 29. April 1988 [Belilos], EuGRZ 1989, 31 ff. mit Hinweisen = VPB 1988
Nr. 86; vgl. auch Kommission 7. Mai 1986, VPB 1986 Nr. 128)*

963. Die auslegende Erklärung zu Art. 6 Abs. 3 lit. c und e EMRK entspricht
nicht den Formerfordernissen von Art. 64 Abs. 2 EMRK, entfaltet aber Rechtswirkungen wie ein gültiger Vorbehalt.
*(Kommission 4. Juli 1983 [Temeltasch], VPB 1983 Nr. 17, ferner VPB 1984 Nr. 104 und
105)*

Innerstaatliche Organe

964. Ein neuer Vorbehalt kann nach Ratifikation der Konvention nicht mehr
angebracht werden, sondern wäre nur auf dem Weg der Kündigung möglich.
(BRat in StB NR 1977, 414 = SJIR 1978, 224)

965. Der bundesrätliche im Anschluss an die Rechtsprechung «Belilos» ergan–
gene auslegende Erklärung wurde i.S. von Art. 64 EMRK zu spät angebracht und
ist für das Bundesgericht nicht verbindlich. Der Anspruch auf eine unabhängigen
letztinstanzlichen Richter gilt auch in Zivilsachen uneingeschränkt.
*(BGer 17. Dezember 1992, Neue Zürcher Zeitung 18. Dezember 1992, 15. In den
nachfolgenden Leitsätzen findet sich ein Überblick über die mit diesem Entscheid über–
holte bzw. aufgegebene Rechtsprechung)*

966. Es ist zweifelhaft, ob im Anschluss an die neue Rechtsprechung der
Konventionsorgane i.S. Belilos die auslegende Erklärung zu Art. 6 Abs. 3 lit. c

und e EMRK unter dem Gesichtspunkt von Art. 64 Abs. 2 EMRK Bestand haben wird.
(BGer 17. Dezember 1991, SZIER 1992, 487 f. = plädoyer 1992, 55 f.)

967. Die auslegende Erklärung zu Art. 6 Abs. 3 lit. c und e EMRK genügt den Erfordernissen von Art. 64.
(BGer 13. März 1981, SJIR 1982, 159 f.)

968. Die Bedeutung der auslegenden Erklärung zu Art. 6 Abs. 3 lit. e und deren Vereinbarkeit mit den Erfordernissen an die Form der Vorbehalte. Praxis der Schweiz bei der Wahl zwischen Vorbehalten und auslegenden Erklärungen.
(Bundesamt für Justiz 3. Juni 1981 und 20. November 1981 [Temeltasch], VPB 1983 Nrn. 242 und 243)

Artikel 2 Zusatzprotokoll

Das Recht auf Bildung darf niemandem verwehrt werden. Der Staat hat bei Ausübung der von ihm auf dem Gebiete der Erziehung und des Unterrichts übernommenen Aufgaben das Recht der Eltern zu achten, die Erziehung und den Unterricht entsprechend ihren eigenen religiösen und weltanschaulichen Überzeugungen sicherzustellen.

Lit.: E. BANNWART–MAURER, Das Recht auf Bildung und das Elternrecht. Art. 2 des ersten Zusatzprotokolls zur Europäischen Menschenrechtskonvention, Zürich 1975.

Konventionsorgane

Innerstaatliche Organe

969. Die Sexualkunde als Unterrichtsfach ist in objektiver und kritischer Weise sowie unter Berücksichtigung der Verschiedenheit der in der Bevölkerung herrschenden Auffassungen vorzutragen. Dies gilt auch dann, wenn ein Lehrer ausserhalb des Lehrplanes, aber in seiner amtlichen Stellung, sexualkundliche Fragen behandelt.
(VGer ZH 25. Juni 1979, RB 1979 Nr. 79)

Artikel 2 des 7. Zusatzprotokolls

1. Wer von einem Gericht wegen einer strafbaren Handlung verurteilt worden ist, hat das Recht, das Urteil von einem übergeordneten Gericht nachprüfen zu lassen. Die Ausübung dieses Rechts, einschliesslich der Gründe, aus denen es ausgeübt werden kann, richtet sich nach dem Gesetz.

2. Ausnahmen von diesem Recht sind für strafbare Handlungen geringfügiger Art, wie sie durch Gesetz näher bestimmt sind, oder in Fällen möglich, in denen das Verfahren gegen eine Person in erster Instanz vor dem obersten Gericht stattgefunden hat oder in denen sie nach einem gegen ihren Freispruch eingelegten Rechtsmittel verurteilt worden ist.

Lit.: M. HOTTELIER, La Suisse et le Protocole No 7 à la CEDH, ZBl 1991, 45 ff.; S. TRECHSEL, Das Verflixte Siebente? – Bemerkungen zum 7. Zusatzprotokoll zur EMRK, in: Fortschritt im Bewusstsein der Grund- und Menschenrechte, FS für Felix Ermacora (hrsg. von Nowak Manfred/Steurer Dorothea/Tretter Hannes), Kehl 1988, 195 ff.

Innerstaatliche Organe

970. Die Bestimmung bezieht sich auf geringere Verstösse, wie etwa gegen Strassenverkehrsregeln, die gewöhnlich mit bescheidenen Bussen bestraft werden, wenn auch theoretisch ein Freiheitsentzug möglich ist.
(BGer 21. Juni 1990, SZIER 1991, 449 f.; KGer VD 27. Juli 1990, JdT 1991 III 30 f.)

Konvention
zum Schutze der Menschenrechte und Grundfreiheiten

Abgeschlossen in Rom am 4. November 1950
Geändert durch das Protokoll Nr. 3 vom 6. Mai 1963 und
das Protokoll Nr. 5 vom 20. Januar 1966
Von der Bundesversammlung genehmigt am 3. Oktober 1974[2]
Schweizerische Ratifikationsurkunde hinterlegt am 28. November 1974
In Kraft getreten für die Schweiz am 28. November 1974

Übersetzung aus dem englischen und französischen Originaltext[1]

In Erwägung der Allgemeinen Erklärung der Menschenrechte, die von der Generalversammlung der Vereinten Nationen am 10. Dezember 1948 verkündet wurde;

in der Erwägung, dass diese Erklärung bezweckt, die allgemeine und wirksame Anerkennung und Einhaltung der darin erklärten Rechte zu gewährleisten;

in der Erwägung, dass das Ziel des Europarates die Herbeiführung einer grösseren Einigkeit unter seinen Mitgliedern ist und dass eines der Mittel zur Erreichung dieses Zieles in der Wahrung und in der Entwicklung der Menschenrechte und Grundfreiheiten besteht;

unter erneuter Bekräftigung ihres tiefen Glaubens an diese Grundfreiheiten, welche die Grundlage der Gerechtigkeit und des Friedens in der Welt bilden, und deren Aufrechterhaltung wesentlich auf einem wahrhaft demokratischen politischen Regime einerseits und auf einer gemeinsamen Auffassung und Achtung der Menschenrechte andererseits beruht, von denen sie sich herleiten;

entschlossen, als Regierungen europäischer Staaten, die vom gleichen Geiste beseelt sind und ein gemeinsames Erbe an geistigen Gütern, politischen Überlieferungen, Achtung der Freiheit und Vorherrschaft des Gesetzes besitzen, die ersten Schritte auf dem Weg zu einer kollektiven Garantie gewisser in der Allgemeinen Erklärung verkündeter Rechte zu unternehmen;

vereinbaren die unterzeichneten Regierungen, die Mitglieder des Europarates sind, folgendes:

AS **1974** 2151; BBl **1974** I 1035

[1] Der französische Originaltext findet sich unter der gleichen Nummer in der französischen Ausgabe dieser Sammlung. Der englische Originaltext kann bei der Eidgenössischen Drucksachen- und Materialzentrale, 3000 Bern, bezogen werden (AS **1975** 614).
[2] Art. 1 Abs. 1 Bst. *a* des BB vom 3. Okt. 1974 (AS **1974** 2148)

Artikel 1

Die Hohen Vertragschliessenden Teile sichern allen ihrer Jurisdiktion unterstehenden Personen die in Abschnitt I dieser Konvention niedergelegten Rechte und Freiheiten zu.

Abschnitt I

Artikel 2

1. Das Recht jedes Menschen auf das Leben wird gesetzlich geschützt. Abgesehen von der Vollstreckung eines Todesurteils, das von einem Gericht im Falle eines durch Gesetz mit der Todesstrafe bedrohten Verbrechens ausgesprochen worden ist, darf eine absichtliche Tötung nicht vorgenommen werden.

2. Die Tötung wird nicht als Verletzung dieses Artikels betrachtet, wenn sie sich aus einer unbedingt erforderlichen Gewaltanwendung ergibt:

a) um die Verteidigung eines Menschen gegenüber rechtswidriger Gewaltanwendung sicherzustellen;

b) um eine ordnungsgemässe Festnahme durchzuführen oder das Entkommen einer ordnungsgemäss festgehaltenen Person zu verhindern;

c) um im Rahmen der Gesetze einen Aufruhr oder einen Aufstand zu unterdrücken.

Artikel 3

Niemand darf der Folter oder unmenschlicher oder erniedrigender Strafe oder Behandlung unterworfen werden.

Artikel 4

1. Niemand darf in Sklaverei oder Leibeigenschaft gehalten werden.

2. Niemand darf gezwungen werden, Zwangs- oder Pflichtarbeit zu verrichten.

3. Als «Zwangs- oder Pflichtarbeit» im Sinne dieses Artikels gilt nicht:

a) jede Arbeit, die normalerweise von einer Person verlangt wird, die unter den von Artikel 5 der vorliegenden Konvention vorgesehenen Bedingungen in Haft gehalten oder bedingt freigelassen worden ist;

b) jede Dienstleistung militärischen Charakters, oder im Falle der Verweigerung aus Gewissensgründen in Ländern, wo diese als berechtigt anerkannt ist, eine sonstige an Stelle der militärischen Dienstpflicht tretende Dienstleistung;

c) jede Dienstleistung im Falle von Notständen und Katastrophen, die das Leben oder das Wohl der Gemeinschaft bedrohen;

d) jede Arbeit oder Dienstleistung, die zu den normalen Bürgerpflichten gehört.

Artikel 5

1. Jedermann hat ein Recht auf Freiheit und Sicherheit. Die Freiheit darf einem Menschen nur in den folgenden Fällen und nur auf die gesetzlich vorgeschriebene Weise entzogen werden:

a) wenn er rechtmässig nach Verurteilung durch ein zuständiges Gericht in Haft gehalten wird;

b) wenn er rechtmässig festgenommen worden ist oder in Haft gehalten wird wegen Nichtbefolgung eines rechtmässigen Gerichtsbeschlusses oder zur Erzwingung der Erfüllung einer durch das Gesetz vorgeschriebenen Verpflichtung;

c) wenn er rechtmässig festgenommen worden ist oder in Haft gehalten wird zum Zwecke seiner Vorführung vor die zuständige Gerichtsbehörde, sofern hinreichender Verdacht dafür besteht, dass der Betreffende eine strafbare Handlung begangen hat, oder begründeter Anlass zu der Annahme besteht, dass es notwendig ist, den Betreffenden an der Begehung einer strafbaren Handlung oder an der Flucht nach Begehung einer solchen zu hindern;

d) wenn es sich um die rechtmässige Haft eines Minderjährigen handelt, die zum Zwecke überwachter Erziehung angeordnet ist, oder um die rechtmässige Haft eines solchen, die zum Zwecke seiner Vorführung vor die zuständige Behörde verhängt ist;

e) wenn er sich in rechtmässiger Haft befindet, weil er eine Gefahrenquelle für die Ausbreitung ansteckender Krankheiten bildet, oder weil er geisteskrank, Alkoholiker, rauschgiftsüchtig oder Landstreicher ist;

f) wenn er rechtmässig festgenommen worden ist oder in Haft gehalten wird, um ihn daran zu hindern, unberechtigt in das Staatsgebiet einzudringen oder weil er von einem gegen ihn schwebenden Ausweisungs- oder Auslieferungsverfahren betroffen ist.

2. Jeder Festgenommene muss in möglichst kurzer Frist und in einer ihm verständlichen Sprache über die Gründe seiner Festnahme und über die gegen ihn erhobenen Beschuldigungen unterrichtet werden.

3. Jede nach der Vorschrift des Absatzes 1 c dieses Artikels festgenommene oder in Haft gehaltene Person muss unverzüglich einem Richter oder einem andern, gesetzlich zur Ausübung richterlicher Funktionen ermächtigten Beamten vorgeführt werden. Er hat Anspruch auf Aburteilung innerhalb einer angemessenen Frist oder auf Haftentlassung während des Verfahrens. Die Freilassung kann von der Leistung einer Sicherheit für das Erscheinen vor Gericht abhängig gemacht werden.

4. Jedermann, dem seine Freiheit durch Festnahme oder Haft entzogen wird, hat das Recht, ein Verfahren zu beantragen, in dem von einem Gericht raschmöglichst über die Rechtmässigkeit der Haft entschieden wird und im Falle der Widerrechtlichkeit seine Entlassung angeordnet wird.

5. Jeder, der entgegen den Bestimmungen dieses Artikels von Festnahme oder Haft betroffen worden ist, hat Anspruch auf Schadenersatz.

Artikel 6

1. Jedermann hat Anspruch darauf, dass seine Sache in billiger Weise öffentlich und innerhalb einer angemessenen Frist gehört wird, und zwar von einem unabhängigen und unparteiischen, auf Gesetz beruhenden Gericht, das über zivilrechtliche Ansprüche und Verpflichtungen oder über die Stichhaltigkeit der gegen ihn erhobenen strafrechtlichen Anklage zu entscheiden hat. Das Urteil muss öffentlich verkündet werden, jedoch kann die Presse und die Öffentlichkeit während des gesamten Verfahrens oder eines Teiles desselben im Interesse der Sittlichkeit, der öffentlichen Ordnung oder der nationalen Sicherheit in einem demokratischen Staat ausgeschlossen werden, oder wenn die Interessen von Jugendlichen oder der Schutz des Privatlebens der Prozessparteien es verlangen, oder, und zwar unter besonderen Umständen, wenn die öffentliche Verhandlung die Interessen der Rechtspflege beeinträchtigen würde, in diesem Fall jedoch nur in dem nach Auffassung des Gerichts erforderlichen Umfang.

2. Bis zum gesetzlichen Nachweis seiner Schuld wird vermutet, dass der wegen einer strafbaren Handlung Angeklagte unschuldig ist.

3. Jeder Angeklagte hat mindestens (englischer Text) insbesondere (französischer Text) die folgenden Rechte:

a) in möglichst kurzer Frist in einer für ihn verständlichen Sprache in allen Einzelheiten über die Art und den Grund der gegen ihn erhobenen Beschuldigung in Kenntnis gesetzt zu werden;

b) über ausreichende Zeit und Gelegenheit zur Vorbereitung seiner Verteidigung zu verfügen;

c) sich selbst zu verteidigen oder den Beistand eines Verteidigers seiner Wahl zu erhalten und, falls er nicht über die Mittel zur Bezahlung eines Verteidigers verfügt, unentgeltlich den Beistand eines Pflichtverteidigers zu erhalten, wenn dies im Interesse der Rechtspflege erforderlich ist;

d) Fragen an die Belastungszeugen zu stellen oder stellen zu lassen und die Ladung und Vernehmung der Entlastungszeugen unter denselben Bedingungen wie die der Belastungszeugen zu erwirken;

e) die unentgeltliche Beiziehung eines Dolmetschers zu verlangen, wenn der Angeklagte die Verhandlungssprache des Gerichts nicht versteht oder sich nicht darin ausdrücken kann.

Artikel 7

1. Niemand kann wegen einer Handlung oder Unterlassung verurteilt werden, die zur Zeit ihrer Begehung nach inländischem oder internationalem Recht nicht strafbar war. Ebenso darf keine höhere Strafe als die im Zeitpunkt der Begehung der strafbaren Handlung angedrohte Strafe verhängt werden.

2. Durch diesen Artikel darf die Verurteilung oder Bestrafung einer Person nicht ausgeschlossen werden, die sich einer Handlung oder Unterlassung schuldig gemacht hat, welche im Zeitpunkt ihrer Begehung nach den von den zivilisierten Völkern allgemein anerkannten Rechtsgrundsätzen strafbar war.

Artikel 8

1. Jedermann hat Anspruch auf Achtung seines Privat- und Familienlebens, seiner Wohnung und seines Briefverkehrs.

2. Der Eingriff einer öffentlichen Behörde in die Ausübung dieses Rechts ist nur statthaft, insoweit dieser Eingriff gesetzlich vorgesehen ist und eine Massnahme darstellt, die in einer demokratischen Gesellschaft für die nationale Sicherheit, die öffentliche Ruhe und Ordnung, das wirtschaftliche Wohl des Landes, die Verteidigung der Ordnung und zur Verhinderung von strafbaren Handlungen, zum Schutz der Gesundheit und der Moral oder zum Schutz der Rechte und Freiheiten anderer notwendig ist.

Artikel 9

1. Jedermann hat Anspruch auf Gedanken-, Gewissens- und Religionsfreiheit; dieses Recht umfasst die Freiheit des einzelnen zum Wechsel der Religion oder der Weltanschauung sowie die Freiheit, seine Religion oder Weltanschauung einzeln oder in Gemeinschaft mit anderen öffentlich oder privat, durch Gottesdienst, Unterricht, Andachten und Beachtung religiöser Gebräuche auszuüben.

2. Die Religions- und Bekenntnisfreiheit darf nicht Gegenstand anderer als vom Gesetz vorgesehener Beschränkungen sein, die in einer demokratischen Gesellschaft notwendige Massnahmen im Interesse der öffentlichen Sicherheit, der öffentlichen Ordnung, Gesundheit und Moral oder für den Schutz der Rechte und Freiheiten anderer sind.

Artikel 10

1. Jedermann hat Anspruch auf freie Meinungsäusserung. Dieses Recht schliesst die Freiheit der Meinung und die Freiheit zum Empfang und zur Mitteilung von Nachrichten oder Ideen ohne Eingriffe öffentlicher Behörden und ohne Rücksicht auf Landesgrenzen ein. Dieser Artikel schliesst nicht aus, dass die Staaten Rundfunk-, Lichtspiel- oder Fernsehunternehmen einem Genehmigungsverfahren unterwerfen.

2. Da die Ausübung dieser Freiheiten Pflichten und Verantwortung mit sich bringt, kann sie bestimmten, vom Gesetz vorgesehenen Formvorschriften, Bedingungen, Einschränkungen oder Strafdrohungen unterworfen werden, wie sie in einer demokratischen Gesellschaft im Interesse der nationalen Sicherheit, der territorialen Unversehrtheit oder der öffentlichen Sicherheit, der Aufrechterhaltung der Ordnung und der Verbrechensverhütung, des Schutzes der Gesundheit und der Moral, des Schutzes des guten Rufes oder der Rechte anderer notwendig

sind, um die Verbreitung von vertraulichen Nachrichten zu verhindern oder das Ansehen und die Unparteilichkeit der Rechtsprechung zu gewährleisten.

Artikel 11

1. Alle Menschen haben das Recht, sich friedlich zu versammeln und sich frei mit anderen zusammenzuschliessen, einschliesslich des Rechts, zum Schutze ihrer Interessen Gewerkschaften zu 'bilden und diesen beizutreten.

2. Die Ausübung dieser Rechte darf keinen anderen Einschränkungen unterworfen werden als den vom Gesetz vorgesehenen, die in einer demokratischen Gesellschaft im Interesse der nationalen und öffentlichen Sicherheit, der Aufrechterhaltung der Ordnung und der Verbrechensverhütung, des Schutzes der Gesundheit und der Moral oder des Schutzes der Rechte und Freiheiten anderer notwendig sind. Dieser Artikel verbietet nicht, dass die Ausübung dieser Rechte durch Mitglieder der Streitkräfte, der Polizei oder der Staatsverwaltung gesetzlichen Einschränkungen unterworfen wird.

Artikel 12

Mit Erreichung des heiratsfähigen Alters haben Männer und Frauen gemäss den einschlägigen nationalen Gesetzen das Recht, eine Ehe einzugehen und eine Familie zu gründen.

Artikel 13

Sind die in der vorliegenden Konvention festgelegten Rechte und Freiheiten verletzt worden, so hat der Verletzte das Recht, eine wirksame Beschwerde bei einer nationalen Instanz einzulegen, selbst wenn die Verletzung von Personen begangen worden ist, die in amtlicher Eigenschaft gehandelt haben.

Artikel 14

Der Genuss der in der vorliegenden Konvention festgelegten Rechte und Freiheiten ist ohne Benachteiligung zu gewährleisten, die insbesondere im Geschlecht, in der Rasse, Hautfarbe, Sprache, Religion, in den politischen oder sonstigen Anschauungen, in nationaler oder sozialer Herkunft, in der Zugehörigkeit zu einer nationalen Minderheit, im Vermögen, in der Geburt oder im sonstigen Status begründet ist.

Artikel 15

1. Im Falle eines Krieges oder eines anderen öffentlichen Notstandes, der das Leben der Nation bedroht, kann jeder der Hohen Vertragschliessenden Teile Massnahmen ergreifen, welche die in der Konvention vorgesehenen Verpflichtungen in dem Umfang, den die Lage unbedingt erfordert, und unter der Bedingung ausser Kraft setzen, dass diese Massnahmen nicht in Widerspruch zu den sonstigen völkerrechtlichen Verpflichtungen stehen.

2. Die vorstehende Bestimmung gestattet kein Ausserkraftsetzen des Artikels 2 ausser bei Todesfällen, die auf rechtmässige Kriegshandlungen zurückzuführen sind, oder der Artikel 3, 4 (Absatz 1) und 7.

3. Jeder Hohe Vertragschliessende Teil, der dieses Recht der Ausserkraftsetzung ausübt, hat den Generalsekretär des Europarates eingehend über die getroffenen Massnahmen und deren Gründe zu unterrichten. Er muss den Generalsekretär des Europarates auch über den Zeitpunkt in Kenntnis setzen, in dem diese Massnahmen ausser Kraft getreten sind und die Vorschriften der Konvention wieder volle Anwendung finden.

Artikel 16

Keine der Bestimmungen der Artikel 10, 11 und 14 darf so ausgelegt werden, dass sie den Hohen Vertragschliessenden Parteien verbietet, die politische Tätigkeit von Ausländern Beschränkungen zu unterwerfen.

Artikel 17

Keine Bestimmung dieser Konvention darf dahin ausgelegt werden, dass sie für einen Staat, eine Gruppe oder eine Person das Recht begründet, eine Tätigkeit auszuüben oder eine Handlung zu begehen, die auf die Abschaffung der in der vorliegenden Konvention festgelegten Rechte und Freiheiten oder auf weitergehende Beschränkungen dieser Rechte und Freiheiten, als in der Konvention vorgesehen, hinzielt.

Artikel 18

Die nach der vorliegenden Konvention gestatteten Einschränkungen dieser Rechte und Freiheiten dürfen nicht für andere Zwecke als die vorgesehenen angewendet werden.

Abschnitt II

Artikel 19

Um die Einhaltung der Verpflichtungen, welche die Hohen Vertragschliessenden Teile in dieser Konvention übernommen haben, sicherzustellen, werden errichtet:

a) eine Europäische Kommission für Menschenrechte, im folgenden «Kommission» genannt;

b) ein Europäischer Gerichtshof für Menschenrechte, im folgenden «Gerichtshof» genannt.

Abschnitt III

Artikel 20

1. Die Zahl der Mitglieder der Kommission entspricht derjenigen der Hohen Vertragschliessenden Teile. Der Kommission darf jeweils nur ein Angehöriger jedes einzelnen Staates angehören.

2.[1] Die Kommission tagt in Plenarsitzung. Sie kann jedoch Kammern bilden, die jeweils aus mindestens sieben Mitgliedern bestehen. Die Kammern können gemäss Artikel 25 dieser Konvention eingereichte Gesuche prüfen, die auf der Grundlage ständiger Rechtsprechung behandelt werden können oder die keine schwerwiegenden Fragen im Hinblick auf die Auslegung oder Anwendung der Konvention aufwerfen. Vorbehaltlich dieser Einschränkung und der Bestimmungen des Absatzes 5 des vorliegenden Artikels üben die Kammern alle Befugnisse aus, die der Kommission durch die Konvention übertragen sind.

Das Mitglied der Kommission, das für einen Hohen Vertragschliessenden Teil gewählt wurde, gegen den sich das Gesuch richtet, hat das Recht, der Kammer anzugehören, der dieses Gesuch zugewiesen worden ist.

3.[1] Die Kommission kann jeweils aus mindestens drei Mitgliedern bestehende Ausschüsse einsetzen, welche die einstimmig auszuübende Befugnis haben, ein gemäss Artikel 25 eingereichtes Gesuch für unzulässig zu erklären oder in ihrem Register zu streichen, wenn eine solche Entscheidung ohne weitere Prüfung getroffen werden kann.

4.[1] Eine Kammer oder ein Ausschuss kann jederzeit zugunsten des Plenums der Kommission auf die Zuständigkeit verzichten; das Plenum kann auch ein einer Kammer oder einem Ausschuss zugewiesenes Gesuch an sich ziehen.

5.[1] Folgende Befugnisse können nur vom Plenum der Kommission ausgeübt werden:

a. gemäss Artikel 24 eingereichte Beschwerden zu prüfen;
b. Verfahren vor dem Gerichtshof gemäss Artikel 48a anzustrengen;
c. die Geschäftsordnung gemäss Artikel 36 festzusetzen.

Artikel 21

1. Die Mitglieder der Kommission werden vom Ministerkomitee mit absoluter Stimmenmehrheit nach einem vom Büro der Beratenden Versammlung aufgestellten Namensverzeichnis gewählt; jede Gruppe von Vertretern der Hohen Vertragschliessenden Teile in der Beratenden Versammlung schlägt drei Kandidaten vor, von denen mindestens zwei die Staatsangehörigkeit des betreffenden Landes besitzen müssen.

---

[1] Eingefügt durch Art. 1 des Prot. Nr. 8 vom 19. März 1985, genehmigt von der BVers am 4. März 1987 und in Kraft getreten für die Schweiz am 1. Jan. 1990 (SR **0.101.08**).

2. Dasselbe Verfahren ist, soweit anwendbar, einzuschlagen, um die Kommission im Falle späteren Beitritts anderer Staaten zu ergänzen und um sonst freigewordene Sitze neu zu besetzen.

3.[1] Die Kandidaten müssen das höchste sittliche Ansehen geniessen und müssen entweder die Befähigung für die Ausübung hoher richterlicher Ämter besitzen oder Personen von anerkanntem Ruf auf dem Gebiet des innerstaatlichen oder internationalen Rechts sein.

Artikel 22

1. Die Mitglieder der Kommission werden für die Dauer von sechs Jahren gewählt. Sie können wiedergewählt werden. Jedoch läuft das Amt von sieben der bei der ersten Wahl gewählten Mitglieder nach Ablauf von drei Jahren ab.

2. Die Mitglieder, deren Amt nach Ablauf der ersten Amtsperiode von drei Jahren endet, werden vom Generalsekretär des Europarates unmittelbar nach der ersten Wahl durch das Los bestimmt.

3. Um soweit wie möglich sicherzustellen, dass die Hälfte der Mitglieder der Kommission alle drei Jahre neu gewählt wird, kann das Ministerkomitee vor jeder späteren Wahl beschliessen, dass die Amtsdauer eines oder mehrerer der zu wählenden Mitglieder nicht sechs Jahre betragen soll, wobei diese Amtsdauer jedoch weder länger als neun, noch kürzer als drei Jahre sein darf.

4. Sind mehrere Ämter zu besetzen und wendet das Ministerkomitee den Absatz 3 an, so wird die Zuteilung der Amtsdauer vom Generalsekretär des Europarates unmittelbar nach der Wahl durch das Los bestimmt.

5. Das Amt eines Mitgliedes der Kommission, das an Stelle eines anderen Mitgliedes, dessen Amt noch nicht abgelaufen war, gewählt worden ist, dauert bis zum Ende der Amtszeit seines Vorgängers.

6. Die Mitglieder der Kommission bleiben bis zum Amtsantritt ihrer Nachfolger im Amt. Danach bleiben sie in den Fällen tätig, mit denen sie bereits befasst waren.

Artikel 23

Die Mitglieder der Kommission gehören der Kommission nur als Einzelpersonen an. Während ihrer Amtszeit dürfen sie keine Stellung innehaben, die mit ihrer Unabhängigkeit und Unparteilichkeit als Mitglieder der Kommission oder mit der für dieses Amt erforderlichen Verfügbarkeit unvermeidbar ist.[2]

---

[1] Eingefügt durch Art. 2 des Prot. Nr. 8 vom 19. März 1985, genehmigt von der BVers am 4. März 1987 und in Kraft getreten für die Schweiz am 1. Jan. 1990 (SR **0.101.08**).

[2] Zweiter Satz eingefügt durch Art. 3 des Prot. Nr. 8 vom 19. März 1985, genehmigt von der BVers am 4. März 1987 und in Kraft getreten für die Schweiz am 1. Jan. 1990 (SR **0.101.08**).

Artikel 24

Jeder Vertragschliessende Teil kann durch Vermittlung des Generalsekretärs des Europarates die Kommission mit jeder angeblichen Verletzung der Bestimmungen der vorliegenden Konvention durch einen anderen Hohen Vertragschliessenden Teil befassen.

Artikel 25

1. Die Kommission kann durch ein an den Generalsekretär des Europarates gerichtetes Gesuch jeder natürlichen Person, nichtstaatlichen Organisation oder Personenvereinigung angegangen werden, die sich durch eine Verletzung der in dieser Konvention anerkannten Rechte durch einen der Hohen Vertragschliessenden Teile beschwert fühlt, vorausgesetzt, dass der betreffende Hohe Vertragschliessende Teil eine Erklärung abgegeben hat, wonach er die Zuständigkeit der Kommission zur Entgegennahme solcher Gesuche anerkannt hat. Die Hohen Vertragschliessenden Teile, die eine solche Erklärung abgegeben haben, verpflichten sich, die wirksame Ausübung dieses Rechts in keiner Weise zu behindern.

2. Diese Erklärungen können auch für einen bestimmten Zeitabschnitt abgegeben werden.

3. Sie sind dem Generalsekretär des Europarates zu übermitteln, der den Hohen Vertragschliessenden Teilen Abschriften davon zuleitet und für die Veröffentlichung der Erklärungen sorgt.

4. Die Kommission wird die ihr durch diesen Artikel übertragenen Befugnisse nur ausüben, wenn mindestens sechs Hohe Vertragschliessende Teile durch die in den vorstehenden Absätzen vorgesehenen Erklärungen gebunden sind.

Artikel 26

Die Kommission kann sich mit einer Angelegenheit erst nach Erschöpfung des innerstaatlichen Rechtszuges in Übereinstimmung mit den allgemein anerkannten Grundsätzen des Völkerrechts und innerhalb einer Frist von sechs Monaten nach dem Ergehen der endgültigen innerstaatlichen Entscheidung befassen.

Artikel 27

1. Die Kommission befasst sich nicht mit einem gemäss Artikel 25 eingereichten Gesuch, wenn es

a) anonym ist;

b) mit einem schon vorher von der Kommission geprüften Gesuch übereinstimmt oder einer anderen internationalen Untersuchungs- oder Vergleichsinstanz unterbreitet worden ist, und wenn es keine neuen Tatsachen enthält.

2. Die Kommission erklärt jedes gemäss Artikel 25 unterbreitete Gesuch als unzulässig, wenn sie es für unvereinbar mit den Bestimmungen dieser Konvention, für offensichtlich unbegründet oder für einen Missbrauch des Beschwerderechts hält.

3. Die Kommission weist jedes Gesuch zurück, das sie gemäss Artikel 26 für unzulässig hält.

Artikel 28 [1]

1. Falls die Kommission das Gesuch annimmt,

a. hat sie zum Zweck der Tatsachenfeststellung mit den Vertretern der Parteien eine kontradiktorische Prüfung und, falls erforderlich, eine Untersuchung der Angelegenheit vorzunehmen; die betreffenden Staaten haben, nachdem ein Meinungsaustausch mit der Kommission stattgefunden hat, alle Erleichterungen, die zur wirksamen Durchführung der Untersuchung erforderlich sind, zu gewähren;

b. hat sie sich gleichzeitig zur Verfügung der beteiligten Parteien zu halten, damit eine gütliche Regelung der Angelegenheit auf der Grundlage der Achtung der Menschenrechte, wie sie in dieser Konvention niedergelegt sind, erreicht werden kann.

2. Gelingt es der Kommission, eine gütliche Regelung zu erzielen, so hat sie einen Bericht anzufertigen, der den beteiligten Staaten, dem Ministerkomitee und dem Generalsekretär des Europarats zur Veröffentlichung zu übersenden ist. Der Bericht hat sich auf eine kurze Angabe des Sachverhalts und der erzielten Lösung zu beschränken.

Artikel 29

Die Kommission kann jedoch ein ihr gemäss Artikel 25 unterbreitetes Gesuch durch Beschluss mit einer Mehrheit von zwei Dritteln ihrer Mitglieder [2] auch nach der Annahme zurückweisen, wenn sie bei der Prüfung des Gesuchs feststellt, dass einer der in Artikel 27 bezeichneten Gründe für seine Unzulässigkeit vorliegt.

In diesem Fall wird die Entscheidung den Parteien mitgeteilt.

Artikel 30 [3]

1. Die Kommission kann in jedem Stadium des Verfahrens entscheiden, ein Gesuch in ihrem Register zu streichen, wenn die Umstände Grund zu der Annahme geben,

a. dass der Beschwerdeführer sein Gesuch nicht weiterzuverfolgen beabsichtigt;

b. dass die Sache einer Lösung zugeführt worden ist oder

c. dass es aus anderen von der Kommission festgestellten Gründen nicht länger gerechtfertigt ist, die Prüfung des Gesuchs fortzusetzen.

---

[1] Fassung gemäss Art. 4 des Prot. Nr. 8 vom 19. März 1985, genehmigt von der BVers am 4. März 1987 und in Kraft getreten für die Schweiz am 1. Jan. 1990 (SR **0.101.08**).
[2] Wörter gemäss Art. 5 des Prot. Nr. 8 vom 19. März 1985, genehmigt von der BVers am 4. März 1987 und in Kraft getreten für die Schweiz am 1. Jan. 1990 (SR **0.101.08**).
[3] Fassung gemäss Art. 6 des Prot. Nr. 8 vom 19. März 1985, genehmigt von der BVers am 4. März 1987 und in Kraft getreten für die Schweiz am 1. Jan. 1990 (SR **0.101.08**).

Die Kommission setzt jedoch die Prüfung eines Gesuchs fort, wenn die Achtung der Menschenrechte, wie sie in dieser Konvention niedergelegt sind, dies erfordert.

2. Beschliesst die Kommission, ein Gesuch nach der Annahme in ihrem Register zu streichen, so fertigt sie einen Bericht an, in dem der Sachverhalt und die mit Gründen versehene Entscheidung, das Gesuch zu streichen, enthalten sind. Der Bericht wird sowohl den Parteien als auch dem Ministerkomitee zur Kenntnisnahme übermittelt. Die Kommission kann ihn veröffentlichen.

3. Die Kommission kann die Wiedereintragung eines Gesuchs in ihr Register anordnen, wenn sie dies den Umständen nach für gerechtfertigt hält.

Artikel 31

1.[1] Wird die Prüfung eines Gesuchs nicht gemäss Artikel 28 (Abs. 2), 29 oder 30 abgeschlossen, so hat die Kommission einen Bericht über den Sachverhalt anzufertigen und zu der Frage Stellung zu nehmen, ob sich aus den festgestellten Tatsachen ergibt, dass der betreffende Staat seine Verpflichtungen aus der Konvention verletzt hat. In diesem Bericht können die Ansichten einzelner Mitglieder der Kommission über diesen Punkt aufgenommen werden.

2. Der Bericht ist dem Ministerkomitee vorzulegen; er ist auch den beteiligten Staaten vorzulegen, die nicht das Recht haben, ihn zu veröffentlichen.

3. Bei der Vorlage des Berichts an das Ministerkomitee hat die Kommission das Recht, von sich aus die ihr geeignet erscheinenden Vorschläge zu unterbreiten.

Artikel 32

1. Wird die Frage nicht innerhalb eines Zeitraumes von drei Monaten, vom Datum der Vorlage des Berichts an das Ministerkomitee an gerechnet, gemäss Artikel 48 dieser Konvention, dem Gerichtshof vorgelegt, so entscheidet das Ministerkomitee mit Zweidrittelmehrheit der zur Teilnahme an den Sitzungen des Komitees berechtigten Mitglieder, ob die Konvention verletzt worden ist.

2. Wird eine Verletzung der Konvention bejaht, so hat das Ministerkomitee einen Zeitraum festzusetzen, innerhalb dessen der betreffende Hohe Vertrag-schliessende Teil die in der Entscheidung des Ministerkomitees vorgesehenen Massnahmen durchzuführen hat.

3. Trifft der betreffende Hohe Vertragschliessende Teil innerhalb des vorge-schriebenen Zeitraumes keine befriedigenden Massnahmen, so beschliesst das Ministerkomitee mit der in vorstehendem Absatz 1 vorgeschriebenen Mehrheit, auf welche Weise seine ursprüngliche Entscheidung durchgesetzt werden soll, und veröffentlicht den Bericht.

[1] Fassung gemäss Art. 7 des Prot. Nr. 8 vom 19. März 1985, genehmigt von der BVers am 4. März 1987 und in Kraft getreten für die Schweiz am 1. Jan. 1990 (SR **0.101.08**).

4. Die Hohen Vertragschliessenden Teile verpflichten sich, jede Entscheidung des Ministerkomitees, die in Anwendung der vorstehenden Absätze ergeht, für sich als bindend anzuerkennen.

Artikel 33

Die Sitzungen der Kommission finden unter Ausschluss der Öffentlichkeit statt.

Artikel 34 [1)]

Vorbehaltlich der Artikel 20 (Abs. 3) und 29 trifft die Kommission ihre Entscheidungen mit Stimmenmehrheit der anwesenden und an der Abstimmung teilnehmenden Mitglieder.

Artikel 35

Die Kommission tritt zusammen, wenn die Umstände es erfordern. Die Sitzungen werden vom Generalsekretär des Europarates einberufen.

Artikel 36

Die Kommission setzt ihre Geschäftsordnung selbst fest.

Artikel 37

Die Sekretariatsgeschäfte der Kommission werden vom Generalsekretär des Europarates wahrgenommen.

Abschnitt IV

Artikel 38

Der Europäische Gerichtshof für Menschenrechte besteht aus ebensoviel Richtern, wie der Europarat Mitglieder zählt. Dem Gerichtshof darf jeweils nur ein Angehöriger jedes einzelnen Staates angehören.

Artikel 39

1. Die Mitglieder des Gerichtshofes werden von der Beratenden Versammlung mit Stimmenmehrheit aus einer Liste von Personen gewählt, die von den

---

[1)] Fassung gemäss Art. 8 des Prot. Nr. 8 vom 19. März 1985, genehmigt von der BVers am 4. März 1987 und in Kraft getreten für die Schweiz am 1. Jan. 1990 (SR **0.101.08**).

Mitgliedern des Europarates vorgeschlagen werden; jedes Mitglied hat drei Kandidaten vorzuschlagen, von denen mindestens zwei eigene Staatsangehörige sein müssen.

2. Dasselbe Verfahren ist, soweit anwendbar, einzuschlagen, um den Gerichtshof im Falle der Zulassung neuer Mitglieder zum Europarat zu ergänzen und um freigewordene Sitze zu besetzen.

3. Die Kandidaten müssen das höchste sittliche Ansehen geniessen und müssen entweder die Befähigung für die Ausübung hoher richterlicher Ämter besitzen oder Rechtsgelehrte von anerkanntem Ruf sein.

Artikel 40

1. Die Mitglieder des Gerichtshofes werden für einen Zeitraum von neun Jahren gewählt. Ihre Wiederwahl ist zulässig. Jedoch läuft die Amtszeit von vier bei der ersten Wahl gewählten Mitgliedern nach drei Jahren, die Amtszeit von weiteren vier Mitgliedern nach sechs Jahren ab.

2. Die Mitglieder, deren Amtszeit nach drei bzw. sechs Jahren ablaufen soll, werden unmittelbar nach der ersten Wahl vom Generalsekretär durch das Los bestimmt.

3. Um soweit wie möglich sicherzustellen, dass ein Drittel der Mitglieder des Gerichtshofes alle drei Jahre neu gewählt wird, kann die Beratende Versammlung vor jeder späteren Wahl beschliessen, dass die Amtsdauer eines oder mehrerer der zu wählenden Mitglieder nicht neun Jahre betragen soll, wobei diese Amtsdauer jedoch weder länger als zwölf, noch kürzer als sechs Jahre sein darf.

4. Sind mehrere Ämter zu besetzen und wendet die Beratende Versammlung den Absatz 3 an, so wird die Zuteilung der Amtsdauer vom Generalsekretär des Europarates unmittelbar nach der Wahl durch das Los bestimmt.

5. Ein Mitglied des Gerichtshofes, das zum Ersatz eines anderen Mitgliedes gewählt wird, dessen Amtszeit noch nicht abgelaufen war, bleibt bis zum Ablauf des Amts seines Vorgängers im Amt.

6. Die Mitglieder des Gerichtshofes bleiben bis zum Amtsantritt ihrer Nachfolger im Amt. Danach bleiben sie in den Fällen tätig, mit denen sie bereits befasst waren.

7.[1] Die Mitglieder des Gerichtshofs gehören dem Gerichtshof nur als Einzelperson an. Während ihrer Amtszeit dürfen sie keine Stellung innehaben, die mit ihrer Unabhängigkeit und Unparteilichkeit als Mitglieder des Gerichtshofs oder mit der für dieses Amt erforderlichen Verfügbarkeit unvereinbar ist.

---

[1] Eingefügt durch Art. 9 des Prot. Nr. 8 vom 19. März 1985, genehmigt von der BVers am 4. März 1987 und in Kraft getreten für die Schweiz am 1. Jan. 1990 (SR **0.101.08**).

Artikel 41 [1]

Der Gerichtshof wählt seinen Präsidenten und einen oder zwei Vizepräsiden-
ten für einen Zeitraum von drei Jahren. Wiederwahl ist zulässig.

Artikel 42

Die Mitglieder des Gerichtshofes erhalten für jeden Arbeitstag eine Entschädigung, deren Höhe vom Ministerkomitee festgesetzt wird.

Artikel 43

Die Prüfung jedes dem Gericht vorgelegten Falles erfolgt durch eine Kammer, die aus neun [2] Richtern besteht. Der Richter, der Staatsangehöriger einer
beteiligten Partei ist – oder, falls ein solcher nicht vorhanden ist, eine von diesem
Staat benannte Person, die in der Eigenschaft eines Richters an den Sitzungen
teilnimmt –, ist von Amtes wegen Mitglied der Kammer; die Namen der anderen
Richter werden vom Präsidenten vor Beginn des Verfahrens durch das Los bestimmt.

Artikel 44

Das Recht, vor dem Gerichtshof aufzutreten, haben nur die Hohen Vertragschliessenden Teile und die Kommission.

Artikel 45

Die Zuständigkeit des Gerichtshofes umfasst alle die Auslegung und Anwendung dieser Konvention betreffenden Fälle, die ihm nach Artikel 48 von den
Hohen Vertragschliessenden Teilen oder der Kommission unterbreitet werden.

Artikel 46

1. Jeder der Hohen Vertragschliessenden Teile kann jederzeit die Erklärung
abgeben, dass er die Gerichtsbarkeit des Gerichtshofes ohne weiteres und ohne
besonderes Abkommen für alle Angelegenheiten, die sich auf die Auslegung und
die Anwendung dieser Konvention beziehen, als obligatorisch anerkennt.

2. Die oben bezeichneten Erklärungen können bedingungslos oder unter der
Bedingung der Gegenseitigkeit seitens mehrerer oder bestimmter anderer Vertrag-

---

[1] Fassung gemäss Art. 10 des Prot. Nr. 8 vom 19. März 1985, genehmigt von der BVers am
4. März 1987 und in Kraft getreten für die Schweiz am 1. Jan. 1990 (SR **0.101.08**).
[2] Anzahl gemäss Art. 11 des Prot. Nr. 8 vom 19. März 1985, genehmigt von der BVers am
4. März 1987 und in Kraft getreten für die Schweiz am 1. Jan. 1990 (SR **0.101.08**).

schliessender Teile, oder unter Beschränkung auf einen bestimmten Zeitraum abgegeben werden.

3. Diese Erklärungen sind beim Generalsekretär des Europarates zu hinterlegen; dieser übermittelt den Hohen Vertragschliessenden Teilen Abschriften davon.

Artikel 47

Der Gerichtshof darf sich mit einem Fall nur befassen, nachdem die Kommission festgestellt hat, dass die Versuche zur Erzielung einer gütlichen Regelung fehlgeschlagen sind, und nur innerhalb der in Artikel 32 vorgesehenen Dreimonatsfrist.

Artikel 48

Das Recht, ein Verfahren bei dem Gerichtshof anhängig zu machen, haben nur die nachstehend angeführten Stellen, und zwar entweder unter der Voraussetzung, dass der in Frage kommende Hohe Vertragschliessende Teil, wenn nur einer beteiligt ist, oder die Hohen Vertragschliessenden Teile, wenn mehrere beteiligt sind, der obligatorischen Gerichtsbarkeit des Gerichtshofes unterworfen sind, oder aber, falls dies nicht zutrifft, unter der Voraussetzung, dass der in Frage kommende Hohe Vertragschliessende Teil oder die Hohen Vertragschliessenden Teile zustimmen:

a) die Kommission;

b) der Hohe Vertragschliessende Teil, dessen Staatsangehöriger der Verletzte ist;

c) der Hohe Vertragschliessende Teil, der die Kommission mit dem Fall befasst hat;

d) der Hohe Vertragschliessende Teil, gegen den sich die Beschwerde richtet.

Artikel 49

Wird die Zuständigkeit des Gerichtshofes bestritten, so entscheidet dieser hierüber selbst.

Artikel 50

Erklärt die Entscheidung des Gerichtshofes, dass eine Entscheidung oder Massnahme einer gerichtlichen oder sonstigen Behörde eines der Hohen Vertragschliessenden Teile ganz oder teilweise mit den Verpflichtungen aus dieser Konvention in Widerspruch steht, und gestatten die innerstaatlichen Gesetze des erwähnten Hohen Vertragschliessenden Teils nur eine unvollkommene Wiedergutmachung für die Folgen dieser Entscheidung oder Massnahme, so hat die Entscheidung des Gerichtshofes der verletzten Partei gegebenenfalls eine gerechte Entschädigung zuzubilligen.

Artikel 51

1. Das Urteil des Gerichtshofes ist zu begründen.

2. Bringt das Urteil im ganzen oder in einzelnen Teilen nicht die übereinstimmende Ansicht der Richter zum Ausdruck, so hat jeder Richter das Recht, eine Darlegung seiner eigenen Ansicht beizufügen.

Artikel 52

Das Urteil des Gerichtshofes ist endgültig.

Artikel 53

Die Hohen Vertragschliessenden Teile übernehmen die Verpflichtung, in allen Fällen, an denen sie beteiligt sind, sich nach der Entscheidung des Gerichtshofes zu richten.

Artikel 54

Das Urteil des Gerichtshofes ist dem Ministerkomitee zuzuleiten; dieses überwacht seinen Vollzug.

Artikel 55

Der Gerichtshof gibt sich seine Geschäftsordnung und bestimmt die Verfahrensvorschriften.

Artikel 56

1. Die erste Wahl der Mitglieder des Gerichtshofes findet statt, sobald insgesamt acht Erklärungen der Hohen Vertragschliessenden Teile gemäss Artikel 46 abgegeben worden sind.

2. Vor dieser Wahl kann kein Verfahren vor dem Gerichtshof anhängig gemacht werden.

Abschnitt V

Artikel 57

Nach Empfang einer entsprechenden Aufforderung durch den Generalsekretär des Europarates hat jeder Hohe Vertragschliessende Teil die erforderlichen Erklärungen abzugeben, in welcher Weise sein internes Recht die wirksame Anwendung aller Bestimmungen dieser Konvention gewährleistet.

Artikel 58

Die Kosten der Kommission und des Gerichtshofes werden vom Europarat getragen.

Artikel 59

Die Mitglieder der Kommission und des Gerichtshofes geniessen bei der Ausübung ihres Amtes die in Artikel 40 der Satzung des Europarates[1] und den auf Grund dieses Artikels abgeschlossenen Abkommen vorgesehenen Privilegien und Immunitäten.

Artikel 60

Keine Bestimmung dieser Konvention darf als Beschränkung oder Minderung eines der Menschenrechte und Grundfreiheiten ausgelegt werden, die in den Gesetzen eines Hohen Vertragschliessenden Teils oder einer anderen Vereinbarung, an der er beteiligt ist, festgelegt sind.

Artikel 61

Keine Bestimmung dieser Konvention beschränkt die durch die Satzung des Europarates[1] dem Ministerkomitee übertragenen Vollmachten.

Artikel 62

Die Hohen Vertragschliessenden Teile kommen überein, dass sie, es sei denn auf Grund besonderer Vereinbarungen, keinen Gebrauch von zwischen ihnen geltenden Verträgen, Übereinkommen oder Erklärungen machen werden, um von sich aus einen Streit um die Auslegung oder Anwendung dieser Konvention einem anderen Verfahren zu unterwerfen, als in der Konvention vorgesehen ist.

Artikel 63

1. Jeder Staat kann im Zeitpunkt der Ratifizierung oder in der Folge zu jedem anderen Zeitpunkt durch eine an den Generalsekretär des Europarates gerichtete Mitteilung erklären, dass diese Konvention auf alle oder einzelne Gebiete Anwendung findet, für deren internationale Beziehungen er verantwortlich ist.

2. Die Konvention findet auf das oder die in der Erklärung bezeichneten Gebiete vom dreissigsten Tage an Anwendung, gerechnet vom Eingang der Erklärung beim Generalsekretär des Europarates.

3. In den genannten Gebieten werden die Bestimmungen dieser Konvention unter Berücksichtigung der örtlichen Notwendigkeiten angewendet.

4. Jeder Staat, der eine Erklärung gemäss Absatz 1 dieses Artikels abgegeben hat, kann zu jedem späteren Zeitpunkt für ein oder mehrere der in einer solchen Erklärung bezeichneten Gebiete erklären, dass er die Zuständigkeit der Kommission für die Behandlung der Gesuche von natürlichen Personen, nichtstaatlichen

[1] SR **0.192.030**

Organisationen oder Personengruppen gemäss Artikel 25 dieser Konvention annimmt.

Artikel 64

1. Jeder Staat kann bei Unterzeichnung dieser Konvention oder bei Hinterlegung seiner Ratifikationsurkunde bezüglich bestimmter Vorschriften der Konvention einen Vorbehalt machen, soweit ein zu dieser Zeit in seinem Gebiet geltendes Gesetz nicht mit der betreffenden Vorschrift übereinstimmt. Vorbehalte allgemeiner Art sind nach diesem Artikel nicht zulässig.

2. Jeder nach diesem Artikel gemachte Vorbehalt muss mit einer kurzen Inhaltsangabe des betreffenden Gesetzes verbunden sein.

Artikel 65

1. Ein Hoher Vertragschliessender Teil kann diese Konvention nicht vor Ablauf von fünf Jahren nach dem Tage, an dem die Konvention für ihn wirksam wird, und nur nach einer sechs Monate vorher an den Generalsekretär des Europarates gerichteten Mitteilung kündigen; der Generalsekretär hat den anderen Hohen Vertragschliessenden Teilen von der Kündigung Kenntnis zu geben.

2. Eine derartige Kündigung bewirkt nicht, dass der betreffende Hohe Vertragschliessende Teil in bezug auf irgendeine Handlung, welche eine Verletzung dieser Verpflichtungen darstellen könnte, und von dem Hohen Vertragschliessenden Teil vor dem Datum seines rechtswirksamen Ausscheidens vorgenommen wurde, von seinen Verpflichtungen nach dieser Konvention befreit wird.

3. Unter dem gleichen Vorbehalt scheidet ein Vertragschliessender Teil aus dieser Konvention aus, der aus dem Europarat ausscheidet.

4. Entsprechend den Bestimmungen der vorstehenden Absätze kann die Konvention auch für ein Gebiet gekündigt werden, auf das sie nach Artikel 63 ausgedehnt worden ist.

Artikel 66

1. Diese Konvention steht den Mitgliedern des Europarates zur Unterzeichnung offen; sie bedarf der Ratifikation. Die Ratifikationsurkunden sind beim Generalsekretär des Europarates zu hinterlegen.

2. Diese Konvention tritt nach der Hinterlegung von zehn Ratifikationsurkunden in Kraft.

3. Für jeden Unterzeichnerstaat, dessen Ratifikation später erfolgt, tritt die Konvention am Tage der Hinterlegung seiner Ratifikationsurkunde in Kraft.

4. Der Generalsekretär des Europarates hat allen Mitgliedern des Europarates das Inkrafttreten der Konvention, die Namen der Hohen Vertragschliessenden Teile, die sie ratifiziert haben, sowie die Hinterlegung jeder später eingehenden Ratifikationsurkunde mitzuteilen.

Geschehen zu Rom, am 4. November 1950, in englischer und französischer
Sprache, wobei die beiden Texte in gleicher Weise authentisch sind, in einer
einzigen Ausfertigung, die in den Archiven des Europarates hinterlegt wird. Der
Generalsekretär wird allen Signatarstaaten beglaubigte Abschriften übermitteln.

(Es folgen die Unterschriften)

Vorbehalte und Erklärungen

Liechtenstein *Artikel 2:* Gemäss Artikel 64 der Konvention setzt das Fürstentum Liechtenstein den Vorbehalt, dass der Rechtfertigungsgrund der Notwehr, der in Artikel 2 Absatz 2 lit. a der Menschenrechtskonvention gewährleistet wird, auf die in Liechtenstein auch notwehrfähigen Güter Freiheit und Vermögen Anwendung findet, nach Massgabe von Grundsätzen, die derzeit in Paragraph 2 lit. g des liechtensteinischen Strafgesetzes über Verbrechen, Vergehen und Übertretungen vom 27. Mai 1852 zum Ausdruck kommen.

Artikel 6: Gemäss Artikel 64 der Konvention setzt das Fürstentum Liechtenstein den Vorbehalt, dass die Bestimmungen des Artikels 6 Absatz 1 der Konvention bezüglich der Öffentlichkeit des Verfahrens und der Urteilsverkündung nur in jenen Grenzen gelten sollen, die von Grundsätzen abgeleitet werden, die derzeit in folgenden liechtensteinischen Gesetzen zum Ausdruck kommen:

Gesetz vom 10. Dezember 1912 über das gerichtliche Verfahren in bürgerlichen Rechtsstreitigkeiten, LGBl. 1912 Nr. 9/I;

Gesetz vom 10. Dezember 1912 über die Ausübung der Gerichtsbarkeit und die Zuständigkeit der Gerichte in bürgerlichen Rechtssachen, LGBl. 1912 Nr. 9/II;

Gesetz vom 31. Dezember 1913 betreffend die Einführung einer Strafprozessordnung, LGBl. 1914 Nr. 3;

Gesetz vom 21. April 1922 betreffend das Rechtsfürsorgeverfahren, LGBl. 1922 Nr. 19;

Gesetz vom 21. April 1922 über die allgemeine Landesverwaltungspflege, LGBl. 1922 Nr. 24;

Gesetz vom 5. November 1925 über den Staatsgerichtshof, LGBl. 1925 Nr. 8;

Gesetz vom 30. Januar 1961 über die Landes- und Gemeindesteuern, LGBl. 1961 Nr. 7;

Gesetz vom 13. November 1974 über den Grundstückerwerb, LGBl. 1975 Nr. 5.

Die gesetzlichen Bestimmungen des Jugendstrafverfahrens:
– im Strafgesetz über Verbrechen, Vergehen und Übertretungen vom 27. Mai 1852, Amtliches Sammelwerk der Liechtensteinischen Rechtsvorschriften bis 1863;
– im Gerichtsorganisationsgesetz vom 7. April 1922, LGBl. 1922 Nr. 16; im Gesetz vom 1. Juni 1922 betreffend Abänderung des Strafrechtes, der Strafprozessordnung und ihrer Nachtrags- und Nebengesetze, LGBl. 1922 Nr. 21;
– im Gesetz vom 23. Dezember 1958 über den Schutz und die Wohlfahrt der Jugend, LGBl. 1959 Nr. 8.

Artikel 8: Gemäss Artikel 64 der Konvention setzt das Fürstentum Liechtenstein den Vorbehalt, dass das durch Artikel 8 der Menschenrechtskonvention garantierte Recht auf Achtung des Privatlebens in bezug auf die Homosexualität nach Grundsätzen bestimmt wird, die derzeit in den Paragraphen 129 und 130 des liechtensteinischen Strafgesetzes über Verbrechen, Vergehen und Übertretungen vom 27. Mai 1852 zum Ausdruck kommen.

Gemäss Artikel 64 der Konvention setzt das Fürstentum Liechtenstein den Vorbehalt, dass das in Artikel 8 der Menschenrechtskonvention garantierte Recht auf Achtung des Familienlebens in bezug auf die Stellung des unehelichen Kindes nach Massgabe von Grundsätzen geregelt wird, die derzeit in den Gesetzesbestimmungen des Dritten Hauptstücks des Ersten Teiles und im Dreizehnten Hauptstück des Zweiten Teiles des Allgemeinen bürgerlichen Gesetzbuches vom 1. Juni 1811 und in bezug auf die Stellung der Frau im Ehe- und Familienrecht nach Massgabe von Grundsätzen, die derzeit in den Gesetzesbestimmungen im Fünften Abschnitt des Zweiten Teils im Ehegesetz vom 13. Dezember 1973 (LGBl. 1974 Nr. 20) und im Vierten Hauptstück des Ersten Teiles des Allgemeinen bürgerlichen Gesetzbuches zum Ausdruck kommen.

Gemäss Artikel 64 der Konvention setzt das Fürstentum Liechtenstein den Vorbehalt, dass das in Artikel 8 der Menschenrechtskonvention garantierte Recht auf Achtung des Familienlebens für Ausländer nach Grundsätzen geregelt wird, die derzeit in der Verordnung vom 9. September 1980 (LGBl. 1980 Nr. 66) zum Ausdruck kommen.

Artikel 25 und 46. Das Fürstentum Liechtenstein anerkennt für eine Zeitspanne von drei Jahren ab 8. September 1988

1. die Zuständigkeit der Europäischen Kommission für Menschenrechte (Artikel 25 der Konvention) betreffend die in der Konvention anerkannten Rechte;

2. unter Vorbehalt der Gegenseitigkeit, die obligatorische Gerichtsbarkeit des Europäischen Gerichtshofes für Menschenrechte (Artikel 46 der Konvention) betreffend die Auslegung und Anwendung der Konvention.

Geltungsbereich der Konvention am 15. März 1992, Nachtrag [1]

I

Erklärungen

Liechtenstein

Artikel 25 und 46. Das Fürstentum Liechtenstein anerkennt für eine Zeitspanne von drei Jahren ab 8. September 1991

1. die Zuständigkeit der Europäischen Kommission für Menschenrechte (Art. 25 der Konvention) betreffend die in der Konvention anerkannten Rechte;
2. unter Vorbehalt der Gegenseitigkeit, die obligatorische Gerichtsbarkeit des Europäischen Gerichtshofes für Menschenrechte (Art. 46 der Konvention) betreffend die Auslegung und Anwendung der Konvention.

II

Änderung eines Vorbehaltes

Liechtenstein (AS *1984* 1491)

Die im liechtensteinischen Vorbehalt zu Artikel 6 Absatz 1 der Konvention aufgeführten Gesetze haben folgende Änderungen erfahren:

Das Gesetz betreffend die Einführung einer Strafprozessordnung vom 31. Dezember 1913 (LGBl. 1914 Nr. 3) ist von der Strafprozessordnung vom 18. Oktober 1988 (LGBl. 1988 Nr. 62) ersetzt worden.

Die den Strafprozess in Sachen Jugendkriminalität betreffenden Fragen sind vom Jugendgerichtsgesetz vom 20. Mai 1987 (LGBl. 1988 Nr. 39) geregelt worden.

III

Rückzug von Vorbehalten

Liechtenstein (AS *1984* 1491)

Am 22. April 1991 hat das Fürstentum Liechtenstein die folgenden Vorbehalte mit Wirkung ab 26. April 1991 zurückgezogen:
– Vorbehalt zu Artikel 2 der Konvention;
– Vorbehalt zu Artikel 8 der Konvention in bezug auf die Homosexualität.

---

[1] Diese Veröffentlichung ergänzt die früheren in AS **1974** 2168, **1975** 614, **1977** 147 1464, **1978** 64, **1982** 285 2065, **1983** 1592, **1984** 973 1491, **1985** 360, **1986** 169, **1987** 314 1346, **1988** 1264, **1989** 276, **1990** 55 und **1991** 789.

Vorbehalte und Erklärungen

Schweiz.[2] *Artikel 6:* Der in Absatz 1 von Artikel 6 der Konvention verankerte Grundsatz der Öffentlichkeit der Verhandlungen findet keine Anwendung auf Verfahren, die sich auf eine Streitigkeit über zivilrechtliche Rechte und Pflichten oder auf die Stichhaltigkeit einer strafrechtlichen Anklage beziehen und die nach kantonalen Gesetzen vor einer Verwaltungsbehörde stattfinden.

Der Grundsatz der Öffentlichkeit der Urteilsverkündung findet Anwendung, unter Vorbehalt der Bestimmungen der kantonalen Gesetze über den Zivil- und Strafprozess, die vorsehen, dass das Urteil nicht an einer öffentlichen Verhandlung eröffnet, sondern den Parteien schriftlich mitgeteilt wird.

Auslegende Erklärung zu Artikel 6 Absatz 1: Für den Schweizerischen Bundesrat bezweckt die in Absatz 1 von Artikel 6 der Konvention enthaltene Garantie eines gerechten Prozesses nur, dass eine in bezug auf Streitigkeiten über zivilrechtliche Rechte und Pflichten letztinstanzliche richterliche Prüfung der Akte oder Entscheidungen der öffentlichen Gewalt über solche Rechte und Pflichten stattfindet. Unter dem Begriff «letztinstanzliche richterliche Prüfung» im Sinne der vorliegenden Erklärung ist eine auf die Rechtsanwendung beschränkte richterliche Prüfung zu verstehen, die von kassatorischer Natur ist.

Wie am 16. Mai 1988, als die Verdeutlichung der auslegenden Erklärung zu Artikel 6 Absatz 1 der Europäischen Menschenrechtskonvention beim Generalsekretär des Europarates hinterlegt wurde, in Aussicht gestellt, übergibt der schweizerische Bundesrat, gestützt auf Artikel 64 Absatz 2 der Konvention, die nachfolgende Liste der Bestimmungen des Bundesrechts und des kantonalen Rechts, die, mit Wirkung ab 29. April 1988, von der auslegenden Erklärung des Bundesrates vom 28. November 1974, verdeutlicht am 16. Mai 1988, erfasst werden.

---

[2] Art. 1 Abs. 1 Bst. *a* des BB vom 3. Okt. 1974 (AS **1974** 2148). Die auslegende Erklärung zu Art. 6 Abs. 1 ist mit Wirkung ab 29. April 1988 geändert worden.

Liste der Bestimmungen des Bundesrechts und des kantonalen Rechts [1]

Stand am 27. Dezember 1988

Bundesrecht

- Bundesrechtspflegegesetz [2]:
  - Artikel 43 Absatz 2 und 68 (Berufung und Nichtigkeitsbeschwerde insoweit, als die Kognition des Bundesgerichts in bezug auf die Feststellung des Sachverhalts begrenzt ist und keine kantonale Gerichtsbehörde die tatsächlichen Feststellungen vollumfänglich überprüft hat;
  - Artikel 83 (Staatsrechtliche Klage, ein Verfahren, in dem das Bundesgericht als einzige Instanz über bestimmte Streitigkeiten entscheidet);
  - Artikel 84 (Staatsrechtliche Beschwerde an das Bundesgericht gegen kantonale Erlasse und Verfügungen, wenn die kantonalen Behörden oder das Bundesgericht nur über eine beschränkte Kognition in bezug auf tatbeständliche Feststellungen oder Rechtsanwendung haben);
  - Artikel 105 Absatz 2 (Verwaltungsgerichtsbeschwerde an das Bundesgericht gegen den Entscheid eines kantonalen Gerichtes oder einer Rekurskommission insoweit, als das Bundesgericht an die tatsächlichen Feststellungen dieser Instanzen gebunden ist);
- Verwaltungsverfahrensgesetz [3]:
  - Artikel 44 ff. (Verfahren der Verwaltungsbeschwerde an den Bundesrat und Beschwerdeinstanzen des Bundes);
  - Artikel 71 (Aufsichtsbeschwerde bei einer Aufsichtsbehörde wegen Tatsachen, die einer Behörde der Bundesverwaltung angelastet werden);
  - Artikel 79 (Beschwerde an die Bundesversammlung gegen bestimmte Beschwerdeentscheide und Verfügungen sowie gegen die Beschwerdeentscheide des Bundesrates gemäss entweder Artikel 73 Absatz 1 Buchstaben a und b des VwVG oder Artikel 85 Ziffer 12 der BV [4]).

Anmerkung

Statt «tatsächliche Feststellungen» kann man auch sagen: «tatbeständliche Feststellungen».

[1] AS **1989** 276
[2] SR **173.110**
[3] SR **172.021**
[4] SR **101**

Kantonales Recht[1]

Artikel 6 Absatz 3 c) und e): Der Schweizerische Bundesrat erklärt, die in Artikel 6 Absatz 3 *c)* und *e)* der Konvention enthaltene Garantie der Unentgeltlichkeit des Beistandes eines amtlichen Verteidigers und eines Dolmetschers in dem Sinne auszulegen, dass sie die begünstigte Person nicht endgültig von der Zahlung der entsprechenden Kosten befreit.

Artikel 25: Der Schweizerische Bundesrat anerkennt, nach Artikel 25 der Konvention zum Schutze der Menschenrechte und Grundfreiheiten vom 4. November 1950, für einen weiteren Zeitraum von drei Jahren, ab 28. November 1989, die Zuständigkeit der Europäischen Kommission für Menschenrechte für an den Generalsekretär des Europarates gerichtete Gesuche von natürlichen Personen, nichtstaatlichen Organisationen oder Personenvereinigungen, die sich durch eine Verletzung der in der Konvention anerkannten Rechte durch die Schweiz beschwert fühlen.

Artikel 46: Von dem Tag der Übergabe dieser Erklärung an, anerkennt die Schweiz die Gerichtsbarkeit des Europäischen Gerichtshofes für Menschenrechte ohne weiteres und ohne besonderes Abkommen gegenüber jedem anderen Vertragsstaat der Konvention zum Schutze der Menschenrechte und Grundfreiheiten, der die gleiche Verpflichtung eingeht, für alle Angelegenheiten, die sich auf die Auslegung und die Anwendung dieser Konvention beziehen, als obligatorisch.

Protokoll Nr. 2

zur Konvention zum Schutze der Menschenrechte und Grundfreiheiten, durch das dem Europäischen Gerichtshof für Menschenrechte die Zuständigkeit zur Erstattung von Gutachten übertragen wird

Abgeschlossen in Strassburg am 6. Mai 1963
Von der Bundesversammlung genehmigt am 3. Oktober 1974[2]
Schweizerische Ratifikationsurkunde hinterlegt am 28. November 1974
In Kraft getreten für die Schweiz am 28. November 1974

Übersetzung aus dem englischen und französischen Originaltext[1]

Die Mitgliedstaaten des Europarates, die dieses Protokoll unterzeichnen,

im Hinblick auf die Bestimmungen der am 4. November 1950[3] in Rom unterzeichneten Konvention zum Schutze der Menschenrechte und Grundfreiheiten (im folgenden als «Konvention» bezeichnet), insbesondere auf ihren Artikel 19, durch den neben anderen Organen ein Europäischer Gerichtshof für Menschenrechte (im folgenden als «Gerichtshof» bezeichnet) errichtet wird,

in der Erwägung, dass es angebracht ist, dem Gerichtshof die Zuständigkeit zu übertragen, unter bestimmten Bedingungen Gutachten zu erstatten,

haben folgendes vereinbart:

Artikel 1

1. Der Gerichtshof kann auf Antrag des Ministerkomitees Gutachten über Rechtsfragen betreffend die Auslegung der Konvention und der dazugehörigen Protokolle erstatten.

2. Diese Gutachten dürfen keine Fragen zum Gegenstand haben, die sich auf den Inhalt oder das Ausmass der in Abschnitt I der Konvention und in den dazugehörigen Protokollen bezeichneten Rechte und Freiheiten beziehen, noch dürfen sie andere Fragen betreffen, über die die Kommission, der Gerichtshof

AS **1974** 2175; BBl **1974** I 1035
[1] Der französische Originaltext findet sich unter der gleichen Nummer in der französischen Ausgabe dieser Sammlung.
[2] Art. 1 Abs. 1 Bst. *b* des BB vom 3. Okt. 1974 (AS **1974** 2148)
[3] SR **0.101**

oder das Ministerkomitee auf Grund eines nach der Konvention eingeleiteten Verfahrens zu entscheiden haben könnte.

3. Beschlüsse des Ministerkomitees, ein Gutachten beim Gerichtshof zu beantragen, bedürfen einer Zweidrittelmehrheit der zur Teilnahme an den Sitzungen des Komitees berechtigten Mitglieder.

Artikel 2

Der Gerichtshof entscheidet, ob ein vom Ministerkomitee gestellter Antrag auf Erstattung eines Gutachtens unter seine in Artikel 1 bezeichnete Zuständigkeit fällt.

Artikel 3

1. Anträge auf Erstattung eines Gutachtens werden vom Plenum des Gerichtshofes behandelt.

2. Die Gutachten des Gerichtshofes sind zu begründen.

3. Bringt das Gutachten im ganzen oder in einzelnen Teilen nicht die übereinstimmende Ansicht der Richter zum Ausdruck, so hat jeder Richter das Recht, eine Darstellung seiner eigenen Ansicht beizufügen.

4. Die Gutachten des Gerichtshofes werden dem Ministerkomitee übermittelt.

Artikel 4

Der Gerichtshof kann in Erweiterung seiner in Artikel 55 der Konvention vorgesehenen Befugnis die Geschäftsordnungs- und Verfahrensbestimmungen festlegen, die er für die Zwecke dieses Protokolls für erforderlich hält.

Artikel 5

1. Dieses Protokoll liegt für die Mitgliedstaaten des Europarates, die die Konvention unterzeichnet haben, zur Unterzeichnung auf; sie können Vertragsparteien des Protokolls werden,

(a) indem sie es ohne Vorbehalt der Ratifikation oder Annahme unterzeichnen oder

(b) indem sie es unter dem Vorbehalt der Ratifikation oder Annahme unterzeichnen und später ratifizieren oder annehmen.

Die Ratifikations- oder Annahmeurkunden sind beim Generalsekretär des Europarates zu hinterlegen.

2. Dieses Protokoll tritt in Kraft, sobald alle Vertragsstaaten der Konvention nach Absatz 1 dieses Artikels Vertragsparteien des Protokolls geworden sind.

3. Vom Tag des Inkrafttretens dieses Protokolls an gelten die Artikel 1 bis 4 als Bestandteil der Konvention.

4. Der Generalsekretär des Europarates notifiziert den Mitgliedstaaten des Rates

(a) jede Unterzeichnung, die ohne Vorbehalt der Ratifikation oder Annahme erfolgt,

(b) jede Unterzeichnung, die unter dem Vorbehalt der Ratifikation oder Annahme erfolgt,

(c) die Hinterlegung jeder Ratifikations- oder Annahmeurkunde,

(d) den Zeitpunkt des nach Absatz 2 erfolgenden Inkrafttretens dieses Protokolls.

Zu Urkund dessen haben die hierzu gehörig befugten Unterzeichneten dieses Protokoll unterschrieben.

Geschehen zu Strassburg, am 6. Mai 1963, in englischer und französischer Sprache, wobei jeder Wortlaut gleichermassen verbindlich ist, in einer Urschrift, die im Archiv des Europarates hinterlegt wird. Der Generalsekretär übermittelt allen Unterzeichnerstaaten beglaubigte Abschriften.

(Es folgen die Unterschriften)

Protokoll Nr. 6
zur Konvention zum Schutze der Menschenrechte
und Grundfreiheiten über die Abschaffung
der Todesstrafe

Abgeschlossen in Strassburg am 28. April 1983
Von der Bundesversammlung genehmigt am 20. März 1987[2]
Schweizerische Ratifikationsurkunde hinterlegt am 13. Oktober 1987
In Kraft getreten für die Schweiz am 1. November 1987

Übersetzung[1]

Die Mitgliedstaaten des Europarates, die dieses Protokoll zu der am 4. November 1950[3] in Rom unterzeichneten Konvention zum Schutze der Menschenrechte und Grundfreiheiten (im folgenden als «Konvention» bezeichnet) unterzeichnen,

in der Erwägung, dass die in verschiedenen Mitgliedstaaten des Europarates eingetretene Entwicklung eine allgemeine Tendenz zugunsten der Abschaffung der Todesstrafe zum Ausdruck bringt,

haben folgendes vereinbart:

Artikel 1

Die Todesstrafe ist abgeschafft. Niemand darf zu dieser Strafe verurteilt oder hingerichtet werden.

Artikel 2

Ein Staat kann in seinem Recht die Todesstrafe für Taten vorsehen, welche in Kriegszeiten oder bei unmittelbarer Kriegsgefahr begangen werden; diese Strafe darf nur in den Fällen, die im Recht vorgesehen sind und in Übereinstimmung mit dessen Bestimmungen angewendet werden. Der Staat übermittelt dem Generalsekretär des Europarates die einschlägigen Rechtsvorschriften.

Artikel 3

Die Bestimmungen dieses Protokolls dürfen nicht nach Artikel 15 der Konvention ausser Kraft gesetzt werden.

Artikel 4

Vorbehalte nach Artikel 64 der Konvention zu Bestimmungen dieses Protokolls sind nicht zulässig.

AS **1987** 1807; BBl **1986** II 589

[1] Der Originaltext findet sich unter der gleichen Nummer in der französischen Ausgabe dieser Sammlung.
[2] Art. 1 Abs. 1 des BB vom 20. März 1987 (AS **1987** 1806).
[3] SR **0.101**

Artikel 5

1. Jeder Staat kann bei der Unterzeichnung oder bei der Hinterlegung der Ratifikations-, Annahme- oder Genehmigungsurkunde einzelne oder mehrere Hoheitsgebiete bezeichnen, auf die dieses Protokoll Anwendung findet.

2. Jeder Staat kann jederzeit danach durch eine an den Generalsekretär des Europarates gerichtete Erklärung die Anwendung dieses Protokolls auf jedes weitere in der Erklärung bezeichnete Hoheitsgebiet erstrecken. Das Protokoll tritt für dieses Hoheitsgebiet am ersten Tage des Monates in Kraft, der auf den Eingang der Notifikation beim Generalsekretär folgt.

3. Jede nach den Absätzen 1 und 2 abgegebene Erklärung kann in bezug auf jedes darin bezeichnete Hoheitsgebiet durch eine an den Generalsekretär gerichtete Notifikation zurückgenommen werden. Die Rücknahme wird am ersten Tag des Monates wirksam, der auf den Eingang der Notifikation beim Generalsekretär folgt.

Artikel 6

Die Vertragsstaaten betrachten die Artikel 1–5 dieses Protokolls als Zusatzartikel zur Konvention; alle Bestimmungen der Konvention sind dementsprechend anzuwenden.

Artikel 7

Dieses Protokoll liegt für die Mitgliedstaaten des Europarates, welche die Konvention unterzeichnet haben, zur Unterzeichnung auf. Es bedarf der Ratifikation, Annahme oder Genehmigung. Ein Mitgliedstaat des Europarates kann dieses Protokoll nur ratifizieren, annehmen oder genehmigen, wenn gleichzeitig oder früher die Konvention ratifiziert wurde. Die Ratifikations-, Annahme- oder Genehmigungsurkunden werden beim Generalsekretär des Europarates hinterlegt.

Artikel 8

1. Dieses Protokoll tritt am ersten Tag des Monates in Kraft, der auf den Tag folgt, an dem fünf Mitgliedstaaten des Europarates nach Artikel 7 ihre Zustimmung ausgedrückt haben, durch das Protokoll gebunden zu sein.

2. Für jeden Mitgliedstaat, der später seine Zustimmung ausdrückt, durch das Protokoll gebunden zu sein, tritt es am ersten Tag des Monates in Kraft, der auf die Hinterlegung der Ratifikations-, Annahme- oder Genehmigungsurkunde folgt.

Artikel 9

Der Generalsekretär des Europarates notifiziert den Mitgliedstaaten des Europarates:

a. jede Unterzeichnung;
b. jede Hinterlegung einer Ratifikations-, Annahme- oder Genehmigungsurkunde;
c. jeden Zeitpunkt des Inkrafttretens dieses Protokolls nach den Artikeln 5 und 8;
d. jeden andern Rechtsakt, jede Notifikation oder Mitteilung, die sich auf dieses Protokoll bezieht.

Zu Urkund dessen haben die hierzu gehörig befugten Unterzeichneten dieses Protokoll unterschrieben.

Geschehen zu Strassburg am 28. April 1983 in englischer und französischer Sprache, wobei jeder Wortlaut gleichermassen verbindlich ist, in einer Urschrift, die in den Archiven des Europarates hinterlegt wird. Der Generalsekretär des Europarates übermittelt allen Mitgliedstaaten des Europarates beglaubigte Abschriften.

(Es folgen die Unterschriften)

Protokoll Nr. 7
zur Konvention zum Schutze der Menschenrechte und Grundfreiheiten

Abgeschlossen in Strassburg am 22. November 1984
Von der Bundesversammlung genehmigt am 20. März 1987[2]
Schweizerische Ratifikationsurkunde hinterlegt am 24. Februar 1988
In Kraft getreten für die Schweiz am 1. November 1988

Übersetzung[1]

Die Mitgliedstaaten des Europarates, die dieses Protokoll unterzeichnen,

entschlossen, weitere Massnahmen zur kollektiven Gewährleistung gewisser Rechte und Freiheiten durch die am 4. November 1950[3] in Rom unterzeichnete Konvention zum Schutze der Menschenrechte und Grundfreiheiten (im folgenden als «Konvention» bezeichnet) zu treffen,

haben folgendes vereinbart:

Artikel 1

1. Ein Ausländer, der seinen rechtmässigen Aufenthalt im Hoheitsgebiet eines Staates hat, darf aus diesem nur aufgrund einer rechtmässig ergangenen Entscheidung ausgewiesen werden; ihm muss gestattet werden,
   a. Gründe vorzubringen, die gegen seine Ausweisung sprechen;
   b. seinen Fall prüfen zu lassen und
   c. sich zu diesem Zweck vor der zuständigen Behörde oder einer oder mehreren von dieser Behörde bestimmten Personen vertreten zu lassen.

2. Ein Ausländer kann vor Ausübung der in Absatz 1 Buchstaben a, b und c genannten Rechte ausgewiesen werden, wenn die Ausweisung im Interesse der öffentlichen Ordnung erforderlich ist oder aus Gründen der nationalen Sicherheit erfolgt.

Artikel 2

1. Wer von einem Gericht wegen einer strafbaren Handlung verurteilt worden ist, hat das Recht, das Urteil von einem übergeordneten Gericht nachprüfen zu lassen. Die Ausübung dieses Rechts, einschliesslich der Gründe, aus denen es ausgeübt werden kann, richtet sich nach dem Gesetz.

2. Ausnahmen von diesem Recht sind für strafbare Handlungen geringfügiger Art, wie sie durch Gesetz näher bestimmt sind, oder in Fällen möglich, in denen das Verfahren gegen eine Person in erster Instanz vor dem obersten Gericht stattgefunden hat oder in denen sie nach einem gegen ihren Freispruch eingelegten Rechtsmittel verurteilt worden ist.

AS **1988** 1598; BBl **1986** II 589

[1] Der französische Originaltext findet sich unter der gleichen Nummer in der entsprechenden Ausgabe dieser Sammlung.
[2] AS **1988** 1596
[3] SR **0.101**

Artikel 3

Ist jemand wegen einer strafbaren Handlung rechtskräftig verurteilt und ist das Urteil später aufgehoben oder der Verurteilte begnadigt worden, weil eine neue oder eine neu bekannt gewordene Tatsache schlüssig beweist, dass ein Fehlurteil vorlag, so ist derjenige, der aufgrund eines solchen Urteils eine Strafe verbüsst hat, entsprechend dem Gesetz oder der Übung des betreffenden Staates zu entschädigen, sofern nicht nachgewiesen wird, dass das nicht rechtzeitige Bekanntwerden der betreffenden Tatsache ganz oder teilweise ihm zuzuschreiben ist.

Artikel 4

1. Niemand darf wegen einer strafbaren Handlung, wegen der er bereits nach dem Gesetz und dem Strafverfahrensrecht eines Staates rechtskräftig verurteilt oder freigesprochen worden ist, in einem Strafverfahren desselben Staates erneut vor Gericht gestellt oder bestraft werden.

2. Absatz 1 schliesst die Wiederaufnahme des Verfahrens nach dem Gesetz und dem Strafverfahrensrecht des betreffenden Staates nicht aus, falls neue oder neu bekannt gewordene Tatsachen vorliegen oder das vorausgegangene Verfahren schwere, den Ausgang des Verfahrens berührende Mängel aufweist.

3. Die Bestimmungen dieses Artikels dürfen nicht nach Artikel 15 der Konvention ausser Kraft gesetzt werden.

Artikel 5

Ehegatten haben untereinander und in ihren Beziehungen zu ihren Kindern gleiche Rechte und Pflichten privatrechtlicher Art hinsichtlich der Eheschliessung, während der Ehe und bei Auflösung der Ehe. Dieser Artikel verwehrt es den Staaten nicht, die im Interesse der Kinder notwendigen Massnahmen zu treffen.

Artikel 6

1. Jeder Staat kann bei der Unterzeichnung oder bei der Hinterlegung seiner Ratifikations-, Annahme- oder Genehmigungsurkunde einzelne oder mehrere Hoheitsgebiete bezeichnen, auf die dieses Protokoll Anwendung findet, und erklären, in welchem Umfang er sich zur Anwendung der Bestimmungen dieses Protokolls auf diese Hoheitsgebiete verpflichtet.

2. Jeder Staat kann jederzeit danach durch eine an den Generalsekretär des Europarates gerichtete Erklärung die Anwendung dieses Protokolls auf jedes weitere in der Erklärung bezeichnete Hoheitsgebiet erstrecken. Das Protokoll tritt für dieses Hoheitsgebiet am ersten Tag des Monats in Kraft, der auf einen Zeitabschnitt von zwei Monaten nach Eingang der Erklärung beim Generalsekretär folgt.

3. Jede nach den Absätzen 1 und 2 abgegebene Erklärung kann in bezug auf jedes darin bezeichnete Hoheitsgebiet durch eine an den Generalsekretär gerichtete Notifikation zurückgenommen oder geändert werden. Die Rücknahme oder Änderung wird am ersten Tag des Monates wirksam, der auf einen Zeitabschnitt von zwei Monaten nach Eingang der Notifikation beim Generalsekretär folgt. .

4. Eine nach diesem Artikel abgegebene Erklärung gilt als eine Erklärung im Sinne des Artikels 63 Absatz 1 der Konvention.

5. Das Hoheitsgebiet eines Staates, auf das dieses Protokoll aufgrund der Ratifikation, Annahme oder Genehmigung durch diesen Staat Anwendung findet, und jedes Hoheitsgebiet, auf welches das Protokoll aufgrund einer von diesem Staat nach diesem Artikel abgegebenen Erklärung Anwendung findet, können als getrennte Hoheitsgebiete betrachtet werden, soweit Artikel 1 auf das Hoheitsgebiet eines Staates Bezug nimmt.

Artikel 7

1. Die Vertragsstaaten betrachten die Artikel 1–6 dieses Protokolls als Zusatzartikel zur Konvention; alle Bestimmungen der Konvention sind dementsprechend anzuwenden.

2. Jedoch wird das durch eine Erklärung nach Artikel 25 der Konvention anerkannte Recht, eine Individualbeschwerde zu erheben, oder die Anerkennung der obligatorischen Gerichtsbarkeit des Gerichtshofs durch eine Erklärung nach Artikel 46 der Konvention hinsichtlich dieses Protokolls nur insoweit wirksam, als der betreffende Staat erklärt hat, dass er dieses Recht oder diese Gerichtsbarkeit für die Artikel 1–5 des Protokolls anerkennt.

Artikel 8

Dieses Protokoll liegt für die Mitgliedstaaten des Europarats, welche die Konvention unterzeichnet haben, zur Unterzeichnung auf. Es bedarf der Ratifikation, Annahme oder Genehmigung. Ein Mitgliedstaat des Europarats kann dieses Protokoll nicht ratifizieren, annehmen oder genehmigen, ohne die Konvention früher ratifiziert zu haben oder sie gleichzeitig zu ratifizieren. Die Ratifikations-, Annahme- oder Genehmigungsurkunden werden beim Generalsekretär des Europarats hinterlegt.

Artikel 9

1. Dieses Protokoll tritt am ersten Tag des Monats in Kraft, der auf einen Zeitabschnitt von zwei Monaten nach dem Tag folgt, an dem sieben Mitgliedstaaten des Europarats nach Artikel 8 ihre Zustimmung ausgedrückt haben, durch das Protokoll gebunden zu sein.

2. Für jeden Mitgliedstaat, der später seine Zustimmung ausdrückt, durch das Protokoll gebunden zu sein, tritt es am ersten Tag des Monats in Kraft, der auf einen Zeitabschnitt von zwei Monaten nach Hinterlegung der Ratifikations-, Annahme- oder Genehmigungsurkunde folgt.

Artikel 10

Der Generalsekretär des Europarats notifiziert allen Mitgliedstaaten des Europarats

    a. jede Unterzeichnung;

    b. jede Hinterlegung einer Ratifikations-, Annahme- oder Genehmigungsurkunde;

    c. jeden Zeitpunkt des Inkrafttretens dieses Protokolls nach den Artikeln 6 und 9;

    d. jede andere Handlung, Notifikation oder Erklärung im Zusammenhang mit diesem Protokoll.

Zu Urkund dessen haben die hierzu gehörig befugten Unterzeichneten dieses Protokoll unterschrieben.

Geschehen zu Strassburg am 22. November 1984 in englischer und französischer Sprache, wobei jeder Wortlaut gleichermassen verbindlich ist, in einer Urschrift, die im Archiv des Europarats hinterlegt wird. Der Generalsekretär des Europarats übermittelt allen Mitgliedstaaten des Europarats beglaubigte Abschriften.

(Es folgen die Unterschriften)

Vorbehalte und Erklärungen

Schweiz[1]

Vorbehalt zu Artikel 1:

Erfolgte die Ausweisung durch Beschluss des Bundesrates gestützt auf Artikel 70 der Bundesverfassung[2] wegen Gefährdung der inneren und äusseren Sicherheit der Schweiz, so werden den Betroffenen auch nach vollzogener Ausweisung keine Rechte nach Absatz 1 eingeräumt.

Vorbehalt zu Artikel 5:

Die Anwendung der Bestimmungen des Artikels 5 des 7. Zusatzprotokolls nach Inkrafttreten der revidierten Bestimmungen des Zivilgesetzbuches[3] vom 5. Oktober 1984 erfolgt unter Vorbehalt einerseits der Regelung betreffend den Familiennamen (Art. 160 ZGB[4] und Art. 8 *a* SchlT ZGB) und anderseits der Regelung des Erwerbs des Bürgerrechtes (Art. 161, 134 Abs. 1, 149 Abs. 1 ZGB und Art. 8 *b* SchlT ZGB). Artikel 5 findet weiter Anwendung unter Vorbehalt gewisser Übergangsbestimmungen des Ehegüterrechts (Art. 9, 9 *a,* 9 *c,* 9 *d,* 9 *e,* 10 und 10 *a* SchlT ZGB).

---

[1] Art. 1 Abs. 1 des BB vom 20. März 1987 (AS **1988** 1596)
[2] SR **101**
[3] AS **1986** 122
[4] SR **210**

Protokoll Nr. 8
zur Konvention zum Schutze der Menschenrechte
und Grundfreiheiten

Abgeschlossen in Wien am 19. März 1985
Von der Bundesversammlung genehmigt am 4. März 1987[2]
Schweizerische Ratifikationsurkunde hinterlegt am 21. Mai 1987
In Kraft getreten für die Schweiz am 1. Januar 1990

Übersetzung[1]

Die Mitgliedstaaten des Europarats,

die dieses Protokoll zu der am 4. November 1950[3] in Rom unterzeichneten Konvention zum Schutze der Menschenrechte und Grundfreiheiten (im folgenden als «Konvention» bezeichnet) unterzeichnen,

in der Erwägung, dass es wünschenswert ist, gewisse Bestimmungen der Konvention zu ändern, um das Verfahren der Europäischen Kommission für Menschenrechte zu verbessern und vor allem zu beschleunigen,

in der Erwägung, dass es ferner zweckmässig ist, gewisse Bestimmungen der Konvention betreffend das Verfahren des Europäischen Gerichtshofs für Menschenrechte zu ändern,

haben folgendes vereinbart:

Artikel 1

Der bisherige Wortlaut des Artikels 20 der Konvention wird Absatz 1 jenes Artikels und wird durch folgende vier Absätze ergänzt:
...[4]

Artikel 2

Artikel 21 der Konvention wird durch folgenden Absatz 3 ergänzt:
...[4]

Artikel 3

Artikel 23 der Konvention wird durch folgenden Satz ergänzt:
...[4]

AS **1989** 2371; BBl **1986** II 589
[1] Der französische Originaltext findet sich unter der gleichen Nummer in der entsprechenden Ausgabe dieser Sammlung.
[2] AS **1989** 2370
[3] SR **0.101**
[4] Text eingefügt in der genannten Konvention.

Artikel 4

Der geänderte Wortlaut des Artikels 28 der Konvention wird Absatz 1 jenes Artikels; der geänderte Wortlaut des Artikels 30 wird Absatz 2. Der neue Artikel 28 lautet nunmehr wie folgt:
...[1]

Artikel 5

In Artikel 29 Absatz 1 der Konvention werden die Wörter «einstimmigen Beschluss» durch die Wörter ...[1] ersetzt.

Artikel 6

Die folgende Bestimmung wird in die Konvention eingefügt:

Artikel 30
...[1]

Artikel 7

In Artikel 31 der Konvention lautet Absatz 1 wie folgt:
...[1]

Artikel 8

Artikel 34 der Konvention lautet wie folgt:
...[1]

Artikel 9

Artikel 40 der Konvention wird durch folgenden Absatz 7 ergänzt:
...[1]

Artikel 10

Artikel 41 der Konvention lautet wie folgt:
...[1]

Artikel 11

In Artikel 43 erster Satz der Konvention wird das Wort «sieben» durch das Wort ...[1] ersetzt.

[1] Text eingefügt in der genannten Konvention.

Artikel 12

1. Dieses Protokoll liegt für die Mitgliedstaaten des Europarats, welche die Konvention unterzeichnet haben, zur Unterzeichnung auf; sie können ihre Zustimmung, gebunden zu sein, ausdrücken,

   a. indem sie es ohne Vorbehalt der Ratifikation, Annahme oder Genehmigung unterzeichnen oder

   b. indem sie es vorbehaltlich der Ratifikation, Annahme oder Genehmigung unterzeichnen und später ratifizieren, annehmen oder genehmigen.

2. Die Ratifikations-, Annahme- oder Genehmigungsurkunden werden beim Generalsekretär des Europarats hinterlegt.

Artikel 13

Dieses Protokoll tritt am ersten Tag des Monats in Kraft, der auf einen Zeitabschnitt von drei Monaten nach dem Tag folgt, an dem alle Vertragsparteien der Konvention nach Artikel 12 ihre Zustimmung ausgedrückt haben, durch das Protokoll gebunden zu sein.

Artikel 14

Der Generalsekretär des Europarats notifiziert den Mitgliedstaaten des Rates

   a. jede Unterzeichnung;

   b. jede Hinterlegung einer Ratifikations-, Annahme- oder Genehmigungsurkunde;

   c. den Zeitpunkt des Inkrafttretens dieses Protokolls nach Artikel 13;

   d. jede andere Handlung, Notifikation oder Mitteilung im Zusammenhang mit diesem Protokoll.

Zu Urkund dessen haben die hierzu gehörig befugten Unterzeichneten dieses Protokoll unterschrieben.

Geschehen zu Wien am 19. März 1985 in englischer und französischer Sprache, wobei jeder Wortlaut gleichermassen verbindlich ist, in einer Urschrift, die im Archiv des Europarats hinterlegt wird. Der Generalsekretär des Europarats übermittelt allen Mitgliedstaaten des Europarats beglaubigte Abschriften.

(Es folgen die Unterschriften)

Europäisches Übereinkommen
über die an den Verfahren vor der Europäischen Kommission und dem Europäischen Gerichtshof für Menschenrechte teilnehmenden Personen

Abgeschlossen in London am 6. Mai 1969
Von der Bundesversammlung genehmigt am 3. Oktober 1974[2]
Schweizerische Ratifikationsurkunde hinterlegt am 28. November 1974
In Kraft getreten für die Schweiz am 29. Dezember 1974

Übersetzung aus dem englischen und französischen Originaltext[1]

Die Mitgliedstaaten des Europarats,
die dieses Übereinkommen unterzeichnen,

im Hinblick auf die am 4. November 1950[3] in Rom unterzeichnete Konvention zum Schutze der Menschenrechte und Grundfreiheiten (im folgenden als «Konvention» bezeichnet);

in der Erwägung, dass es für eine bessere Verwirklichung der Ziele der Konvention wichtig ist, den Personen, die an Verfahren vor der Europäischen Kommission für Menschenrechte (im folgenden als «Kommission» bezeichnet) und dem Europäischen Gerichtshof für Menschenrechte (im folgenden als «Gericht» bezeichnet) teilnehmen, bestimmte Immunitäten und Erleichterungen zu gewähren;

in dem Wunsch, zu diesem Zweck ein Übereinkommen zu schliessen, haben folgendes vereinbart:

Artikel 1

1. Dieses Übereinkommen findet auf die folgenden Personen Anwendung:

(a) Agenten der Vertragsparteien und die sie unterstützenden Berater und Anwälte;

(b) Personen, die in eigenem Namen oder als Vertreter eines der in Artikel 25 der Konvention genannten Antragsteller an Verfahren, die nach Artikel 25 vor der Kommission eingeleitet worden sind, teilnehmen;

(c) Anwälte oder Professoren der Rechte, die an Verfahren teilnehmen, um einer der unter Buchstabe *(b)* genannten Personen beizustehen;

AS **1974** 2178; BBl **1974** I 1035
[1] Der französische Originaltext findet sich unter der gleichen Nummer in der französischen Ausgabe dieser Sammlung.
[2] Art. 1 Abs. 1 Bst. *c* des BB vom 3. Okt. 1974 (AS **1974** 2148)
[3] SR **0.101**

(d) Personen, die die Vertreter der Kommission zu ihrer Unterstützung im Verfahren vor dem Gericht bezeichnet haben;

(e) Zeugen und Sachverständige sowie andere Personen, die auf Vorladung der Kommission oder des Gerichts an Verfahren vor der Kommission oder dem Gericht teilnehmen.

2. Für die Zwecke dieses Übereinkommens fällt unter die Begriffe «Kommission» und «Gericht» auch ein Unterausschuss, eine Kammer oder Mitglieder dieser beiden Gremien, wenn sie ihre Aufgaben nach den Bestimmungen der Konvention oder den Verfahrensordnungen der Kommission oder des Gerichts ausüben; unter den Begriff «am Verfahren teilnehmen» fällt auch das Einreichen von vorbereitenden Mitteilungen für eine Beschwerde gegen einen Staat, der das Recht auf Individualbeschwerde nach Artikel 25 der Konvention anerkannt hat.

3. Fordert der Ministerausschuss bei der Ausübung seiner Befugnisse nach Artikel 32 der Konvention eine in Absatz 1 dieses Artikels erwähnte Person auf, vor dem Ministerausschuss zu erscheinen oder bei ihm schriftliche Erklärungen einzureichen, so finden auf diese Person die Vorschriften dieses Übereinkommens Anwendung.

Artikel 2

1. Die in Artikel 1 Absatz 1 dieses Übereinkommens genannten Personen geniessen Immunität von der Gerichtsbarkeit in bezug auf die mündlichen und schriftlichen Erklärungen, die sie gegenüber der Kommission oder dem Gericht abgegeben und die Urkunden und anderen Beweismittel, die sie bei der Kommission oder dem Gericht eingereicht haben.

2. Diese Immunität von der Gerichtsbarkeit besteht nicht, wenn Personen, denen nach dem vorstehenden Absatz Immunität zukommt, Erklärungen, Urkunden oder Beweismittel, die sie bei der Kommission oder dem Gericht abgeben bzw. eingereicht haben, ausserhalb der Kommission oder des Gerichts ganz oder teilweise bekannt machen oder bekannt machen lassen.

Artikel 3

1. Die Vertragsparteien erkennen das Recht der in Artikel 1 Absatz 1 dieses Übereinkommens angeführten Personen auf ungehinderten schriftlichen Verkehr mit der Kommission oder dem Gericht an.

2. Für inhaftierte Personen gehört zur Ausübung dieses Rechts insbesondere folgendes:

(a) im Falle der Überwachung ihres schriftlichen Verkehrs durch die zuständigen Behörden muss die Absendung und Aushändigung ohne übermässige Verzögerung und ohne Änderung erfolgen;

(b) wegen einer Mitteilung, die diese Personen der Kommission oder dem Gericht auf ordnungsgemässem Wege zugesandt haben, dürfen gegen sie keine disziplinarischen Massnahmen in irgendeiner Form ergriffen werden;

(c) diese Personen sind berechtigt, über eine Beschwerde an die Kommission und ein sich daraus ergebendes Verfahren mit einem Anwalt, der vor den Gerichten des Staates, in dem sie inhaftiert sind, zugelassen ist, Briefe zu wechseln und sich mit ihm zu beraten, ohne dass irgendeine andere Person zuhört.

3. Bei der Anwendung der vorstehenden Absätze sind weitere Eingriffe einer öffentlichen Behörde nur statthaft, soweit dies gesetzlich vorgesehen ist und in einer demokratischen Gesellschaft im Interesse der nationalen Sicherheit, der Aufdeckung und Verfolgung von Straftaten oder des Schutzes der Gesundheit notwendig ist.

Artikel 4

1. *(a)* Die Vertragsparteien verpflichten sich, die in Artikel 1 Absatz 1 dieses Übereinkommens genannten Personen, deren Anwesenheit die Kommission oder das Gericht vorher gestattet hat, nicht zu hindern, sich frei zu bewegen und zu reisen, um an den Verfahren vor der Kommission oder dem Gericht teilzunehmen und danach wieder zurückzukehren.

(b) Die Ausübung dieser Bewegungs- und Reisefreiheit darf keinen anderen Einschränkungen unterworfen werden als denen, die gesetzlich vorgesehen und in einer demokratischen Gesellschaft im Interesse der nationalen und öffentlichen Sicherheit, der Aufrechterhaltung der öffentlichen Ordnung, der Verhütung von Straftaten, des Schutzes der Gesundheit und der Moral und des Schutzes der Rechte und Freiheiten anderer notwendig sind.

2. *(a)* Diese Personen dürfen in Durchgangsstaaten oder in dem Staat, in dem das Verfahren stattfindet, wegen Handlungen oder Verurteilungen aus der Zeit vor Beginn ihrer Reise weder verfolgt, noch in Haft gehalten, noch einer sonstigen Beschränkung ihrer persönlichen Freiheit unterworfen werden.

(b) Jede Vertragspartei kann bei der Unterzeichnung oder Ratifizierung dieses Übereinkommens erklären, dass die Vorschriften dieses Absatzes nicht auf ihre eigenen Staatsangehörigen Anwendung finden. Eine solche Erklärung kann jederzeit im Wege einer an den Generalsekretär des Europarats gerichteten Notifikation zurückgenommen werden.

3. Die Vertragsparteien verpflichten sich, jeder Person, die die Reise in ihrem Hoheitsgebiet angetreten hat, die Rückkehr in dieses Gebiet zu gestatten.

4. Die Vorschriften der Absätze 1 und 2 dieses Artikels werden nicht mehr angewandt, wenn der Betreffende innerhalb von fünfzehn aufeinanderfolgenden Tagen, nachdem seine Anwesenheit von der Kommission oder dem Gericht nicht mehr verlangt wurde, die Möglichkeit gehabt hat, in das Land, in dem er seine Reise begonnen hatte, zurückzukehren.

5. Bei einem Widerspruch zwischen den sich aus Absatz 2 dieses Artikels ergebenden Verpflichtungen einer Vertragspartei und Verpflichtungen, die sich aus einer Europaratskonvention, einem Auslieferungsvertrag oder einem anderen Rechtshilfevertrag in Strafsachen mit anderen Vertragsparteien ergeben, gehen die Vorschriften des Absatzes 2 vor.

Artikel 5

1. Befreiungen und Erleichterungen werden in Artikel 1 Absatz 1 dieses
Übereinkommens genannten Personen nur gewährt, um ihnen die Redefreiheit
und Unabhängigkeit zu garantieren, die für die Erledigung ihrer Funktionen, Aufgaben und Pflichten oder für die Wahrnehmung ihrer Rechte gegenüber der
Kommission oder dem Gericht erforderlich sind.

2. (a) Die Kommission oder gegebenenfalls das Gericht ist allein zuständig,
die in Artikel 2 Absatz 1 vorgesehene Immunität ganz oder teilweise aufzuheben;
sie haben nicht nur das Recht, sondern auch die Pflicht, die Immunität in allen
Fällen aufzuheben, in denen nach ihrer Auffassung diese Immunität verhindern
würde, dass der Gerechtigkeit Genüge geschieht und in denen die vollständige
oder teilweise Aufhebung der Immunität die in Absatz 1 dieses Artikels bestimmten Zwecke nicht beeinträchtigt.

(b) Die Kommission und das Gericht können von Amtes wegen oder auf
einen an den Generalsekretär des Europarats gerichteten Antrag einer Vertragspartei oder einer betroffenen Person die Immunität aufheben.

(c) Die Entscheidungen, welche die Aufhebung der Immunität betreffen,
sind zu begründen.

3. Bescheinigt eine Vertragspartei, dass die Aufhebung der in Artikel 2
Absatz 1 dieses Übereinkommens vorgesehenen Immunität für ein Verfahren
wegen eines Verstosses gegen die nationale Sicherheit erforderlich ist, so hebt die
Kommission oder das Gericht die Immunität in dem in der Bescheinigung ange-
gebenen Masse auf.

4. Wird nach einer Entscheidung, durch die die Aufhebung der Immunität
versagt worden ist, eine Tatsache bekannt, die geeignet gewesen wäre, einen
massgeblichen Einfluss auf die Entscheidung auszuüben, so kann der Antragsteller, falls ihm die Tatsache ebenfalls nicht bekannt war, bei der Kommission oder
dem Gericht einen neuen Antrag stellen.

Artikel 6

Nichts in diesem Übereinkommen darf als Einschränkung oder Aufhebung
der Verpflichtungen, die die Vertragsparteien auf Grund der Konvention übernommen haben, ausgelegt werden.

Artikel 7

1. Dieses Übereinkommen liegt für die Mitgliedstaaten des Europarats zur
Unterzeichnung auf; sie können Vertragspartei werden,

(a) indem sie es ohne Vorbehalt der Ratifikation oder der Annahme unterzeichnen oder

(b) indem sie es unter Vorbehalt der Ratifikation oder Annahme unterzeichnen und später ratifizieren oder annehmen.

2. Die Ratifikations- oder Annahmeurkunden werden beim Generalsekretär des Europarats hinterlegt.

Artikel 8

1. Dieses Übereinkommen tritt einen Monat nach dem Zeitpunkt in Kraft, an dem fünf Mitgliedstaaten des Rates nach Artikel 7 Vertragsparteien des Übereinkommens geworden sind.

2. Für jeden Mitgliedstaat, der das Übereinkommen in einem späteren Zeitpunkt ohne Vorbehalt der Ratifikation oder Annahme unterzeichnet oder der es ratifiziert oder annimmt, tritt es einen Monat nach dem Tag der Unterzeichnung oder der Hinterlegung der Ratifikations- oder Annahmeurkunde in Kraft.

Artikel 9

1. Jede Vertragspartei kann bei der Unterzeichnung oder bei der Hinterlegung ihrer Ratifikations- oder Annahmeurkunde dasjenige oder die Hoheitsgebiete bezeichnen, auf die dieses Übereinkommen Anwendung findet.

2. Jede Vertragspartei kann bei der Hinterlegung ihrer Ratifikations- oder Annahmeurkunde oder jederzeit danach durch eine an den Generalsekretär des Europarats gerichtete Erklärung dieses Übereinkommens auf jedes weitere in der Erklärung bezeichnete Hoheitsgebiet erstrecken, dessen internationale Beziehungen sie wahrnimmt oder für das sie Vereinbarungen treffen kann.

3. Jede nach Absatz 2 abgegebene Erklärung kann in bezug auf jedes darin genannte Hoheitsgebiet gemäss dem in Artikel 10 dieses Übereinkommens vorgesehenen Verfahren zurückgenommen werden.

Artikel 10

1. Dieses Übereinkommen bleibt auf unbegrenzte Zeit in Kraft.

2. Jede Vertragspartei kann durch eine an den Generalsekretär des Europarats gerichtete Notifikation dieses Übereinkommen für sich kündigen.

3. Diese Kündigung wird sechs Monate nach dem Eingang der Notifikation beim Generalsekretär wirksam. Sie bewirkt jedoch nicht die Entlassung der betreffenden Vertragspartei aus all jenen Verpflichtungen, die sich gegebenenfalls aus diesem Übereinkommen gegenüber einer der in Artikel 1 Absatz 1 genannten Personen ergeben haben.

Artikel 11

Der Generalsekretär des Europarats notifiziert den Mitgliedstaaten des Rates:

(a) jede Unterzeichnung ohne Vorbehalt der Ratifikation oder Annahme;

(b) jede Unterzeichnung unter Vorbehalt der Ratifikation oder Annahme;

(c) jede Hinterlegung einer Ratifikations- oder Annahmeurkunde;

(d) jeden Zeitpunkt des Inkrafttretens dieses Übereinkommens nach seinem Artikel 8;

(e) jede nach Artikel 4 Absatz 2 und Artikel 9 Absätze 2 und 3 eingegangene Erklärung;

(f) jede Notifikation, mit der eine Erklärung nach Artikel 4 Absatz 2 zurückgenommen wird, und jede nach Artikel 10 eingegangene Notifikation und den Zeitpunkt, an dem die Kündigung wirksam wird.

Zu Urkund dessen haben die hierzu gehörig befugten Unterzeichneten dieses Übereinkommen unterschrieben.

Geschehen zu London am 6. Mai 1969 in englischer und französischer Sprache, wobei jeder Wortlaut gleichermassen verbindlich ist, in einer Urschrift, die im Archiv des Europarats hinterlegt wird. Der Generalsekretär des Europarats übermittelt allen Unterzeichnerstaaten beglaubigte Abschriften.

(Es folgen die Unterschriften)

Vorbehalte und Erklärungen

Liechtenstein. Das Fürstentum Liechtenstein wird die Bestimmungen von Artikel 4 Absatz 2 Buchstabe (a) dieses Übereinkommens nicht auf liechtensteinische Staatsangehörige anwenden.

Schweiz [1]. Der Schweizerische Bundesrat erklärt, dass Artikel 4 Absatz 2 Buchstabe *(a)* des Übereinkommens auf die schweizerischen Staatsangehörigen, die in der Schweiz wegen eines schweren Verbrechens gegen den Staat, die Landesverteidigung oder die Wehrkraft verfolgt werden oder verurteilt worden sind, keine Anwendung findet.

---

[1] Art. 1 Abs. 1 Bst. *c* des BB vom 3. Okt. 1974 (AS **1974** 2148)

√